江苏省高校哲学社会科学优秀创新团队建设项目（苏教社政函〔2020〕20号）资助
团队名称：新时代高校强化党的全面领导的协同创新机制研究团队
团队带头人：仇文利　　团队依托高校：扬州市职业大学
扬州市职业大学优秀学术著作出版资助

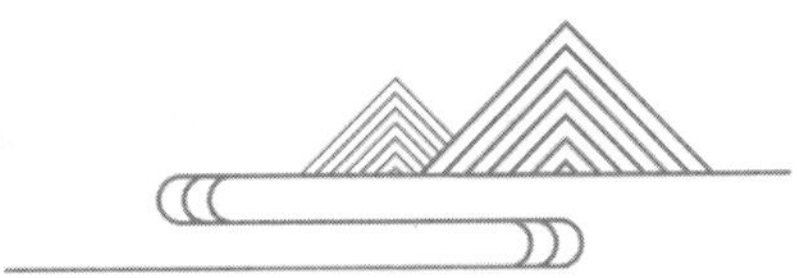

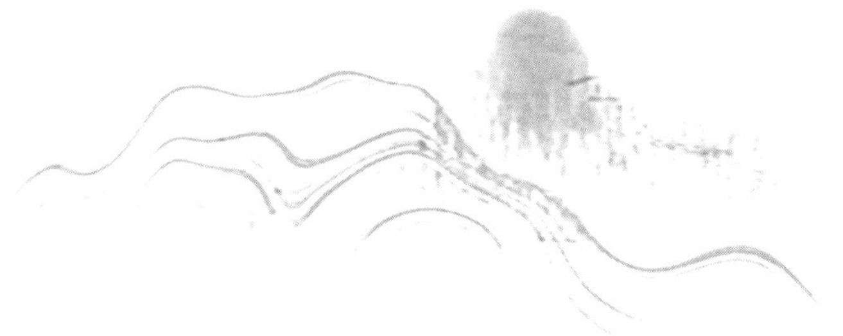

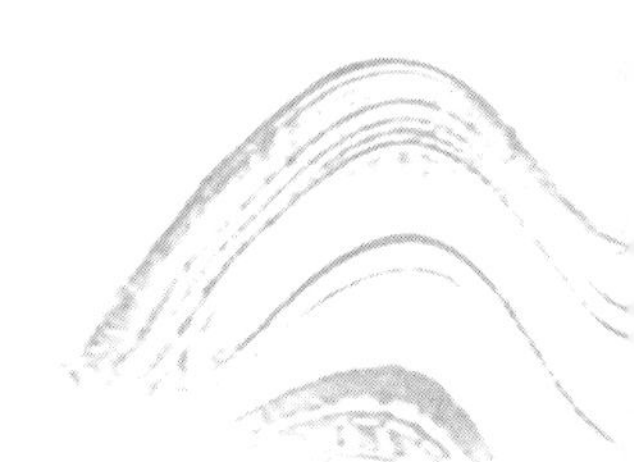

DAZHONG CHUANGYE SHIDAI QIYEJIA
SHEHUI ZEREN JIAOYU YANJIU

金奇　著

大众创业时代企业家社会责任教育研究

江苏大学出版社
JIANGSU UNIVERSITY PRESS
镇　江

图书在版编目(CIP)数据

大众创业时代企业家社会责任教育研究 / 金奇著
. -- 镇江 : 江苏大学出版社, 2022.6
ISBN 978-7-5684-1764-8

Ⅰ. ①大… Ⅱ. ①金… Ⅲ. ①企业家—社会责任—研究 Ⅳ. ①F272.91

中国版本图书馆 CIP 数据核字(2022)第 095157 号

大众创业时代企业家社会责任教育研究

著　　者/金　奇
责任编辑/徐　婷
出版发行/江苏大学出版社
地　　址/江苏省镇江市梦溪园巷 30 号(邮编:212003)
电　　话/0511-84446464(传真)
网　　址/http://press.ujs.edu.cn
排　　版/镇江市江东印刷有限责任公司
印　　刷/镇江文苑制版印刷有限责任公司
开　　本/787 mm×960 mm　1/16
印　　张/14.5
字　　数/233 千字
版　　次/2022 年 6 月第 1 版
印　　次/2022 年 6 月第 1 次印刷
书　　号/ISBN 978-7-5684-1764-8
定　　价/50.00 元

如有印装质量问题请与本社营销部联系(电话:0511-84440882)

前　言

20 世纪 90 年代初以来，我国市场经济快速发展，大众创业方兴未艾，各类企业犹如雨后春笋，这对中国经济的增长与社会进步产生了巨大的推动作用。但企业这一“社会公器”在创造令人炫目的经济成绩的同时，在履行企业社会责任方面与公众的期望却存在着明显的差距，诸如不重视对劳动者的劳动保护、拖欠工资、生产或销售假冒伪劣产品、造成环境污染、对公益事业漠不关心、强制劳动等现象时有发生，由此引起了人们对企业社会责任问题的极大关注。

从外因上分析，企业的社会责任取决于大众的认识水平、社会整体的文明程度、媒体的舆论氛围、法律的完善状况，以及政府相关职能部门的监督力度等；从内因上分析，对于企业来说，企业家是企业的领导者、决策者，在企业中处于核心地位，企业的社会责任在很大程度上取决于企业家对社会责任的认知水平和经营态度。而企业家在企业决策过程中在多大程度上“采取行动以保护和促进社会福祉”，通常又取决于其思想素质、法律道德品质和社会责任观念，由此提出了一个现实性的问题，即要想推动企业自觉履行企业社会责任，必须从提升企业家的思想素质和法律道德品质等着手，尤其要侧重于提升企业家的企业社会责任观念。因此，对企业家进行适当的企业社会责任观念教育，促进企业家在企业决策和经营管理过程中自觉推动企业履行社会责任，成为促进企业可持续发展、推动经济发展与社会进步的客观要求。这样，对企业家的“企业社会责任观念教育”就从促使市场经济健康运行、促进科学高质量发展、构建和谐社会和实现中国梦的客观现实需要转化为必须深入探讨的理论前沿问题。

作为一项具有开创意义的理论研究，本书提出了“企业家社会责任观念教育”这一紧迫而又重大的现实命题，并对这一命题相关论域的基本问题进行了一些创新性的表述和构建，这些创新点主要体现在以下几方面：① 对核心概念“企业社会责任观念教育”的界定，该界定框定了研究的基本内涵与基本理论；② 以认知与实践的关系理论、和谐社会理论等作为教育指导性理论，以态度转变理论、嵌入理论等作为教育工具性理论，以道德资本理论、社会资本理论等作为教育价值性理论，对企业家社会责任观念教育的理论基础进行构筑；③ 对企业家社会责任观念教育的制度驱动力、价值驱动力和观念驱动力的抽象概括与理论分析；④ 从企业发展的三维指向（自然—社会—人）、社会系统的三大领域（政治—经济—文化）以及责任履行的三重境界（必须—应当—自愿）的角度，对企业家社会责任观念教育的主要内容进行框架性勾勒；⑤ 对企业家社会责任观念教育可能嵌入的立体化路径网络的发掘概括，对功能发挥的内在机制与制约结构的探究，以及对功能发挥的共识性规律、实践性规律、持续性规律的初步揭示等。这些创新点初步构建了企业家社会责任观念教育宏观的理论框架体系，从而对这一领域的理论研究与教育实践产生积极的推动和有益的影响，并希冀本研究能在一定程度上引发学界对这一理论问题与重要现实的切实关注和更多研究。

本书的编写参考了大量国内外研究者的研究成果，在此向这些作者表示衷心的感谢。本书的完成得到了江苏省高校哲学社会科学优秀创新团队建设项目（苏教社政函〔2020〕20 号）和扬州市职业大学优秀学术著作出版基金的资助，特此感谢！

由于作者水平有限，疏漏之处在所难免，恳请广大读者批评指正。

目　录

第1章 绪 论

社会是企业家施展才华的舞台。只有真诚回报社会、切实履行社会责任的企业家，才能真正得到社会认可，才是符合时代要求的企业家。

——习近平

我们应该倡导：企业要承担社会责任，企业家身上要流淌着道德的血液。

——温家宝

20世纪90年代以来，市场经济在中国快速深入发展。在第八届夏季达沃斯论坛上，李克强总理指出：在中国960万平方公里土地上掀起一个“大众创业”“草根创业”的新浪潮。中国由此加速进入大众创业时代，各类企业犹如雨后春笋，这对中国经济的增长与社会进步产生了巨大的推动作用。但在企业发展过程中，一些问题日益凸显，“企业社会责任”（Corporate Social Responsibility，CSR）成为人们关注的社会热点。企业社会责任在很大程度上取决于企业家的思想道德素质和企业社会责任观念，这就需要对企业家进行必要的教育引导。这样，对企业家的“企业社会责任观念”教育就从促使市场经济健康运行、促进科学高质量发展、构建和谐社会和实现中国梦的客观现实需要转化为必须深入探讨的理论前沿问题。

1.1 论题及表述上的相关说明

1. 关于“社会责任”“社会责任观念”与“企业社会责任观念”

本研究在书名和各章标题中出于简洁使用了“社会责任教育”表述，在行文中出于严谨主要使用“社会责任观念教育”表述；同时把

“社会责任观念”的边界限定为“企业社会责任观念”，即本研究涉及的“社会责任观念”，其边界小于一般意义上的“社会责任观念”。换言之，本研究只针对“企业家的企业社会责任观念”的论域与问题域进行研究，而不涉及企业家社会责任观念的其他方面。之所以做此限制，是因为要明确研究的特定内涵，框定研究的特定边界。本书主要研究企业家以企业关键决策者的身份，通过企业组织的方式推动的企业社会责任行动问题。在这里，企业家是以企业决策者的身份，而不是以一般公民的身份探讨个人的社会责任问题，即企业家社会责任的主要场域是以企业为舞台的，是通过企业的路径来实现或表达的。离开企业舞台，企业家当然也有社会责任，但这并不在本研究的视野之内。本研究的主旨是探索和构建企业家“企业社会责任观念”教育相关方面的基础理论及基本架构，而不是一般性质地论述企业家社会责任全景视野中的教育研究，即“企业家的企业社会责任观念”（企业家的 CSR 观念）与“企业家的社会责任观念”存在明显区别，后者更为宽泛，且在一定程度上倾向于指企业家个人的社会责任问题，如对个人财富的处理，但这并不是本研究关注的问题。这样，本研究的论域、问题域和边界就显得明确且更为具体。其直观而形象化的理解如图 1-1 所示。

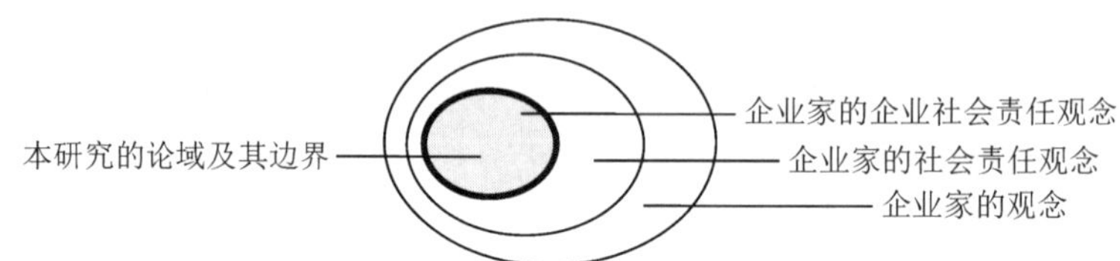

图 1-1　企业家的观念系统与本研究的论域及其边界

那么，为什么不直接使用“企业家企业社会责任观念教育”作为论题及各章标题用语呢？其实，本研究自选题成立至初稿完成期间，一直使用“企业家企业社会责任观念教育”这一相对规范而严谨的表述，但在与专家交流过程中，专家建议使用“企业家社会责任教育”这一表述，显得论题更有活力，在构词上也可避免冗余。因此，在不会产生歧义的语境中部分选择使用“企业家社会责任教育”这一表述，其主要分布在论题本身和各章标题中。必须指出的是，“企业家社会责任观念”与“企业家企业社会责任观念”存在着明显的内涵差异，本研究是在后者的内涵上铺陈论述的，虽然“企业家企业社会责任观念”在表述上显得有些拗口，但从学术研究的严谨性上说，会更准确。因此，本研究在书名和各章标题中选择使用“企业家社会责任”这一表述，而在行文中仍会较多地使用“企业家企业社会责任观念”或“企业家 CSR 观念”这一边界相对具体且更为严谨的表述，并在可能出现误解的情况下做必要说明。也就是说，行文中出现的“教育”“社会责任观念教育”均视为“企业社会责任教育”或“CSR 观念教育”。

综上所述，本研究书名、章节标题及行文中使用的“企业家社会责任”仅指“企业家企业社会责任观念”或“企业家的企业社会责任观念”，即将范围较宽泛的“企业家社会责任观念”具体到“企业家的企业社会责任观念”（等同于“企业家企业社会责任观念”）。

2. 关于“企业社会责任观念”与“企业的社会责任观念”

需要强调的是，“企业社会责任观念”不等于“企业的社会责任观念”。前者是一个整体概念，即“CSR 观念”，在 C 与 SR 之间不存在属格（所有格）关系，所以才会衍生出诸如“企业社会责任”的观念、意识、情感、态度、实践等语汇；而后者在 C 与 SR 之间存在着属格（所有格）关系，这种属格的产生导致社会责任主体的产生，即企业中的人的社会责任。通常，企业中的人既包括决策者，又包括企业员工，或二者构成的整体所形成的企业这一社会组织，即可以产生企业家的社会责任（责任主体是企业家）、企业员工的社会责任（责任主体是企业员工）、企业组织的社会责任（责任主体是企业组织）等多重概念。

做此说明是要确定：本研究中 C 与 SR 之间没有分割，不存在属格关系，是一个整体概念，是取自当前“企业社会责任”的实践与理论研究中频繁出现的这一整体结构或整体概念。若要产生属格，则属格是在前的，即“……的企业社会责任观念”，如企业家的企业社会责任观念、消费者的企业社会责任观念、大学生的企业社会责任观念、居民的企业社会责任观念等，即“企业社会责任观念”在表述上始终是捆在一起的。本研究选取的对象是企业家，即“企业家的‘企业社会责任观念’”（等同于“企业家企业社会责任观念”），而出于表述上的简洁，使用的是“企业家的社会责任观念”或“企业家社会责任观念”，但指的是“企业家的企业社会责任观念”或“企业家的 CSR 观念”。

3. 教育对象在表述上的省略

出于表述简洁的需要，本书中涉及的“企业社会责任观念教育”“社会责任观念教育”或“教育”在无上下文背景暗示或无明确说明“有所不同”的情况下，皆视为或等同于“企业家企业社会责任观念教育”这一表述，即以企业家作为本书的教育对象。舍弃“企业家”三个字，主要是出于表述的简洁，而并非在意义或指向对象上发生了某种变化。因此，无须每次提及“企业社会责任观念教育”时都在语汇上重复使用“企业家”一词，即在教育对象指向上，“企业家”作为本研究不言而喻的特定指向对象，而“企业社会责任观念教育”作为本研究不言而喻的核心概念。

4. 论题的教育学解读

首先，关于教育对象，即企业家。本研究涉及的企业家主要是指企业的关键决策者和实际管理者。

其次，关于教育内容，即企业社会责任观念。本研究把“企业社会责任观念”作为要进行教育传播的内容（或思想观念）。“企业社会责任观念”包括企业社会责任的运演发展、企业社会责任的结构体系、企业社会责任的内容维度。从信息论的角度，这就是教育传播的“信息”；从知识论的角度，这主要传播的是“知识”；从认识论的角度，这主要传播的是建构服务于行动的“认知”；从态度转变论的角度，这主要传递的是引起态度结构变迁的“认知要素”。

最后，关于教育主体。本研究对教育主体不作专门关注，但广义上的思想教育决策与实施者或机构、企业管理类教育培训决策与实施者或机构，以及信息传播决策与实施者或机构等，均在某种层面上构成此项教育可能的教育主体。

1.2 核心概念界定、研究思路与研究的逻辑层次

1.2.1 核心概念界定

概念是在人脑里形成的能反映认识对象本质属性的思维形式，毛泽东曾指出：“概念这种东西已经不是事物的现象，不是事物的各个片面，不是它们的外部联系，而是抓着了事物的本质，事物的全体，事物的内

部联系了。”[①] 概念是逻辑思维的最基本单元和形式，科学研究主要是形成和发展概念。例如，美国科学哲学家瓦托夫斯基认为：“我们的思维的成长和演化是一个形成概念的过程，是一个精心构制或多或少地系统化的结构（在其中，这些概念彼此联系起来）的过程。”[②] 除此之外，他还认为：“我们的最根深蒂固的概念中有一些是具有高度概括性的，可以说它们构成我们思想的基本框架。”[③]

1. 教育及其定义的方法

在宏观上，教育是一种人类的知识经验、科学技术、道德与精神境界的传承和提升活动；在微观上，教育是一种改变个体思想与观念，推动个体思想、灵魂发生积极而深刻变革的方法，是一种价值引导和创造的过程。教育的定义可采取如下 3 种方法：① 属加种差定义法，即由被定义的事物的特征作为“种差”，加上该事物所归属的较为接近的“属概念”来进行定义；② 要素综合定义法，即围绕教育主体、教育客体、教育介体等教育活动的基本要素来进行定义；③ 特征组合定义法，《术语工作　词汇　第 1 部分：理论与应用》（GB/T 15237.1—2000）中把概念表述为“通过对特征的独特组合而形成的知识单元”，据此，在定义概念时可以挑选出组成概念的知识单元中最关键的特性和关系进行组合和构建。

2. 对本研究核心概念“企业社会责任观念教育”的界定

在对作为上位概念的“教育”以及教育的定义方法作了简单的分析后可知，“教育”概念是一个知识单元，这个知识单元是由教育特征的独特组合形成的，特征的组合模式可以采取“属加种差”或“要素综合”的方式。同是“教育”的概念，从不同的研究角度，可以形成不同的表述。据此，我们回到本课题核心概念的探讨。企业家企业社会责任观念教育研究，依据研究的不同侧重点可以提炼出不同的核心概念，从而形成不同的研究方向和重点，本研究确立“企业社会责任观念教育”作为研究的核心概念。从目前的研究来看，尚且没有文献对“企业社会

① 毛泽东．实践论［M］．北京：人民出版社，1975：5.

② ［美］M.W. 瓦托夫斯基．科学思想的概念基础：科学哲学导论［M］．2 版．范岱年，等译．北京：求实出版社，1989：14.

③ ［美］M.W. 瓦托夫斯基．科学思想的概念基础：科学哲学导论［M］．2 版．范岱年，等译．北京：求实出版社，1989：15.

责任观念教育”作出明确界定。本研究尝试对这一概念作如下界定：企业社会责任观念教育是基于特定的现实背景和动力驱动，依据一定的理论、内容和路径，以推进企业履行企业社会责任为功能指向，培育或提升教育对象的企业社会责任观念的思想教育活动。

3. 对界定的说明

本界定遵循了“属加种差”的概念定义方法，同时结合了“要素综合”的概念定义方法。

（1）本界定把“思想教育活动”作为上位概念、属概念，把“企业社会责任观念教育”归属于“思想教育活动”。正如程东峰所认为的，“在现代社会，责任教育应是所有思想品德教育和理性纪律教育的具体化。”① 也恰如费舍等在《责任与控制：一种道德责任理论》中所指出的，“我们预想，这样一来我们的说明就能够嵌入到一个更概括的理论中去，该理论也包括对道德责任的认识成分（以及任何更多的方面）进行全面的探索。”②这一界定较好地把“企业社会责任观念教育”嵌入“思想教育活动”这一更为概括性的理论体系架构中，而后者也确实包括了对道德责任的更为全面的探索。

（2）本界定把“企业社会责任观念教育”作为下位概念、种概念，并把此项教育特定的现实背景、动力体系、教育依据的理论、教育嵌入的路径、教育独特的基本内容与功能指向视为种差。即企业社会责任观念教育是基于特定的现实背景（种差 1）和动力体系（种差 2），依据一定的理论（种差 3）、内容（种差 5）和路径（种差 4），对教育对象传播或灌输企业社会责任思想理论观念（种差 5）的教育，以促使教育对象形成符合社会期望的企业社会责任思想意识和道德觉悟，发挥并推进企业自觉履行社会责任的功能（种差 6）。

（3）作为知识单元，“企业社会责任观念教育”包含众多的特征，从教育要素的角度，即包括众多的教育要素。依据“在定义概念时通常挑选出组成概念所具有的特性中最关键的”，本概念界定对此项教育的

① 程东峰. 责任论：关于当代中国责任理论与实践的思考［M］. 北京：中国林业出版社，1994：53.

② ［美］约翰·马丁·费舍，马克·拉维扎. 责任与控制：一种道德责任理论［M］. 杨韶刚，译. 北京：华夏出版社，2002：19.

诸多特征或教育要素进行了一定取舍（取舍的原则，一是基于理论研究的可能性，二是基于教育实践的必要性），只选择其中（对研究目的而言）最关键的特征和要素。同时，为避免陷入教育研究的传统思路，对部分不言而喻的教育要素未予提及或赘述，如教育者、教育方法等。此外，依据概念是“通过对特征的独特组合而形成的知识单元”，本研究核心概念的“特征的独特组合”体现为如下的逻辑安排：以现实背景作为始点，以一定的理论和动力作为支持，以明确的内容和多种现实的路径作为支撑，以功能发挥作为研究旨归和终点。

（4）从教育要素的角度，本界定中所涉及的教育要素包括：① 教育者——思想教育工作者。这里的思想教育工作者指的是最广义上的促成认知、态度、情感、价值观等形成或改变的工作人员或机构。② 教育对象——企业家。本研究中的企业家主要指企业的关键决策者、企业法人、企业实际控制者、企业一把手等。③ 教育影响——企业社会责任的思想观念、知识理论等。

（5）标题与概念界定中的企业社会责任观念。首先，关于观念，本研究把观念与常用的意识、思想、理念等在相近语义上通用，除非必要，不作严格区分。虽然这几个语汇在严格意义上存在区别，但在个别场合会交叉使用。本研究选择“观念”这一表述，是较多地考虑“观念”具有广泛的包容性。其次，关于企业社会责任观念，较普遍的看法是，企业社会责任观念是在对企业社会责任理论知识、基本内容等有了一定认知的前提下，所形成的对企业社会责任的一种带有情感道德色彩的思想意识、积极态度和心理觉悟。

（6）本研究主要着眼于教育宏观方面的基本问题、基本理论与理论框架的整体性构建，而不关注教学的具体过程，教学环节等操作层面的方法细节、实施细节等。因为实践操作问题更多地在于职能部门的决策与组织，以及教育部门的贯彻与落实，而这不是本研究重点关注的问题域。

1.2.2 研究思路

研究思路“是指针对问题、对象的性质、特点等而选择和采取的特殊视角、路径或总体运思和构想。由于从不同的向度看同一问题会产生不同的结果"①，因此研究思路对一项研究理论体系的构建与展开至关重要。本研究由企业社会责任的现状尝试提出"企业家企业社会责任观念教育"的命题（假设/研究课题），根据文献分析与问卷调查的基本结论确定研究的基本方面与侧重点，借鉴思想政治教育与教育哲学研究的基本思路拟定研究的基本框架。在总体思路上，拟用概念展开法，即遵循"提出问题—形成概念—概念内涵展开"的方法；在具体思路上，拟用要素分析法，即对构成教育的种差特征、特别要素进行逐层分析，以期尝试构建企业家社会责任观念教育的基本理论框架。

就总体思路而言，其一，通过文献分析和问卷调查考察教育的现实背景；其二，着手构筑教育的理论基础和动力系统；其三，尝试建构与发掘教育的基本内容和教育的实施路径；其四，分析教育功能发挥的影响要素，即从背景考察入手，依次探究教育的理论支撑与动力体系，并初步构建起教育的内容框架与立体化的教育路径网络；其五，尝试揭示教育功能发挥的影响因素和基本规律。

就具体思路而言，本研究从企业社会责任理论观念的运演与实践现状入手，先在对企业家企业社会责任观念进行问卷调查（经验与实证支持）的基础上提出并展开"企业家企业社会责任观念教育"的命题（假设/研究命题）研究，再在理论上探寻此项教育的支撑性理论、驱动性动力，初步建构起教育的基本内容与实施路径，然后归结到教育功能发挥的研究旨归。具体而言：其一，考察企业家企业社会责任观念教育的理论与现实背景，结合问卷调查，确定教育的基本问题和研究的基本内容；其二，发掘教育的理论依据，为此项教育奠定理论基础；其三，分析教育的动力系统，为此项教育提供动力支持；其四，构建教育的内容框架，为此项教育的实施框定主体内容；其五，探寻教育的基本路径，为此项教育实践提供路径参考；其六，分析教育功能发挥的心理机制、制约结构和基本规律，为教育存在的"合法性""合理性"提供进一步佐证，并促使教育的功能持续性发挥。

1.2.3　研究的逻辑层次

本研究以概念的内涵展开作为研究的基本思路，以教育的形成（背

---

① 朱喜坤．新时期理想信念教育研究［M］．哈尔滨：黑龙江人民出版社，2007：16.

景)、支撑（理论)、推动（动力)、展开（内容)、实施（路径)、结果（功能发挥）作为各章层次展开的基本逻辑线索，具体如图 1-2 所示。

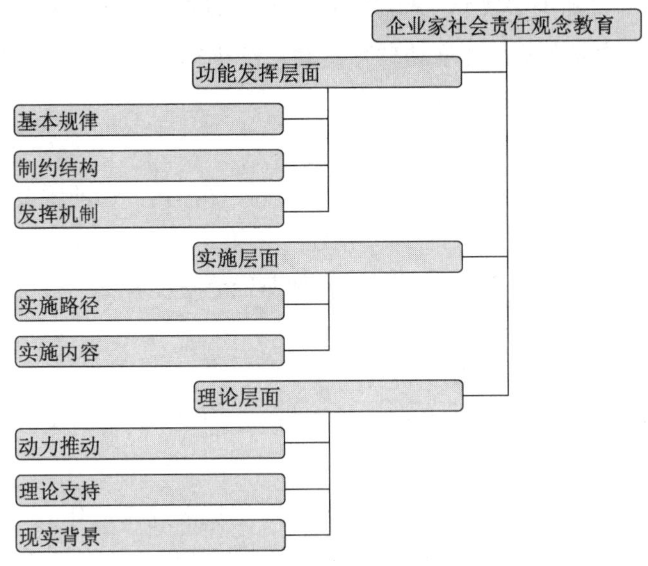

图 1-2　企业家社会责任观念教育研究的逻辑层次

1. 侧重教育的理论层面

（1）为什么要进行此项教育?（基于现实背景——第 2 章）

（2）进行此项教育的命题假设有无理论依据，即理论上能否找到支持?（理论上有支持——第 3 章）需要说明的是，这里所发掘的此项教育的理论基础，需要在三个层面的意义上去理解。一是构成此项教育指导性的基本理论，在这层意义上所发掘的理论基础并非作为本研究分析建构理论工具意义上的具有方法论意义的理论工具，而只是构成了此项教育的理论支持，即哪些理论对此项教育构成背景性的理论支持或教育实践的理论指导，如第 3 章中教育指导性理论的选择与提炼就是在这层意义上而言和使用的；二是作为本研究具有方法论意义的理论研究的分析工具性的理论，如第 3 章中的态度转变理论、嵌入理论；三是作为此项教育具有价值意蕴或功能效果意蕴的理论，如第 3 章中的道德资本理论和社会资本理论。在后两个意义上发掘的理论，既对此项教育构成理论基础，又在一定程度上充当了本研究的分析工具，因而又具有方法论意义。此外，它还包括教育哲学上的理论工具和方法，如动力分析、功能价值分析等，并且把动力系统嵌入生产力系统中，把功能嵌入价值论中。

（3）具有理论支持的此项教育从一种命题假设到形成教育实践，持续推动的动力是什么？（推动教育活动持续进行有其制度、价值与观念上的动力——第4章）

2. 侧重教育的实施层面

（1）具有理论依据和动力推动的此项教育，其传递的主要内容涵盖哪些方面？（教育实施的内容体系构建——第5章）

（2）教育内容、教育影响通过何种路径到达受众？（教育实施的路径开发、多种路径的综合作用——第6章）

3. 侧重教育的功能发挥层面

（1）教育的效果和积极功能如何得以发挥？（教育效果、功能的生成——第7章）

（2）教育功能发挥的机制、制约结构与基本规律是什么？（教育功能发挥的机制、教育效果持续性的制约因素及其规律——第7章）

1.3 研究目标、研究方法与预期创新点

1.3.1 研究目标

本研究拟定如下研究目标，并分散在各章中形成具体目标，通过这些目标的尝试性实现，建设性地构建企业家企业社会责任观念教育的理论框架体系，如图1-3所示。

（1）提炼并界定“企业社会责任观念教育”核心概念。从研究论题中提炼出“企业社会责任观念教育”这一复合型的词语作为本研究的核心概念，并借助“属加种差”“要素综合”与“特征组合”的教育定义方法尝试对这一概念进行界定。（第1章）

（2）经验（实证）验证“企业家企业社会责任观念教育”命题假设。通过背景考察与前期调查，完成对“企业家企业社会责任观念教育”命题假设的经验验证。（第2章）

（3）构筑企业家社会责任观念教育的理论基础与动力系统。通过分析与概括，初步构筑企业家企业社会责任观念教育基于其上并须予以遵

循和构成支持的理论基础以及此项教育得以生成和持续发展的推动动力体系。（第 3 章、第 4 章）

（4）建构企业家社会责任观念教育的内容维度与实施路径。从教育实施的角度，构建企业家企业社会责任观念教育的内容架构所及的主要维度，开发、归纳出作为特殊群体、特殊形式的企业家企业社会责任观念教育可能嵌入的路径网络体系。（第 5 章、第 6 章）

（5）发掘企业家社会责任观念教育功能发挥的机制、制约结构与基本规律。分析企业家企业社会责任观念教育的主要功能，初步揭示其功能发挥的机制、制约结构与基本规律。（第 7 章）

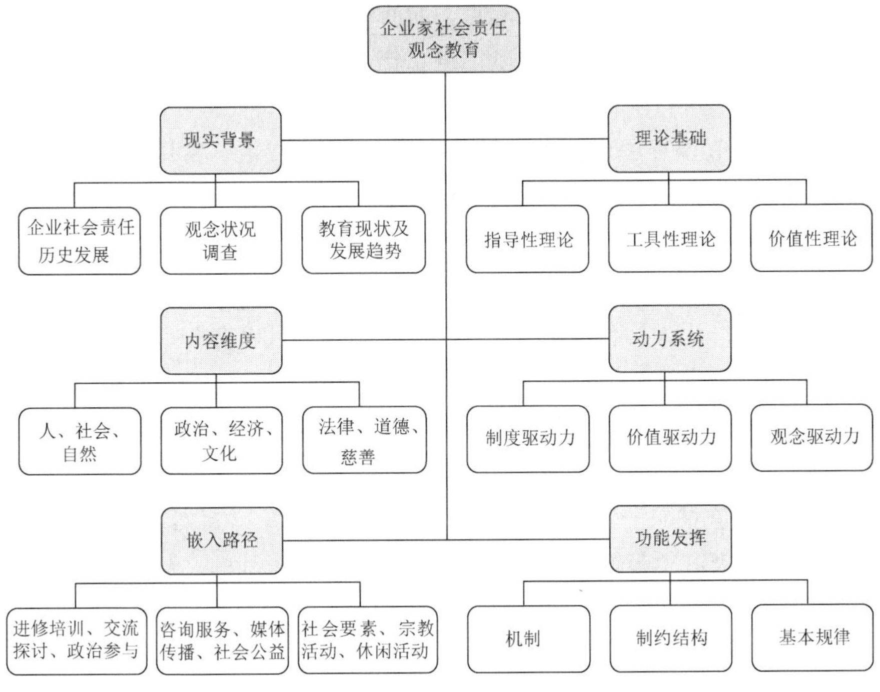

图 1-3　企业家社会责任观念教育的理论框架体系（即理论模型）

1.3.2　研究方法

英国哲学家培根说过：“跛足而不迷路，能赶过虽健步如飞，但误入歧途的人。”显然，他说的是采用正确方法的重要性。《马克思主义辞典》对“方法”所作的解释是：人们为认识、改造世界而进行的实践活动和理论活动的方式。方法由两部分构成：认识方法（即思想方法）和实践方法（即工作方法）。[①] 列宁在《哲学笔记》中，曾摘录过黑格尔关于方法的一段话：在探索的认识中，方法也就是工具，是主观方面的某种手段，主观方面通过这种手段和客体发生关系。[②]也就是说，方法是一种思维方式和行为方式，是认识活动、实践活动的一般程序、步骤、准则和工具。依据这样的理解，本研究拟采用如下研究方法：

（1）概念内涵展开法。恩格斯曾指出：必须先研究事物，而后才能研究过程；必须先知道一个事物是什么，而后才能觉察这个事物中所发生的变化。[③] 学者孙其昂也曾强调，研究的过程自始至终必须清晰而明确地把握核心概念，依据概念的内涵作阐述分析。因此，对研究对象的明确界定，是社会科学研究的起点，而研究的过程其实就是对概念内涵的展开。据此，本研究首先对基本概念作语义上的界定，然后依循概念的内涵，逐层进行阐释和展开。

（2）问卷调查法。教育调查是教育研究中重要的、常用的方法，本研究前期的教育调查主要采用问卷调查法，同时结合个别访谈法。借助问卷调查旨在对命题予以经验证明，问卷调查的数据主要来自两个方面：其一，中国企业家调查系统和部分资金项目的相关调查数据，这些数据覆盖面广泛，具有较高的权威性与可靠性，可以在一定程度上避免个人调查问卷设计及调查样本的有限性与局限性；其二，本研究所进行的问卷调查，主要涉及企业家的企业社会责任观念现状及其对企业社会责任观念教育的倾向性（即态度取向）。

（3）科学抽象法。列宁曾指出：“物质的抽象，自然规律的抽象，价值的抽象及其他等等，一句话，一切科学的（正确的、郑重的、非瞎说的）抽象，都更深刻、更正确、更完全地反映着自然。”[④]科学研究的任务在于“把其中的本质联系和非本质联系区别开来，把主要过程和次要过程区别开来，把规律性部分和偶然性部分区别开来，然后，撇开偶

---

① 许征帆．马克思主义辞典［M］．长春：吉林大学出版社，1987：198.

② 列宁．哲学笔记［M］．北京：人民出版社，1974：236.

③ 马克思，恩格斯．马克思恩格斯全集（第二十一卷）［M］．北京：人民出版社，1965：338.

④ 列宁．列宁全集（第五十五卷）［M］．北京：人民出版社，1990：142.

然性和非本质联系的部分，而只把本质联系和主要过程抽象出来”[①]，即从事物纷纭芜杂的外部现象中抽象出“共有的、同一的、本质的东西”，从而揭示事物的内在规律，发现其运动的深刻原因和必然趋势。[②]因此，学术研究在多数情况下要借助科学抽象的方法。依据这样的理解，本研究对核心概念，理论依据，动力体系，教育内容维度，教育功能，功能发挥机制、制约结构与基本规律等的分析都借助了科学抽象的方法。

（4）理论研究与实证研究相结合的方法。教育科学的理论研究，是以严密的理论体系的方式再现和阐释一定的教育现象及过程，是以一种带有总结概括性和普遍性的方法论原则和理论框架作为形式系统，使教育的本质和规律得以更深刻地揭示和合理地说明。[③] 教育科学的实证研究方法的具体形式现今主要包括教育调查、观察、访谈、测验及教育实验等。实证研究中的数据分为一手数据和二手数据，前者是指实地调查、实验研究得来的数据，后者是指引用的公开数据，如各类统计年鉴、公报、报表以及他人论著中的数据。本研究中的实证调查数据既包含了一手数据，也包含了二手数据。从现今多数研究方法来看，理论研究常与实证研究交织在一起。[④]依据这样的理解，本研究通过对现实背景的考察提出“企业家企业社会责任观念教育”的命题，通过形成核心概念确立研究的系统要素，通过背景考察和前期调查对命题予以经验验证，然后在理论上逐层分析与论证，即研究拟采用理论研究与实证研究相结合的范式。具体来说有以下几点：① 提出命题。通过对现实背景的考察提出企业家企业社会责任观念教育的论题构想。② 建构核心概念。建立理论模型（图 1-3）并得出主要结论，即形成核心概念及其内涵结构框架体系。③ 经验验证。通过前期问卷调查对命题予以经验验证，寻求实证支持。④ 理论论证。对论题进行理论论证，从理论上分析教育的理论依据、动力系统，建构教育的基本内容、实施路径，探寻影响教育功能发挥的内在机制、系统结构、基本规律。即从总体上依循“提出命

---

① 刘涤源，张旭初，梅荣政. 马克思《资本论》中的科学抽象法研究［M］. 武汉：武汉大学出版社，1987：2.

② 刘涤源，张旭初，梅荣政. 马克思《资本论》中的科学抽象法研究［M］. 武汉：武汉大学出版社，1987：3.

③ 裴娣娜. 教育研究方法导论［M］. 合肥：安徽教育出版社，1995：313-314.

④ 裴娣娜. 教育研究方法导论［M］. 合肥：安徽教育出版社，1995：313.

题—建构核心概念—经验验证—理论论证”的实证研究与理论研究相结合的方法。

（5）系统科学的方法。在教育研究中借助系统科学的方法，有助于从整体结构上理解和驾驭研究对象。本研究把企业家企业社会责任观念教育放在社会系统的思想教育系统中进行整体性的考察，主要体现在对动力系统、教育路径、功能发挥的分析中，即教育的动力来源于社会系统的综合推动、教育的路径是教育信息在社会系统中主要的和现实的传播途径、功能的发挥受制于社会系统中各种相关因素；同时，尝试从教育系统的角度对教育的理论基础、内容维度、实施路径进行分析，即对教育系统中的理论子系统、内容子系统和路径子系统进行分析；另外，在功能发挥的分析中采取了“结构—功能”的系统分析方法。

1.3.3 预期创新点

作为一项具有开创意义的理论研究，本研究尝试对以下方面进行创造性的表述和构建，并力求形成创新性的理论体系。

（1）构筑与抽象企业家社会责任观念教育的理论基础与动力系统。尝试从教育指导性理论、教育工具性理论、教育价值性理论等角度构筑企业家社会责任观念教育的理论基础；尝试从制度驱动力、价值驱动力和观念驱动力的意蕴上抽象概括并理论分析企业家社会责任观念教育的动力系统。

（2）建构与发掘企业家社会责任观念教育的内容维度与嵌入路径。尝试从企业发展的三维指向、社会系统的三大领域以及责任履行的三重境界角度对企业家企业社会责任观念教育的主要内容框架进行勾勒；从教育可能借助或嵌入的传统、新型与潜在的立体化路径网络方面发掘与概括企业家社会责任观念教育的路径。

（3）探析企业家社会责任观念教育的功能层面，力求揭示企业家社会责任观念教育功能发挥的内在机制、制约结构与基本规律。

第 2 章 企业家社会责任教育的背景考察

企业家社会责任教育的理论探讨，必须从现实中发掘其缘起、考察其背景。世界范围内风起云涌的企业社会责任运动、企业社会责任观念的演进与发展、企业家企业社会责任观念的认知程度与水平、企业家企业社会责任教育实践存在的问题、市场经济条件下企业社会责任的现状等，构成了企业家企业社会责任教育的客观现实背景。

2.1 企业社会责任观念解析

2.1.1 企业社会责任观念的定义解读

“企业社会责任观念”由“企业社会责任”与“观念”复合而成，对“企业社会责任观念”整体概念的把握，必须从组成部分上解剖其微观构成要素着手。

1. 关于观念

在哲学上，观念一般指思想，即人们对客观事物及其过程的一切反映。一般可以从如下几个角度对“观念”进行理解：其一，观念与客观事物。观念与客观事物是相对而言的，唯物主义认为，观念的东西是客观事物在人脑中的主观反映。正如马克思所指出的：观念的东西不外是移入人的头脑并在人的头脑中改造过的物质的东西而已。[①] 其二，观念与实践。观念是在实践活动过程中形成的，实践中获得或形成的主观观念会对后继行为产生影响。在一定意义上，具有世界观意蕴的观念是人们行动的向导，有什么样的观念，就会有什么样的行为方式与之相对应。因此，教育的目的在于形成正确的观念，以指导行为实践。其三，

① 马克思．资本论（第三卷）［M］．北京：人民出版社，1975：24.

观念与世界观。观念通常是指对某种事物的看法，如时空观念、物质观念等，这其实表明观念与人们的世界观相关，即与“是什么”“如何认识”等这类问题相关。其四，观念与态度、思想觉悟、价值判断。观念在某种意义上表明了一定的态度倾向性、一定的思想觉悟和一定的价值判断，如政治观念、法律观念、道德观念等，它不仅体现了主体一定的态度倾向与思想觉悟，同时也反映出主体特定的情感偏好与价值倾向性。概括地说，观念是人们在实践活动和认识活动中，人脑对客观事物的一种能动的反映形式。

2. 关于企业社会责任

关于“企业社会责任”的定义，中西方学者对此做了大量的研究与解释，但至今尚未形成完全统一的认识，正如弗陶（Votaw）所认为的，企业社会责任是一个精妙的词汇，它有所指，然其意涵在不同人的心目中又并非总是一致。[①]

（1）西方学者、社会组织和政府对企业社会责任的理解和界定。西方诸多知名学者曾从不同角度表达了对企业社会责任的理解[②]：欧利文·谢尔顿（O. Sheldon，1924）把企业社会责任与企业经营者满足企业内外各种人需要的责任联系起来，认为企业社会责任包含道德因素；米尔顿·弗里德曼（M. Friedman，1962）认为企业的社会责任就是增加利润；赛希（Sethi，1975）认为社会责任是企业符合现行社会规范、价值和期望的行为；凯斯·戴维斯和罗伯特·L. 布卢姆斯特朗（K. Davis & R. L. Blomstrom，1975）认为社会责任是决策者的义务，决策者在追求自我利益时必须采取行动以保护和增进社会公共利益；阿奇·B. 卡罗尔（A. B. Carroll，1979）认为，企业社会责任意指某一特定时期内社会对企业所寄托的经济、法律、伦理和自由决定（慈善）的期望，它包括经济责任、法律责任、伦理责任和慈善责任。一些国际组织与政府也曾明确界定企业社会责任：“国际劳工组织认为，企业社会责任是指企业在经济、社会和环境领域承担某些超出法律要求的义务，而且绝大多数是

---

① 陈留彬. 中国企业社会责任理论与实证研究［M］. 北京：人民交通出版社，2007：11.

② 殷格非，于志宏，崔生祥. 企业社会责任行动指南［M］. 北京：企业管理出版社，2006：16-18.

自愿性质的。欧盟委员会在有关文件中把企业社会责任描述为：企业在自愿基础上，把对社会及环境的关切整合到其经营运作以及与其利益相关各方的互动过程中。英国政府认为，企业社会责任是指企业对国家可持续发展目标做出贡献，在生产经营过程中对经济、社会和环境目标进行综合考虑，在自愿基础上采用高于最低法律规定的标准。"①

（2）国内学者对企业社会责任的理解。从 20 世纪 80 年代后期至今，国内学者对企业社会责任也作了广泛的探讨，且较多通过对内容的概括与表述来表达对企业社会责任的理解。王明洋认为，企业社会责任主要包括：为社会提供发展资金；维护消费者利益；搞好环境保护，维护生态平衡；合理、节约使用自然资源；建设社会主义精神文明。② 尤力等认为，企业社会责任是企业为了自身和社会的健康发展必须承担的法律上和道义上的责任，主要包括：为国家创造财富；为社会提供就业机会；促进社会健康发展，提高生活质量；满足消费者多方面的需要，保护消费者利益；改善职工工作条件；增进社会公益事业等。③王利平等认为，企业社会责任的内容涉及诸多方面，如提供就业机会、资助社会公益事业、保护生态环境、支持社会保障体系等。除此之外，就外部关系而言，企业还对股东、媒介、社区、政府、交易伙伴、消费者等相关社会组织及个人负有特定的社会责任。④卢代富认为，企业社会责任是指企业在谋求股东利润最大化之外所负有的维护和增进社会利益的义务。⑤殷格非等认为，企业社会责任分为两个层次，第一层次包括经济责任和法律责任，这是企业必须履行的；第二层次包括道德责任和慈善责任，这是社会期望或企业自愿履行的。⑥李洪彦认为，广义的企业社会责任是指企业作为社会基本的单元细胞，应该对社会发展做出自己的贡献，并

---

① 陈留彬．中国企业社会责任理论与实证研究［M］．北京：人民交通出版社，2007：11 12.

② 王明洋．试论企业社会责任［J］．经营管理者，1989（7）：30.

③ 尤力，王金顺．论企业的社会责任［J］．四川大学学报（哲学社会科学版），1990（1）：41-46.

④ 王利平，黄江明．现代企业管理基础［M］．北京：中国人民大学出版社，1994：105-106.

⑤ 卢代富．企业社会责任的经济学与法学分析［M］．北京：法律出版社，2002：96.

⑥ 殷格非，于志宏，崔生祥．企业社会责任行动指南［M］．北京：企业管理出版社，2006：19.

履行自己相应的服务社会、贡献社会的责任。狭义的企业社会责任是指企业在获取利润、对股东利益负责的同时，还要承担对员工、对消费者、对社区和环境等方面的社会责任，其基本内容主要包括遵守商业道德、生产安全、职业健康、保护劳动者的合法权益、保护环境、捐助社会公益事业、保护弱势群体、促进社会信用体系建设等。[①]这些论述，从诸多视角比较全面地展现了企业社会责任基本意涵的不同方面。这些方面既有共性，又有不同的侧重，使企业社会责任的面目愈来愈清晰地呈现出来。

（3）本研究对企业社会责任的理解。综合国内外学者的诸多表述，本研究认为企业社会责任可以形成具有一定共识的内涵，包括：① 企业社会责任是一个责任体系；② 企业社会责任既包含企业必须履行的责任，也包含其自愿履行的责任；③ 企业社会责任既包含企业经济责任，也包含非经济责任；④ 企业社会责任影响企业、社会、人与自然的可持续发展；⑤ 企业社会责任是企业基于其在社会系统中与人、社会、自然的客观关系而形成的、应当或必须承担的、对关系相关方的法律或道德责任；⑥ 企业的社会责任与企业的道德资本和社会资本密切相关。概括而言，本研究在最宽泛的意义上理解企业的社会责任，即把企业社会责任放在宏观的“人—社会—自然”系统中，视之为一种责任体系，它存在着多重维度、层次和视角，为便于理解的简明化与研究的层次化展开，将企业社会责任的主要类型大致划分为：① 企业在发展过程中对人、社会和自然的责任；② 企业在社会系统中对经济发展、政治发展与文化发展所承担的责任；③ 企业必须的、应当的和自由的由低到高三重境界意义上的法律责任、道德责任和慈善责任。这种划分虽然不构成企业社会责任的精确定义（寻求这种共识性定义可能是没有意义的，正如上文弗陶所说：企业社会责任的意涵在不同人的心中并非总是一致的），但能使企业社会责任的主要内容维度显得清晰而明确，对企业社会责任观念教育的内容维度构建与有序展开有着积极意义。

3. 关于企业社会责任观念

依据上述对“观念”和“企业社会责任”内涵的理解，企业社会责

---

① 李洪彦. 中国企业社会责任研究［M］. 北京：中国统计出版社，2006：12-13.

任观念是指在对企业社会责任知识理论、思想理念等基本内容有了一定认知的前提下，所形成的对企业社会责任实践的一种带有情感道德色彩的思想意识、态度倾向和心理觉悟。这一表述内蕴如下意涵：① 企业社会责任观念是对企业社会责任实践的一种思想意识、一种主观认识、看法和态度；② 企业社会责任观念影响着企业社会责任行为实践，企业社会责任行为实践上的取舍受制于对企业社会责任的看法和态度；③ 企业社会责任观念在一定程度上反映了人们的世界观、价值观、财富观，它是人们世界观、价值观、财富观在企业社会责任实践境域中的具体表现；④ 企业社会责任观念在一定程度上反映了人们的思想道德觉悟，企业社会责任较多地倾向于道德要求，因而企业社会责任观念反映了人们的思想境界与道德觉悟水平；⑤ 企业社会责任观念不止于认知，更蕴含了对人、社会、自然的情感；⑥ 企业社会责任观念既包括经验层面的浅层企业社会责任意识，又包括系统化的企业社会责任理论知识，同时企业社会责任观念的理论会随着实践运动获得不断发展，并会对一定时期的企业社会责任实践产生积极的引导。

2.1.2　企业社会责任观念的历史发展

“企业社会责任”一词起源于美国。一般认为，英国学者欧利文·谢尔顿在 1923 年对美国企业进行考察后，于 1924 年在其著作《管理哲学》（*The Philosophy of Management*）中最早从学术研究的角度提出了“企业社会责任”的概念。到了 20 世纪 30 年代，美国哈佛大学法学院的贝尔（Adolf A. Berle）与多德（E. Merrick Dodd）两位教授关于企业社会责任问题引发了著名的“哈佛论战”。传统企业理论代表贝尔认为，企业管理者只受托于股东，只为股东创造价值；多德则认为，企业是既有盈利功能又有社会服务职能的经济机构，企业管理者不仅受托于股东，也受托于更为广泛的社会，对雇员、消费者和公众等负有社会责任。[①]这场论战历时 20 余年，在贝尔与多德论战期间及此后，西方大量知名学者也加入这场论战，直到 20 世纪 60 年代，论争才有所平息，最终主张企业肩负广泛社会责任的观点占据了上风并渐成主流趋势。此后，从理论上分歧依然存在的论争到实践中越来越多的一般事实，从著

① 李立清，李燕凌．企业社会责任研究［M］．北京：人民出版社，2005：31.

名企业的率先垂范到席卷全球的公众呼唤，企业社会责任运动逐渐跨越疆域，呈现出风起云涌的全球化发展态势。如今，以跨国公司生产守则为重要表现形式的企业社会责任要求，虽然可能潜隐着某些贸易壁垒，甚至是政治陷阱，但是其积极的因素正在形成广泛共识。

从不同时期的关注重点来看，企业社会责任问题可谓历久弥新。具体而言，企业社会责任的内容因子大体经历了如下三个主要发展阶段。

1. 侧重关注企业经济利润阶段（20 世纪 50 年代—70 年代）

二战后至 1973 年第一次“石油危机”爆发前，西方发达资本主义国家经历了资本主义发展史上的“第二次黄金时代”，在长达 20 多年的时间里，西方发达资本主义经济体保持了相对持续稳定的增长。在这一时期，发展与经济增长成为全球普遍关注的焦点问题。在理论上，随着发展经济学的兴起，从中逐渐形成战后早期的发展理论——经济增长论，这一理论视经济增长为一个国家或地区发展的首要标志，国内生产总值成为政府评价与判断经济社会是否进步的最重要指标。这一理论思想倾向对企业实践的明显影响就表现为企业对“利润最大化”的关注与追求，甚至把这视为企业的主要社会责任，而经济责任之外的其他责任在理论认识上则存在着较大的分歧。例如，1970 年美国著名经济学家米尔顿·弗里德曼在《纽约时报》上撰文指出：企业的一项、也是唯一的社会责任是在法律或者伦理习俗的社会基本规则下实现利润最大化。他甚至认为：“极少趋势，比公司主管人员除了为股东尽量赚钱之外应承担社会责任，更能彻底破坏自由社会本身的基础。”① 可以肯定的是，这一时期发达资本主义国家经济的持续增长也得益于企业对“利润最大化”的迷恋与追求。当然，在这一阶段，除把盈利奉为企业主要目标的观点之外，企业应当承担经济责任之外的其他责任的观点也偶或进入人们的视野。

2. 侧重关注企业的环境责任阶段（20 世纪 80 年代—90 年代）

对企业环境责任的关注首先是基于企业对利润的片面追求造成了环境危机的现实，同时与人们对发展的理论认识及发展观的演变相联系。从发展理论及 20 世纪六七十年代发展观的演变角度，1966 年美国经济

① ［美］米尔顿·弗里德曼．企业的社会责任［C］//米尔顿·弗里德曼．弗里德曼文萃．北京：北京经济学院出版社，1991.

学家波尔丁首先提出了“循环经济”的概念，主张在资源投入、企业生产、产品消费与废弃物处理的全过程中遵循“减量、再用、循环”的原则。1971 年罗马俱乐部出版了由其委托美国麻省理工学院教授麦多斯等合著的研究报告《增长的极限》，该研究报告中指出，经济增长已临近自然生态环境的极限，主张经济增长必须与资源环境相协调。到了 20 世纪 80 年代，1980 年在《世界自然保护大纲》中首次提出“可持续发展”一词。由此，环境就从发展的一种被忽视的提供衬托的“背景”而走上了发展备受关注的前台。这样，现实的环境资源困境与思想上对环境问题的日益重视，极大地推动了企业环境责任的理论研究与实践运动。同时，公众的环境意识也普遍提高，并强烈要求企业承担起应有的环境责任。相应地，一些国际组织也针对企业制定了一些涉及环境问题的行为规则，而一些国家也制定了环境保护方面的法律，从而对企业的行为进行规范与约束。

3. 侧重关注企业劳工权益的全方位责任关注阶段（20 世纪 90 年代至今）

20 世纪 90 年代初期，中国开始向市场经济转型，在东南沿海地区各种企业大量出现，不少企业成了跨国公司在中国的廉价代工厂，有些代工厂内的劳工境况异常艰难，引起了劳工组织、人权组织、各国政府等对企业（尤其是跨国公司的海外代工厂）劳工权益的格外关注，并逐渐演变成“企业生产守则运动”。这些生产守则一部分是由跨国公司自己制定的用于“自我约束”的“内部生产守则”，一部分则是由劳工组织、行业协会、人权组织、国际机构等非政府组织制定的倾向于“社会约束”的“外部生产守则”，这些生产守则对维护劳工权益产生了积极的影响。20 世纪 90 年代中期以后，劳工组织、消费者团体、人权组织等进一步推动形成了一些具有广泛影响力的标准或生产守则，例如影响广泛的 SA8000 标准，即社会责任标准。SA8000 标准的问世是全球经济发展史上的一件大事，它标志着人类社会从只重视资本、科技的发展，转到了以人为本、以社会责任为己任的发展上来，它要求企业在赚钱的同时必须承担起对环境和利益相关者的责任，确保所供应的产品必须符合社会责任标准的要求，这无疑是人类社会发展史上的一大进步。① 同

① 李万全. 走近 SA8000［J］. 企业文明，2004（3）：13-17.

时，这一标准对劳工权益的关注更是显而易见的，从第一款到第八款，该标准分别就童工、强迫性劳动、健康与安全、结社自由及集体谈判权利、歧视、惩戒性措施、工作时间、工资报酬作了原则性的规定。

概括地说，企业社会责任在不同时期被赋予了不同的时代意义，其内容和边界在不断拓宽，同时层次和要求也在不断提高。今天，企业的社会责任已逐渐演变为承担对诸如企业员工、消费者、投资者、竞争者、社区公众、政府、资源环境等全方位的责任，旨在实现企业和社会的共同可持续发展。

2.1.3 企业社会责任观念的结构模型[①]

纵观企业社会责任的意涵与内容发展历程，从最宽泛的意义上理解，即把企业社会责任放在宏观的“人—社会—自然”系统中，视之为一种责任体系。这种责任体系存在着多重维度、层次和视角，同时构成这一责任体系的企业社会责任的内容因子可以形成金字塔结构模型、同心圆结构模型、内涵交叉结构模型以及领域分布结构模型。

1. CSR 金字塔结构模型

1979 年，美国学者卡罗尔提出的 CSR 概念被广泛接受，他认为：企业社会责任包含了在特定时期内，社会对经济组织经济上的、法律上的、伦理上的和自行裁量的期望。[②]即 CSR 关系到商业社会关系的四个不同层面，包括经济责任、法律责任、伦理责任、慈善责任，这四种责任呈现出“金字塔结构”（图 2-1）。在 CSR 金字塔结构中，经济责任是基础，也占据最大比例，法律的、伦理的以及自行裁量（慈善）的责任依次向上递减。也就是说，对企业而言，首当其冲的是实现经济责任，这是所有其他责任活动的前提，在此基础之上，企业必须或应当承担法律责任、伦理责任，并自愿选择、自行裁量慈善责任。

---

① 金奇，郑大俊．论企业社会责任的意涵、内容发展与结构模型［J］．商业时代，2012（15）：85-86.

② CARROLL A B. A three-dimensional conceptual model of corporate social performance［J］. Academy of Management Review，1979（4）：497-505.

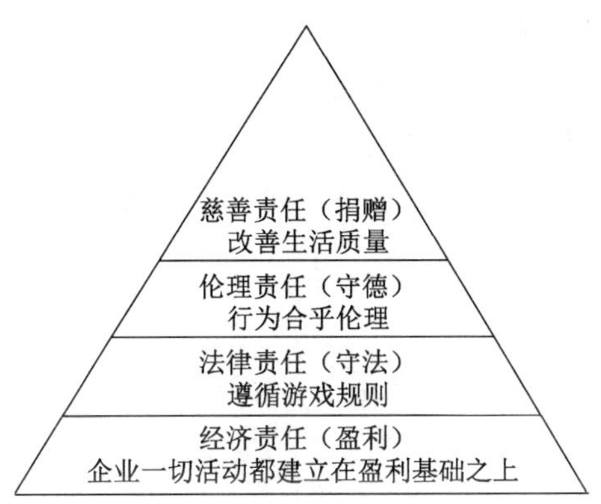

图 2-1　CSR 金字塔模型

2. CSR 同心圆结构模型

CSR 的同心圆结构，由内到外分别是企业的经济责任、企业的法律责任、企业的道德责任和企业的慈善责任。同心圆的内外差别只表示企业对社会责任响应的强度，即由内向外逐渐减弱，而不表示企业社会责任的边界范围大小（图 2-2）。在同心圆结构中，其内核是企业经济责任，表明企业最强烈关注的是其经济责任，这类似一枚石子投入平静水面，水面产生向外推出去的波纹，波纹强度会逐渐减弱。石子落下去的地方就是企业最关注的地方，同时企业的社会责任存在着“责任回归”现象，即由外向内，企业对慈善、道德、法律责任的承担最终要“回归”其内核——企业的经济责任。企业服从和服务于其核心责任，失去内核，责任会由此消失，企业的社会功能也会成为泡影。

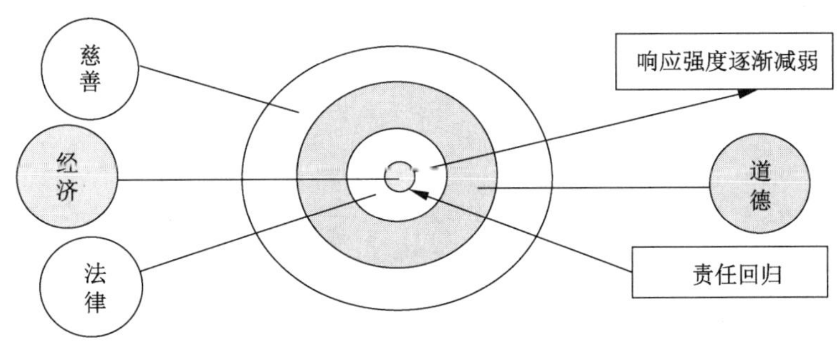

图 2-2　CSR 强度分布与“责任回归”结构模型

3. CSR 内涵交叉结构模型

企业的经济、法律、伦理、慈善责任只是研究上所作的理论区分，在实践中它们围绕经济责任彼此交织，在内涵上相互交叉，越趋于“交集”的地方，企业的关注程度愈高，社会的期望也愈强烈（图2-3）。例如，企业对员工承担责任，这既是法律的要求，又是伦理的要求，且蕴含了某种慈善的意义，同时又是企业实现经济责任的前提。

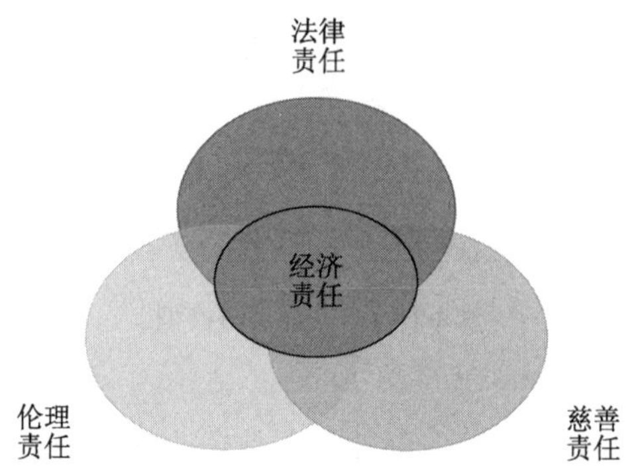

图2-3　CSR内涵交叉结构模型

4. CSR领域分布结构模型

CSR可以从不同角度进行解析，就企业发展的三维指向来看，涉及对人、社会和自然的责任；就社会系统三大领域的维度来看，涉及对经济、政治和文化发展的责任；就责任履行的三重境界来看，涉及必须的法律责任、应当的道德责任和自愿的慈善责任等（图2-4）。

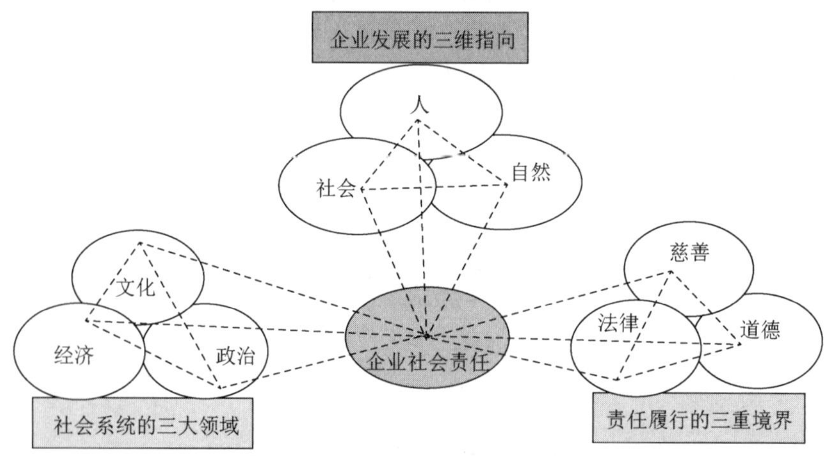

图2-4　CSR领域分布结构模型

2.2　问题的提出、研究的意义与研究的现状

2.2.1　问题的提出

马克思指出，一个时代所提出的问题，和任何在内容上是正当的因而也是合理的问题，有着共同的命运：主要的困难不是答案，而是问题。因此，真正的批判要分析的不是答案，而是问题。他还说，问题就是公开的、无畏的、左右一切个人的时代声音。问题就是时代的口号，是它表现自己精神状态的最实际的呼声。①

爱因斯坦也曾深刻地指出：提出一个问题往往比解决一个问题更重要，因为解决一个问题也许仅仅只是一个数学上或实验上的技巧问题。而提出新的问题、新的可能性，从新的角度看旧问题，却需要创造性的想象力，而且标志着科学的真正进步。②

英国著名历史学家阿诺德・汤因比（A. J. Toynbee）曾经说过：在 18 世纪的英国，对摧毁旧英国、建立一个新英国并促使全世界走向工业化起最大作用的两个人是亚当・斯密（A. Smith）和詹姆斯・瓦特（J. Watt）。他们两人都出生于苏格兰。1776 年斯密出版了《国民财富的性质和原因研究》，不仅为英国的经济自由主义提供了最坚实的论证，而且也促使了经济思想上的革命。也是在 1776 年，瓦特把他的第一部蒸汽机卖给威尔金森铁厂使用，促进了蒸汽动力在英国工厂的广泛应用，为英国工业革命提供了动力。③以蒸汽机的发明与使用为主要标志的近代第一轮科技革命促使了英国的产业结构发生了革命性的变化，现代意义上的企业由此获得了前所未有的发展，并形成了新的社会力量——企业主和工人阶层。此后，随着电力、发电机等的发明和使用，在 19 世纪末 20 世纪初开始了第二轮科技革命。1863 年，美国在全球率先建立了国家科学院，促进了新技术的爆炸式发展，世界科技革命的中心也逐渐由欧洲转移到美国。新技术的大量产生与广泛应用同样推进了美国

---

① 马克思，恩格斯．马克思恩格斯全集（第四十卷）［M］．北京：人民出版社，1982：289.

② 赵婧．提出问题比解决问题更重要［N］．光明日报，2005-02-17.

③ 李立清，李燕凌．企业社会责任研究［M］．北京：人民出版社，2005：23.

企业的快速发展，进而推动了美国经济的高速增长。

科技革命与经济思想的革命由此成为当时驱动经济高速增长的两个巨大引擎，但在经济高速增长的过程中，自由市场经济条件下企业对利润最大化的追求，导致企业内部、企业与社会、企业与自然环境之间暴露出一系列深层次的问题。德国哲学家加达默尔（Hans-Georg Gadamer）忧虑地指出，资产阶级时代把对技术进步的信仰同对有保证的自由、至善至美的文明的满怀信心的期待统一起来，但这个时代已经终结。[①]特别是周期性爆发的经济危机更加重了这种忧虑，而在魔咒般周期性出现的经济危机期间，企业的社会消极影响显得更加突出，尤其表现为漠视劳动者、消费者、投资者等利益相关者的利益。这样，企业的社会责任问题就开始逐渐浮出水面暴露在公众的视野中并日益凸显。

从研究文献来看，欧利文·谢尔顿 1924 年最早从学术研究的角度提出"企业社会责任"的概念。在这以后，企业社会责任从实践到理论日益受到学术界、社会公众、社会组织、政府与企业界等的广泛关注。以 20 世纪 30 年代美国的"哈佛论战"为主要标志，企业社会责任问题在西方世界曾引发了广泛而深入的讨论，"与理论界旷日持久的论战相伴而行的，是民众对企业履行社会责任的压力不断增强"[②]。20 世纪之后，尤其是六七十年代，具有广泛民众基础的轰轰烈烈的自然资源和环境保护运动将企业社会责任运动不断推上新的层次。[③]而近几十年来工人运动一直把工资、工时、就业保障、组织工会的权利、社会保险、职业安全及保健、集体谈判等作为斗争的主要目标。[④] 也就是说，一边是企业社会责任在理论上喋喋不休的论争，一边则是社会公众、劳工权利保护组织、环境保护人士等对企业社会责任在实践上不遗余力的推动。

从社会文明进步与人类发展的宏观视野角度理解，随着西方社会从物质匮乏到物质富庶的转变，人们的价值观念、消费观念、思想境界也随之提升，劳工利益、消费者利益、环境利益逐渐获得普遍认同，围绕着捍卫这三大利益，西方社会由此掀起一系列广泛而深入的社会运动，

---

① ［德］加达默尔. 哲学解释学［M］. 夏镇平，宋建平，译. 上海：上海译文出版社，1994：108.

② 李立清，李燕凌. 企业社会责任研究［M］. 北京：人民出版社，2005：33-34.

③ 卢代富. 企业社会责任的经济学与法学分析［M］. 北京：法律出版社，2002：161.

④ 李立清，李燕凌. 企业社会责任研究［M］. 北京：人民出版社，2005：34.

包括消费者运动、劳工运动、环保运动、女权运动、社会责任投资运动、可持续发展运动等。其中，消费者运动和社会责任投资运动在企业股东以外形成了消费者和投资者两个与企业命运生死攸关的巨大压力集团。[①]消费者把“拒绝购买”作为武器，投资者把“拒绝投资”作为手段，以此引导企业尊重消费者利益、注重改善劳工状况与环境保护。[②]

20 世纪 90 年代以后，企业社会责任观念开始进入中国学术界的视野。这一方面是基于国外的企业社会责任理论论争与实践运动对国内相关研究与实践的推动；另一方面是基于 20 世纪 90 年代初以后，随着中国市场经济的发展，企业这一“社会公器”在带来令人炫目的经济成绩的同时，也带来了一系列社会问题。从目前的研究情况来看，虽然对企业履行社会责任仍偶有质疑者，但国内的主流观点基本肯定了企业的社会责任，即绝大多数研究者对企业承担社会责任持肯定态度，认为企业的社会责任是由企业的社会性决定的，是企业社会存在的道义基础。

与国内理论研究主流观点形成鲜明反差的是，许多企业在实践中对社会责任的承担显然不能令人满意。改革开放后，随着市场经济的快速推进，中国企业获得了突飞猛进的发展，雨后春笋般的企业创造了巨大的物质财富，与此同时，它们在职工健康、劳动安全保护、工资工时、环保等方面的社会责任意识与公众期望存在着明显的差距，而这在私营中小企业中表现得更为突出，诸如不重视安全和劳动保护、生产事故频发、工资拖欠、生产销售假冒伪劣产品、环境污染、对公益慈善事业漠不关心、强制劳动等现象层出不穷，有些问题令人触目惊心，引起了社会公众的极大关注。在当代科学发展观、构建和谐社会、新发展理念及以人民为中心等思想提出后，企业发展的模式、劳动者权益与维护、产品质量、食品安全、环境保护等更是成为公众热议的话题，导致企业社会责任问题进一步被人们关注和重视。温家宝曾援引亚当·斯密在《道德情操论》中的话指出：如果一个社会的经济发展成果不能真正分流到大众手中，那么它在道义上将是不得人心的，而且是有风险的，因

① 殷格非，于志宏，崔生祥. 企业社会责任行动指南［M］. 北京：企业管理出版社，2006：35.

② 殷格非，于志宏，崔生祥. 企业社会责任行动指南［M］. 北京：企业管理出版社，2006：35.

为它注定要威胁社会稳定。但正如王小锡所说：如果企业已经利欲熏心，毫无责任感可言，我们还能拿什么去拯救它们?[①]也就是说，如果企业没有道德责任，就不存在外部压力，也谈不上自身的觉醒。因此，企业是否有道德责任才是关键所在。[②]温家宝强调，必须高度重视道德的作用。道德是世界上最伟大的，道德的光芒甚至比阳光还要灿烂。他为此特别呼吁，企业要承担社会责任，企业家身上要流淌着道德的血液。习近平也指出，任何企业存在于社会之中，都是社会的企业。企业既有经济责任、法律责任，也有社会责任、道德责任。

从外因上分析，企业的社会责任取决于公众的认识水平、社会整体的文明程度、媒体舆论的氛围、法律的完善程度，以及政府的监督力度等；但从内因上分析，企业是企业家的舞台，企业管理者的品德是整个企业道德最直观的教科书，是企业的“心灵支柱”和“精神领袖”。[③]对于一个企业来说，企业家通常是其领导者、决策者、管理者。罗斯福甚至强调：美国的事业是企业家的事业。由此可见，企业家在企业、经济乃至整个社会发展中具有重要作用。企业家在企业中“一家之主”的角色与核心作用，决定了企业的社会责任在很大程度上取决于企业家的思想、态度与行为。依据中国企业的实际情况，本研究中的企业家称谓主要是指现代企业的董事长（法定代表人）、总经理（实际经营者），企业对社会责任的基本态度和行动上的响应程度及其持久性主要取决于他们。在家族企业中，企业家是企业的实际掌控者，企业家与企业之间是线性关系；在非家族企业中，二者是非线性关系。但作为企业的主要领导者、主要经营管理者、主要负责人，他们在企业中发挥着举足轻重的作用，是现代企业的核心人物、领袖人物、灵魂人物，他们不仅影响着企业乃至社会的价值观取向与构建，也主宰着企业甚至整个经济的兴衰。因此，在某种意义上正如田祖海所认为的：企业的社会责任在很大程度上表现为企业家的社会责任。究其原因，主要是：企业家是企业的法人代表，在企业的整个契约交易里，企业家处于核心地位。作为法

---

① 王小锡．道德的资本价值和资本的道德价值［J］．江西师范大学学报（哲学社会科学版），2010，43（6）：15-16.

② 周祖城，张兴福，周斌．企业伦理学教学研究［M］．天津：南开大学出版社，2007：1.

③ 郝潞霞．企业管理者道德人格探析［J］．石家庄学院学报，2008（4）：20-24.

人，他与股东、雇员是雇佣和被雇佣的关系，与银行是借贷关系，与政府是纳税和被纳税的关系。[①]鉴于此，田祖海指出：企业的主要领导（或经营者）承担企业社会责任中的主要责任，这一点是不容置疑的。[②] 虽然这里没有将企业社会责任与企业家的社会责任作区分是不恰当的，但这里强调了企业家在企业社会责任中举足轻重的取舍与拿捏作用是显而易见的。美国学者霍华德·R. 鲍恩（H. R. Bowen）早在 20 世纪 50 年代就在其所著的《实业家的社会责任》中写道："其社会责任是说，实业家有义务制定对今天的社会目标和价值来说有益的方法和政策，并据此开展其活动。"[③] 凯斯·戴维斯和罗伯特·L. 布卢姆斯特朗亦认为：社会责任是决策者的义务，决策者在追求自我利益时必须采取行动以保护和促进社会福祉。[④]从社会权力决定社会责任这一"责任的铁律"来理解，对企业来说，企业家是企业决策权力的拥有者，企业是经济、文化、环境等诸多影响力（权力）的施行者，那么，根据"权力—责任"关系，有权力就应承担相应的责任，因此企业家应承担推动企业履行社会责任的决策责任，企业则要承担由于其社会影响力（权力）所形成的社会责任。[⑤]否则，从长远看，谁不能以社会认可的负责的态度行使权力，谁就将失去权力。[⑥]也就是说，如果企业家和企业不能履行相应的责任，那么将会失去其权力和社会影响力。但企业决策者在企业决策过程中在多大程度上"采取行动以保护和促进社会福祉"，这通常又取决于企业家的思想素质、法律道德品质和社会责任观念，由此就提出了一个现实性的问题，要想推动企业自觉履行企业社会责任，必须从提升企业家的思想素质和法律道德品质等着手，尤其要侧重于提升企业家的企业社会责任意识。因此，对企业家进行恰当的企业社会责任观念教育以促进企业承担社会责任，这既是促进企业可持续发展，推动经济、社会进步的客观要求，也是贯彻科学发展观，建设和谐企业与和谐社会的现实

---

① 田祖海. 论现代企业社会责任［M］. 武汉：湖北人民出版社，2007：146.

② 田祖海. 论现代企业社会责任［M］. 武汉：湖北人民出版社，2007：147.

③ ［日］水谷雅一. 经营伦理理论与实践：经营价值四原理体系的导入与展开［M］. 李长明，连奇方，译. 北京：经济管理出版社，1999：6.

④ 田祖海. 论现代企业社会责任［M］. 武汉：湖北人民出版社，2007：147.

⑤ 张学斌，赵冬花. 企业伦理学［M］. 哈尔滨：哈尔滨地图出版社，2006：69-71.

⑥ 张学斌，赵冬花. 企业伦理学［M］. 哈尔滨：哈尔滨地图出版社，2006：69.

要求。这样，企业家“企业社会责任观念”的教育建构就由于市场经济深入发展的现实需要而提上日程，并开始进入学术研究的视野。

依据上述分析，虽然企业家的社会责任意识与思想道德素质直接影响和决定着企业对待社会责任的态度与行为，但针对企业家社会责任观念与思想道德素质方面的教育宣传与引导的理论研究却显得明显不足，这使得实践中的企业家企业社会责任零星的、不系统的、尚较多处于自发状态的教育培训缺乏足够的理论研究支持。另外，教育培训实践对理论研究的迫切需要也是“企业家企业社会责任观念教育”问题提出的重要缘由。正如马克思、恩格斯曾指出的：一切划时代的体系的真正的内容都是由于产生这些体系的那个时期的需要而形成起来的。①这就是说，任何一种具有重要意义的思想体系的产生，都是为了表达和满足一定的社会需要，社会的需要又孕育着产生这种思想体系所必需的历史的和思想的前提。②

梁永平在《教育研究方法》中也表达了这种思想，他认为教育选题有三个基本来源：一是社会变革与发展对教育研究提出的问题；二是从学科理论的深化、拓展或转型中产生的问题；三是从研究者个人的教育实践中观察与思考产生的问题。③ 本研究课题的提出正是源于“社会变革与发展对教育研究提出的问题”。正如亚当·斯密在《道德情操论》中所指出的：责任感是对普遍道德的遵守，这是我们生活中最重要，也是很多人唯一的行为规范。④ 他强调：哲学或常识都会告诉我们，责任感起的是某种纲领性、决定性的作用。⑤ 这种作用使得“责任感是一切美德的基础和出发点，是人类理性和良知的集中表现，是建立起和谐社会的基石。因此，公民道德责任问题的重点应当是责任感的培养”⑥。马克思、恩格斯在谈到人的一般责任时也曾指出：“作为确定的人，现实的人，你就有规定，就有使命，就有任务，至于你是否意识到这一点，

① 马克思，恩格斯．马克思恩格斯全集（第三卷）［M］．北京：人民出版社，1960：544.

② 张式谷．科学社会主义的诞生与成熟［M］．北京：求实出版社，1986：4.

③ 梁永平，张奎明．教育研究方法［M］．济南：山东人民出版社，2008：31.

④ ［英］亚当·斯密．道德情操论［M］．韩巍，译．北京：西苑出版社，2005：149.

⑤ ［英］亚当·斯密．道德情操论［M］．韩巍，译．北京：西苑出版社，2005：159.

⑥ 秦树理．公民道德导论［M］．郑州：郑州大学出版社，2008：174.

那就是无所谓的。这个任务是由于你的需要及其与现存世界的联系而产生的。”① 而企业家企业社会责任观念教育正是要培养企业家的责任感、促成企业家形成对其行为构成“某种纲领性、决定性的作用”的责任感的教育，而且用道德的示范来造就一个人，显然比用法律来约束他更有价值。同时，有“研究表明，成人在道德教育中比年轻人更容易改变，而且道德水平随着年龄的增长一直在发展变化”②。对于个体来说，追求完满是其谋求至高境界——自我实现的重要内容，但正如德国哲学家卡尔·雅斯贝尔斯（K. Jaspers）指出的：因为人在其整个生活现实中寻找不到完满，于是他便超越生活，为自己建立第二个世界，即心灵世界。③ 这样，心灵世界、精神世界的引导与构建就成为一切教育都应着力解决的课题，然而我们很少关心人的内心建设所需要的教育，尽管这恰恰是任何一种判断能力的前提。④ 法国哲学家让-保罗·萨特（Jean-Paul Sartre）曾指出：“一个人不多不少就是他的一系列行径，他是构成这些行径的总和、组织和一套关系。”⑤ 显而易见，人的行径受制于人的观念和精神（心灵）世界，企业家社会责任观念教育也正是要试图对企业决策管理者观念和精神世界进行引导和构建，以期促成企业自主、积极地承担起社会期望的负责任行为。叶澜指出，哲学流派中有关世界观、人性、伦理、审美、价值、认识、实践、交往、方法论、精神、人类文化、语言、符号等方面的研究，与教育研究的主题密切相关。⑥ 企业家社会责任观念教育就涉及其中的伦理、价值、认识、实践、交往、人性、精神、世界观等主题。

2.2.2　研究的意义

在市场经济快速发展和大众创业如火如荼的当代，企业社会责任的

---

① 马克思，恩格斯. 马克思恩格斯全集（第三卷）［M］. 北京：人民出版社，1960：329.

② 周祖城，张兴福，周斌. 企业伦理学教学研究［M］. 天津：南开大学出版社，2007：102.

③ ［德］雅斯贝尔斯. 存在与超越：雅斯贝尔斯文集［M］. 余灵灵，徐信华，译. 上海：生活·读书·新知三联书店，1988：170.

④ ［德］汉斯·萨克塞. 生态哲学［M］. 文韬，佩云，译. 北京：东方出版社，1991：165.

⑤ ［法］让-保罗·萨特. 存在主义是一种人道主义［M］. 周煦良，汤永宽，译. 上海：上海译文出版社，1988：19.

⑥ 叶澜. 教育研究方法论初探［M］. 上海：上海教育出版社，1999：133.

严重缺场已是不争的事实，而且有些问题正变得愈来愈严峻。影响企业对社会责任的态度和行动的因素是多方面的，包括法治环境、道德环境、公众舆论环境、社会风气环境等。但企业能否自觉承担起社会责任，在很大程度上取决于企业家的思想道德素质与企业社会责任意识，对于蓬勃发展的中小民营企业来说更是如此。这样，企业家“企业社会责任观念”教育就由于现实的需要而被寄予了期望、赋予了重任，并由此具有了鲜明的现实意义。

20 世纪 20 年代以来，企业社会责任研究的文献可谓浩如烟海，但研究中通过企业社会责任观念教育推进企业社会责任理论与实践双向运动的却相对欠缺，这也提出了研究要实现“两个转变”的任务，即从企业社会责任学术理论研究上升到企业社会责任思想、观念、理论的教育传播研究，从企业社会责任一般的理论研究上升到企业家、企业人、消费者或社会公众等的企业社会责任思想意识研究，以求通过企业社会责任思想意识的教育提高来推动企业社会责任实践行动。因此，虽然学界关于企业社会责任的讨论仍未达成一致，但企业社会责任观念教育课题研究的理论意义与实践意义则是显而易见的。正如德国著名教育家沃尔夫冈·克拉夫基（W. Klafki）指出的：社会责任教育是整个教育过程中的中心内容。①

从研究的理论意义上讲，其一，此论题研究有助于推动企业家社会责任教育学科理论的构建及完善。本研究通过分析市场经济条件下企业家企业社会责任观念教育的现实背景、理论依据、动力系统、嵌入路径、基本内容的构建维度及功能发挥等，尝试对企业家企业社会责任观念教育的基本理论问题及其架构体系进行初步探索，在一定程度上可以填补相关研究的不足，这对企业家社会责任观念教育学科的构建与完善具有积极的开创意义。其二，此论题研究有助于拓宽思想道德教育研究的视野。企业社会责任观念教育是思想道德教育实践活动的重要内容，企业家企业社会责任观念教育研究可以拓宽思想道德教育研究的视野，从而在一定程度上促进思想道德教育学科的丰富、发展与完善。其三，此论题研究有助于促进企业社会责任研究向纵深发展。企业社会责任的

---

① 单中惠，杨汉麟. 西方教育学名著提要［M］. 南昌：江西人民出版社，2000：582.

外部约束与监督机制必须赢得企业家与企业的观念认知、情感支持与价值认同，这样才能在企业中形成自觉的企业社会责任意识与积极的企业社会责任行为，这种转化过程的产生需要对企业家进行社会责任观念教育，这也是极其重要的甚至是不可或缺的途径。这样，此论题研究可以在一定程度上作一点开拓并促使上述“两个转变”的发生，从而有助于促使企业社会责任研究的深入。

从研究的实践意义上讲，其一，本研究具有推动企业家社会责任观念教育实践的意义。企业社会责任问题凸显了企业家“企业社会责任观念”教育的必要性，但从现实来看，企业家企业社会责任观念教育尚未引起足够的关注，本研究从社会实践的需要中发掘问题、提出问题并尝试研究这一问题，着意于推动企业家企业社会责任观念教育在实践中的兴起，因此具有推动教育实践勃兴的意义。其二，本研究具有服务于企业家社会责任观念教育实践的意义。企业家企业社会责任观念教育是一个实践性的新课题，而新的实践需要新的研究、新的理论作为支撑，本研究回应现实，立足于服务实践，服务于现实问题的解决，力求为企业家企业社会责任观念教育实践提供一定的理论支持与指导。其三，本研究具有推动企业履行社会责任的意义。亚当·斯密曾指出：“道德感会驱使我们用一切手段增进人类的幸福。”①本研究有利于推动和完善企业家社会责任观念的教育实践，而此项教育实践通过引导和改善企业家的思想道德素质与企业社会责任意识，可以培育和提高企业家与企业的道德感，强化其社会责任意识，使其形成对企业社会责任的正确认知、积极情感与价值认同，这将有助于促进企业自觉地承担起相应的社会责任，进而有助于增进企业员工、消费者、投资者、社区公众乃至整个社会的福祉。在这层意义上，企业家社会责任观念教育能实现对企业家行为的引导、控制和改造，而企业家又通过其管理和决策行为实现对企业组织行为的控制。其四，本研究具有增进和改善企业家与企业的道德资本和社会资本的意义。亚当·斯密曾指出：“不要期望从屠夫、酿酒商或者面包商的善举中获得我们的晚餐，而要从他们自身对于利益的关注

---

① ［英］亚当·斯密. 道德情操论［M］. 韩巍，译. 北京：西苑出版社，2005：154.

中来获得。"① 美国汉诺瓦保险公司的总裁欧白恩说："我们相信生活中高尚的美德与经济上的成功，不但没有冲突而且可以兼得；事实上，长期而言，更有相辅相成的效果。"② 对企业家企业社会责任意识的引导、教育与建构，有利于促进企业承担社会责任，而这又有助于增进和改善企业家与企业的道德资本和社会资本，进而实现"美德"与"经济"的兼得和相辅相成。正如亚当·斯密所说："当我们思考那管理这大千世界芸芸众生的普遍原则时，就会发现，这世界虽然显得极端庞大繁复，但只要是一种美德，总能够得到回报和鼓励，它的付出也永远不会落空。除了很特殊的情况外，这个道理几乎屡试不爽。"③其五，本研究具有促进和谐企业与和谐社会建设的意义。企业家社会责任观念教育研究对企业履行社会责任的推动，将有利于促成企业与员工、消费者、社区公众、政府等之间的和谐关系，这将对和谐企业、和谐社会的建设产生积极的促进作用。正如恩格斯所指出的："显而易见，社会成员中受过教育的人会比愚昧无知的没有文化的人给社会带来更多的好处。"④ 而受过企业社会责任观念教育的企业家，则由于其思想认识水平的提高、认知结构的改善、积极态度的生成及社会责任感的逐渐增强，将更有助于推动企业积极履行社会责任。

2.2.3 研究的现状

本研究主要选择"超星数字图书馆"和"中国知网"两大权威文献数据库对企业家"企业社会责任观念教育"相关研究进行了初步检索分析：其一，按照内涵逐渐缩小、边界逐渐扩大为顺序，先后以"企业社会责任观念教育""社会责任观念教育""责任观念教育""观念教育"以及"企业社会责任教育""社会责任教育""责任教育"为书名在超星数字图书馆进行检索，搜得8本书名含"责任教育"的图书，但其中没有与本研究主题相同或相近的专著研究；其二，以"企业社会责任观

---

① 周祖城，张兴福，周斌．企业伦理学教学研究［M］．天津：南开大学出版社，2007：182.

② 周祖城，张兴福，周斌．企业伦理学教学研究［M］．天津：南开大学出版社，2007：23.

③ ［英］亚当·斯密．道德情操论［M］．韩巍，译．北京：西苑出版社，2005：154.

④ 马克思，恩格斯．马克思恩格斯全集（第二卷）［M］．北京：人民出版社，1962：614.

念教育”“企业社会责任教育”和“企业家社会责任教育”为题名在中国知网（CNKI）进行检索，得到相关研究文献 20 余篇。根据研究的相关度，可将文献分为三个层次：视企业家社会责任教育研究、企业社会责任教育研究为直接研究文献；视企业社会责任意识、观念、认知、理念、观、感等研究为间接研究文献；视企业家教育、企业家思想政治教育、企业家进修培训等研究为具有一定启示和借鉴意义的研究文献。

1. 直接研究

从教育实践的情况来看，目前企业家企业社会责任（CSR）观念教育存在直接（自觉）和间接（自发）两种形式。直接的形式主要是企业管理、企业伦理、经济伦理类学科的课程嵌入方式，间接的形式主要是媒体针对不特定对象的一般性的企业社会责任观念教育宣传。相对于 CSR 观念教育实践的现实存在来说，此项教育的研究显得比较薄弱，目前的研究大体探讨或涉及如下问题：

（1）研究者所使用的一些提法。研究者在相近意义上使用的概念包括：企业社会责任观念、企业社会责任意识、企业社会责任理念、企业社会责任感、企业社会责任观、企业社会责任认知等。这些不同的提法表明了研究者对相关概念表述并未形成统一的认识，概念选择的多样化也说明了相关领域的研究还比较贫乏，尚处于自发零散阶段，研究尚未达到系统性与一致性。在这些提法中，企业社会责任观念具有较广泛的包容性，研究者亦开始倾向于使用“企业社会责任观念”来表达个体或组织对企业社会责任的认知及在此基础上形成的意识或倾向性。

（2）研究所触及的教育对象。从零星的、为数有限的研究来看，目前研究者有意无意提到的教育对象主要包括：双创人才（黄劲云，2020）；商学院的学生（潜在的企业家或职业经理人）（缪晨霞，2008；龚丽佳，2016；胡洁虹，2014）；企业现职高层管理人员（企业家）（贾生华，2007）；企业利益密切相关者（企业员工、消费者）；在校大学生（营文中，2008；郑需勇，2016）等。一些研究则以商学院的学生，尤其是 MBA、DBA 的学生作为教育不言而喻的对象，而直接以企业家或企业现职高层管理人员（EMBA）作为明确研究对象的并不多见。同时，现有的研究较多的只是一般性地描述上述对象，尚未直接以“企业家”作为研究主题展开研究，还有一些仅是以新闻信息报道的形式提到，而不是以学术研究的形式论及。

（3）对教育目标的分析。贾生华等认为，我国企业家的社会责任教育至少应让企业家认识到两点：一是企业的社会责任是不可回避的，企业是否应当承担社会责任的争论当前已经没有实际意义；二是通过教育，引导企业转变观念，修正行为，实现企业与社会的共赢。[①] 这实际论及了企业家企业社会责任教育的基本目标：其一，形成对企业社会责任的正确认知，实现企业社会责任观念的积极构建；其二，实现企业社会责任观念、态度的转变或改善，推动企业积极承担企业社会责任。

（4）对企业社会责任观念的教育形式、途径、路径的探讨。有研究者认为，目前企业社会责任的教育形式、途径、路径或把企业社会责任的内容渗透于企业管理课程中，或开设商业伦理和企业社会责任的相关课程，或开展研讨会和讲座，或邀请企业高管、政府官员、专家学者就企业社会责任问题进行对话，或组织参与慈善捐款、捐助等社会公益活动等。从国外企业社会责任观念教育的形式来看，美国商学院是通过开设商业伦理课程的形式，加拿大是通过对“企业领袖或接班人提供有关企业可持续性方面的愿景、工具、教育、策略分析等短期密集训练”的形式，而英国则把企业社会责任融入管理教育之中。研究者所述及的这些教育形式主要包括学科渗透、专业课程设置、研讨讲座、公益实践活动、在职培训（短期训练）、先进榜样巡回演讲示范、向企业分发企业社会责任宣传教育读本、设置社会公益日等。

（5）对教育存在问题的分析。有研究者认为，目前企业社会责任教育存在教育形式单一、课程内容匮乏、本土案例不足、师资力量欠缺等问题。这表明目前企业社会责任教育既缺乏系统深入的研究，也没有形成系统规范的实践，教育的实践界与教育理论的研究界都应着眼于当前现实的迫切需要对此项教育及其研究给予应有的重视，以有效推动此项教育研究的深入化与教育实践的常态化。

（6）对企业社会责任教育的中西比较。有些研究者间或、零星地提到了中外企业社会责任教育研究的差距，如从重视程度来看，贾生华等认为，国外对企业家的社会责任教育非常重视，大部分商学院的 MBA

---

① 贾生华，郑海东．企业社会责任：从单一视角到协同视角［J］．浙江大学学报（人文社会科学版），2007，37（2）：79-87.

或 EMBA 培养方案都把商业伦理、管理道德或其他类似课程列为核心课程。而我国的管理教育中，企业社会责任的教育被大大忽视了，如不设专门课程，或作为次要课程，或作为次要章节等。[①] 龚丽佳的研究显示，西方发达国家的一些高校已经设置了完善的企业社会责任学科和专业，如英国诺丁汉大学商学院拥有从学士生到博士生的企业社会责任专业，美国 CSR 教育也通过“牛虻计划”将企业社会责任理念渗透到商科教学的整体过程中。而国内对企业责任教育的重视和建设相对滞后，2014 年一项针对全国 108 所“211 工程”大学的调查显示，只有 26 所大学（24.07%）设置了企业社会责任相关课程。[②] 这些研究既指出了教育形式上的差异，也反映了整个社会对企业社会责任教育的认识水平及其基本态度上的差异。

（7）目前研究所显示的企业社会责任观念教育的趋势。研究者对企业社会责任观念教育对象的不同关注，在一定程度上反映了此项教育的教育对象的拓展趋势，即从“商学院学生”的企业社会责任教育拓展到“一般学生”的企业社会责任教育，从“企业人”的企业社会责任意识教育拓展到“非企业人”的企业社会责任意识教育，乃至最终形成全民教育，以推动形成企业社会责任的全民共识。正如营文中和黄劲云所提出的：将企业社会责任意识的培养早日提到大学生思想教育方面来[③]；企业社会责任教育应考虑在专业教育尤其是双创教育中进行普及与推广[④]。这其实反映了研究者认为企业社会责任教育对象的拓展与思想政治教育可以实现某种整合。而从教育体系和教育平台来看，由于思想政治教育的广泛性、权威性以及与企业社会责任观念教育在教育对象思想道德素质教育引导方面的某些共性，思想政治教育确实可以在一定程度上承担起企业社会责任观念教育的普及功能，这反映了企业社会责任观念教育的某种思想政治教育化（纳入或嵌入思想政治教育的内容体系或

---

① 贾生华，郑海东. 企业社会责任：从单一视角到协同视角［J］. 浙江大学学报（人文社会科学版），2007，37（2）：79-87.

② 龚丽佳. 商学院本科阶段企业社会责任教育思考［J］. 教育教学论坛，2016（45）：182-183.

③ 营文中. 大学生企业社会责任意识的培养［J］. 新西部，2008（22）：171.

④ 黄劲云. 高校双创教育中企业社会责任教育现状述评：基于计量工具的文献分析［J］. 清远职业技术学院学报，2020，13（4）：50-57.

路径网络）的趋势。

纵观上述企业社会责任教育有限的研究，基于本研究的视角，总结当前研究，还存在如下问题：① 一些研究在论及企业家的社会责任时，没有注意区分企业家社会责任与企业社会责任、企业家社会责任观念与企业家企业社会责任观念的差异，甚至把企业家社会责任等同于企业社会责任、把企业家社会责任观念等同于企业家企业社会责任观念。② 一些研究的调查对象不明确，只是一般地提及企业社会责任意识，还没有有意识地、明确地界定企业社会责任意识的具体指向，即没有明确区分是企业家个体的企业社会责任观念还是企业整体的社会责任意识。③ 在企业社会责任与企业社会责任观念上发生混用。企业社会责任与企业社会责任观念是明显不同的，前者主要是指企业要承担的某种具体的社会责任，后者则主要显示和表达企业人（主要是企业高管、企业家）或非企业人对企业社会责任的思想、观念、认识、态度、情感、倾向性等。④ 在关于企业社会责任观念的研究中，一些研究只是一般性地提到社会责任观念的培养，而非将其作为研究的主题。在小部分相关论文中，有述及企业家社会责任观念的培养。如姜捷认为，要加强教育、注重引导，要树立典型、强化宣传①，但这些提法并没有对教育本身展开研究；又如王艳萍提到，强化企业社会责任关键是提高认识、狠抓落实②，但增强谁的意识、如何增强意识等关键问题并没有触及。

概括地说，企业家 CSR 观念教育的理论研究远远落后于企业家 CSR 教育实践的需要，这导致教育缺乏理论支撑，也使企业家 CSR 观念教育在实践中没有得到足够的重视，更没有形成相对规范的制度化安排，以致教育呈现出零敲碎打、偶然无序的自发状态。这样的教育现状使得重点教育对象（企业家）在思想上也没有得到有效的普及与提高，教育的欠缺导致认知的不足以及实践行动的匮乏，以致现实的企业社会责任的履行情况难以令人满意。

因此，从企业社会责任一般的理论研究到侧重于企业社会责任观念教育的研究，从一般的理论研究上升到行为人的思想研究，通过思想观念教育的提高来推动实践行动显得尤其重要。同时，企业家 CSR 观念教

---

① 姜捷. 民营企业家社会责任意识培养［J］. 商场现代化，2008（27）：293-294.

② 王艳萍. 强化企业社会责任意识［J］. 工业技术经济，2005，24（4）：47-48.

育不只是企业社会责任一般的知识理论教育，而是要结合思想教育来提高思想道德觉悟，其教育目标是要实现教育对象对企业社会责任观念的积极态度与价值认同。这种价值认同的物质基础是企业的长远利益，精神基础是人对提升精神生活品质和精神境界的内在需要，理论基础是企业家与企业道德资本和社会资本的增益与改善，从而使履行企业社会责任由一种异己的外部力量要求转变为企业家自我精神道德品质的推动激发及企业家和企业道德资本与社会资本集聚的价值推动。当然，在这个过程中，企业家社会责任观念教育既要考虑教育对象的现实需要，又要考虑教育承担的持续实现社会期望的任务，从而不至于被个别的需要左右教育的宗旨，又不至于过分利用社会期望冲抵个别需要致使教育对象对教育失去兴趣。[①]以尽可能既满足企业家的期望（对其利益实现有帮助），又满足社会的期望，从而对社会利益的实现有推动作用。

2. 部分间接研究、相关研究

从与企业家企业社会责任教育相关的研究来看，目前研究主要涉及如下方面：① 企业社会责任意识及其状况调查。一些研究论文从不同角度零星述及企业社会责任意识问题，但没有明确以企业家为直接对象，如陈旭东等对浙江省部分民营企业社会责任意识进行了抽样调查研究，认为现阶段民营企业的社会责任意识仍处于初级阶段，他们对企业法律责任的认同要高于对企业伦理责任和慈善责任的认同。[②] 也有论者提到了“企业整体责任意识”的概念。例如，王锋认为：若要实现企业社会责任，提高企业家或企业经营者的素质是关键，为此要重视企业家对履行企业社会责任的决策作用，并推动企业形成共同价值观和企业精神，以增强企业整体责任意识。[③] 陆雄文等在问卷调研的基础上发现：民营企业家普遍认为商业伦理和企业社会责任对企业的发展很重要；不同发展阶段，企业规模和类型以及行业等差异对企业家的社会责任观具有显著的影响。[④] 在企业社会责任意识的研究中，研究者尚未明确地把研究

---

① 周祖城，张兴福，周斌. 企业伦理学教学研究［M］. 天津：南开大学出版社，2007：108-110.

② 陈旭东，余逊达. 民营企业社会责任意识的现状与评价［J］. 浙江大学学报（人文社会科学版），2007，37（2）：69-78.

③ 王锋. 企业社会责任的认知与修正［J］. 消费导刊，2008（9）：241.

④ 陆雄文，梁晓雅. 中国民营企业家的社会责任观［J］. 经济管理，2009（8）：64-68.

对象具体到企业家。意识是人的意识，组织的意识是组织中人的意识，则企业的意识应该是企业中人的意识。企业社会责任意识归根结底是企业中人的意识，而首当其冲的是企业家的企业社会责任意识，所以企业社会责任意识必须明确到企业家的企业社会责任意识。此外，还有一些研究者对企业社会责任意识现状有一定的调查，但对提高和改善企业社会责任意识的教育对策缺乏系统、深入的研究。② 企业家社会责任认知与企业社会责任行为的关系。如曹家彦以企业家的社会责任认知和企业社会责任行为为研究主体，提出“企业家社会责任认知影响企业社会责任行为，并呈正相关关系”的假设，并对此假设进行了验证和分析。①企业家社会责任认知与企业社会责任行为呈正相关关系，这反映了社会责任认知教育的重要性，没有正确的认知就难有正确的行为。但该研究既没有分析企业家已有的社会责任认知的来源，又没有提出提高企业家社会责任认知的解决方案，也没有论及企业家现存企业社会责任观念的校正，因为在自发的企业社会责任认知中，有些认知可能存在着偏差，需要通过教育从外部灌输正确的企业社会责任观念及其相关的思想意识。③ 企业家的社会责任。一些研究涉及企业家的社会责任，但没有注意到企业家的社会责任与企业社会责任之间的差异。

3. 对本研究构成一定启示的若干研究

对“企业家企业社会责任观念教育”研究构成一定启示的研究主要包括企业家教育、企业家进修培训、企业家思想政治教育等研究，这些研究为本论题的研究提供了一些有益的启示，尤其是关于企业家思想政治教育的必要性、内容和路径方面的研究，对本研究相关方面有着更深的借鉴意义。

（1）关于企业家思想政治教育必要性的研究。邓向阳认为，企业家思想政治教育是必要的。首先，企业家是领导者、管理者，其一言一行都是企业基层管理人员和企业员工学习的榜样，会对整个企业产生重要影响。其次，企业家是实体产业创新升级的直接执行者，是企业文化的创建者，是企业员工利益的维护与实现者，对企业家进行思想政治教育

---

① 曹家彦. 企业家社会责任认知与企业社会责任行为关系的研究［D］. 浙江：浙江大学，2009.

是重要的思想保障。[①] 凌云志等认为：一些企业主法律意识淡薄，不能做到合法经营、依法纳税，有的瞒报漏报收入、偷税漏税，有的甚至搞假冒伪劣、以次充好；有些私营企业主关心和保护职工权益不够，劳资纠纷时有发生；不少个体私营企业主和从业人员文化水平较低。针对这些情况，如何在思想上、政治上引导他们，就显得特别重要。[②]

（2）关于企业家思想政治教育内容的研究。企业家或企业主思想政治教育的内容是多方面和多层次的。如余楠认为，对企业主进行思想政治教育，促使他们在发展事业中承担起应有的社会责任，实现自己的人生价值，对国家、社会做出贡献。这具体体现为重视政治引导、加强法制教育、加强道德教育、加强科学发展观教育、弘扬企业家精神等。[③] 陈菲认为，企业家思想政治教育的内容包括形势与政策教育、企业道德教育、科学文化教育等。[④] 凌云志等认为，企业主群体思想政治工作的目标和任务主要有：积极宣传国家的法律法令和党的路线方针政策，引导他们遵纪守法、文明经营、热心公益事业；协调企业主与企业员工、各级管理部门的关系等。[⑤] 张雨认为，企业主阶层思想政治教育的内容涉及政治观、法制观、道德观、世界观和人生观。[⑥] 概括地说，目前研究所涉及的企业家思想政治教育的内容主要包括方针政策教育、法律法规教育、企业道德教育、思想文化教育、科学发展观教育等。

（3）关于企业家思想政治教育途径的研究。由于企业家的职业特点，其思想政治教育明显有别于常规的学校思想政治教育，必须探寻合适可行的途径。诸如：通过培训班、座谈会、交流会等多种形式，有目的、有组织、有计划地进行思想政治培训；发挥商会、企业家联谊会等

---

① 邓向阳. 对企业家思想政治教育的思考［J］. 湖北社会科学，2003（1）：94-95.

② 凌云志，韦寒. 试论私营企业主群体的思想政治工作［J］. 广西社会科学，2002（3）：125-127.

③ 余楠. 民营企业思想政治工作及其价值研究［M］. 厦门：厦门大学出版社，2007：180-208.

④ 陈菲. 浅谈新时期私营企业主的思想政治教育工作［J］. 广西社会主义学院学报，2002（3）：38-39.

⑤ 凌云志，韦寒. 试论私营企业主群体的思想政治工作［J］. 广西社会科学，2002（3）：125-127.

⑥ 张雨. 新时期中国共产党对民营企业主阶层思想政治教育研究［D］. 北京：中国矿业大学，2013.

民间团体的作用；选拔和培养企业家中的优秀分子参与社会工作、成长为企业带头人等。[①] 开展赴国内外先进企业参观考察的活动；开展定期或不定期的访谈或思想交流活动。[②]通过举办读书班，送高等院校深造，聘请专家、学者、教授等讲课等形式，对企业家进行思想政治教育培训；引导企业家参与企业思想政治工作、加强企业中的党团和工会建设、企业文化建设；完善市场经济法律法规，加强精神文明建设等[③]。

2.3 教育的现状与趋势

2.3.1 实践中的教育存在形式

目前实践中的企业社会责任观念教育存在的形式主要有课程嵌入、媒体宣传报道嵌入、法律法规明确规定（或明确要求）的方式。

（1）课程嵌入。课程嵌入是企业社会责任观念教育目前采用较多的方式，主要通过在工商管理、企业管理、经济类等专业课程中嵌入和渗透，对相关专业的学生、企业家等施以一定程度的企业社会责任观念教育。

（2）媒体宣传报道嵌入。它主要通过媒体宣传报道嵌入渗透的方式传播一定的企业社会责任思想理念，从而对敏感受众产生一定的影响或引导。从现实来看，当前传统媒体与现代媒体已构成全天候、全方位的立体网络，媒体对企业社会责任实践活动、公益慈善活动等进行宣传报道，对身处媒体环境中的企业家来说，具有直接或间接的教育影响。

（3）法律法规明确规定（或明确要求）。如《中华人民共和国公司法》第十七条规定："公司必须保护职工的合法权益，依法与职工签订劳动合同，参加社会保险，加强劳动保护，实现安全生产。"这些规定都是企业社会责任的基本方面和底线要求。

2.3.2 教育的发展趋势

随着科学发展与构建和谐社会观念的深入人心，以及民众权益意识

---

① 陈菲．浅谈新时期私营企业主的思想政治教育工作［J］．广西社会主义学院学报，2002（3）：38-39.

② 余楠．民营企业思想政治工作及其价值研究［M］．厦门：厦门大学出版社，2007.

③ 凌云志，韦寒．试论私营企业主群体的思想政治工作［J］．广西社会科学，2002（3）：125-127.

的觉醒和素质的整体提高，社会对企业的要求愈来愈高，企业社会责任观念教育也随之不断地获得发展，并呈现如下发展趋势：

（1）教育对象的全民化。目前，教育对象主要指向企业经营者及相关专业的学生，但企业置身于社会环境之中，社会整体的企业社会责任意识将会对企业家的企业社会责任意识的提高产生推动作用或施加压力。因此，通过适当的途径对越来越多的人施以企业社会责任观念教育是实践发展的一种需要。当多数人通过教育形成正确的企业社会责任观念时，就可以通过公众监督和广泛的一致行动，如“拒绝投资”或“拒绝购买”等行为对企业形成生死攸关的强大压力，从而推动企业自觉持续地履行企业社会责任。

（2）教育形式的思想政治教育化。根据本研究对企业社会责任观念教育的概念界定，企业社会责任观念教育隶属于思想教育活动，无论是教育的内容还是教育的途径都可以作此归属，而且企业社会责任观念在很大程度上受制于个体的人生观、道德观、价值观、财富观等。因此，从发展趋势来看，企业社会责任观念教育可以纳入思想政治教育体系之中，从而借助思想政治教育的系统性、权威性，形成强大的组织和制度保障。

（3）教育路径的立体化。企业社会责任观念教育将逐渐借助学校教育、进修培训、媒体宣传、公益活动、民间组织等多种实施路径，从而使教育路径呈现出传统与现代复杂交织的立体化发展趋势。

2.3.3　教育目前存在的问题

从企业社会责任观念教育的现状来看，目前主要存在如下问题：

（1）教育地位弱化。该教育的作用还没有引起足够的重视，表现为教育还不是一种常态，还没有形成制度化的教育实施体系，甚至呈现可有可无的状态。问卷调查显示，在回答“如果您曾经参加过企业家进修培训，其中有没有相关的企业社会责任观念教育内容设置?”的问题上，有多达 70.6%的答卷者选择了“有，但常略而不提”，而选择“有，会按照课程设置讲授”的只占 29.4%。此外，多数企业经营者尚未接受过专门的、系统的企业社会责任观念教育，企业社会责任意识尚处于自发、感觉、经验的状态。

（2）教育内容碎片化。企业社会责任教育的内容主要以篇幅不多的章节或内容渗透于企业管理、工商管理、商业伦理等专业课程中，或者以宣传册的形式向相关对象发放，或者以不明确的形式散存于一些法律条款中，尚未形成系统化的课程体系，更未形成专门而系统的教育形态。教育者通常根据教育对象的喜好或自己的偏好做出取舍，或者避重就轻，甚至避而不谈或直接抛弃。这在很大程度上降低了教育的地位，更难以达到教育的预期效果。

（3）教育路径单一化。直接的教育路径仅限于企业家进修培训，路径的单一化导致教育对象仅限于能参加进修培训的企业家群体，而这毕竟只是少数，大多数企业经营者还没有被纳入教育的视野之中。其他路径多数还处于无组织的自发状态，缺乏有效的研究、整合与开发，教育的立体化路径网络尚未形成。

（4）教育简单化。此项教育较多地停留于简单的认知教育阶段，距深层次的价值认同性教育和实践引导性教育还有相当远的距离。同时，教育的简单化还表现为教育尚未与思想教育结合，尚未通过结合思想教育唤起教育对象世界观、人生观、价值观的深度参与，这也导致了教育效果的不尽如人意。

之所以产生这些问题，一定程度上是因为此项教育的理论研究欠缺，对教育的理论基础与动力系统认识不足，对教育的内容体系、教育路径等的构建与开发不足等，导致了教育者的教育底气不足、对教育的重视程度有限。如果决策者、教育者本身对此项教育犹豫不决、重视不够，就难以保证教育对象对企业社会责任观念深信不疑并身体力行。因此，企业家企业社会责任观念教育的研究必须提上日程，必须从着力于构筑理论依据、构建动力机制入手，对教育内容体系进行维度构建、对教育路径体系进行开发整合，以实质性地推动企业家企业社会责任观念教育实践，进而实现推动企业社会责任实践的目标。

本章小结

世界范围内风起云涌的企业社会责任运动、企业社会责任观念的演进与发展、企业家企业社会责任认知程度与水平、企业家企业社会责任观念教育实践存在的问题、市场经济条件下企业社会责任的现状等构成了企业家企业社会责任观念教育的客观现实背景。企业社会责任在不同时期被赋予了不同的时代意义，从侧重关注企业经济利润阶段与企业环境责任阶段，到侧重关注企业劳工权益阶段，其内容和边界不断地拓宽，同时层次和要求也不断地提高。今天，企业的社会责任已逐渐演变为承担对诸如企业员工、消费者、投资者、竞争者、社区公众、政府、资源环境等全方位的责任。企业社会责任的内容因子在结构上可以形成金字塔结构、同心圆结构、内涵交叉结构及领域分布结构。企业家企业社会责任观念教育既具有现实必要性，又具有理论与现实的可能性，并对企业社会责任实践产生了积极的推动作用。本研究中对“企业家企业社会责任观念教育”论题进行经验验证的调查数据主要来源于中国企业家调查系统相关数据、一些资金项目对企业社会责任意识的调查数据，以及研究者设计实施的问卷调查分析。由此形成如下启示：其一，企业家对企业社会责任的认知仍有所欠缺，其认同感仍有待提升，行动仍需要有效推进，这构成对教育必要性假设的现实验证；其二，教育对提高认识、增进认同、推动实践具有积极作用，并呈正相关关系；其三，“企业社会责任教育培训”受到了企业经营者一定程度的理解、接受和支持，这对组织实施相关教育给予了有力的现实支持。问卷调查还从实证角度反映出一些企业经营者试图通过“企业社会责任教育培训”实现提升其他企业经营者履行企业社会责任的意识和素质。目前实践中的企业社会责任观念教育的存在形式主要有课程嵌入式、媒体宣传报道嵌入、法律法规明确规定（或明确要求）的方式；在发展上呈现教育对象全民化、教育形式思想政治教育化、教育路径立体化的趋势；在实践中存在教育地位弱化、教育内容碎片化、教育路径单一化、教育简单化等问题。之所以产生这些问题，一定程度上是因为此项教育的理论研究欠缺，对教育的理论基础与动力系统认识不足，对教育的内容体系、教育路径等的构建与开发不足等。因此，企业家企业社会责任观念教育的理论研究必须提上日程。

第 3 章　企业家社会责任教育的理论基础

企业家社会责任教育作为思想教育实践活动之一，有其深厚的理论基础，这些理论基础主要包括：作为教育指导性理论的马克思主义相关理论、作为教育工具性理论的态度转变理论与嵌入理论、作为教育价值性理论的道德资本理论与社会资本理论。

3.1　教育指导性理论

马克思主义哲学与中国特色社会主义理论为各门社会学科与各种实践活动提供了科学的世界观与方法论，也是教育实践活动赖以凭借的准则、据以指导的理论、借以支持的思想。尤其是其中有关认识与实践的关系理论、人的全面发展理论，以及社会主义和谐社会理论，构成了企业家社会责任观念教育的理论依据、行动准则和实践指南，是开展此项教育的指导性理论。

3.1.1　认识与实践的关系理论

在马克思主义哲学中，实践是主观见之于客观的能动性物质活动，实践的形式多种多样，主要包括变革自然界的生产实践、调整和改革社会关系的实践以及科学实验等。企业社会责任实践既涉及变革自然界的生产实践，又涉及调整和改革社会关系的实践，而企业社会责任观念教育则是通过特定观念的教育建构着意于调整和改善这两个层面的实践。关于认识，在马克思主义认识论看来，认识是主体在实践基础上对客体的能动反映。[①]实践与认识之间的作用总是相互的，主要表现为实践对认识的决定作用和认识对实践的反作用。

---

① 本书编写组. 马克思主义基本原理概论［M］. 北京：高等教育出版社，2007：56.

1. 实践对认识的决定作用

（1）实践不断提出新的认识课题，推动人们去研究、去认识。“企业社会责任观念教育研究”作为一个认识课题（研究课题），是在“企业社会责任教育实践”活动中提出来的。虽然目前是零散的、无序的、自发的且没有引起足够的重视，但却是现实中客观存在的实践，这一实践需要规范、需要研究、需要上升到理论层面去反思和认识，并形成可供指导实践的相对系统和完善的理论。因此，人类的认识活动总是为各个时代社会实践的特定需要服务的，科学研究的任务也总是围绕着社会实践的需要这个中心来确定的。① 实践产生了认识的需要，没有实践，认识就成了无源之水。但究竟哪些事物成为人们的认识对象，这取决于人们社会实践的需要和水平。只有那些与人的需要相关的事物，才会成为人们认识或改造的对象。②“企业社会责任观念教育”成为越来越受到关注和重视的“认识对象”，正是取决于当前市场经济条件下企业社会责任实践的特殊需要，它与企业家甚至是每个人的需要越来越密切相关。

（2）认识源自实践。人们的认识有两个来源：一是直接经验，如毛泽东指出的：“你要有知识，你就得参加变革现实的实践。你要知道梨子的滋味，你就得变革梨子，亲口吃一吃。”③ 二是间接经验，教育是传递人类认识成果（间接经验）的重要方式。企业家的企业社会责任认识来自直接的企业社会责任实践，以及广义上的各种宣传教育培训等。

（3）实践是认识的目的。人们认识世界的目的不在于获得理论，而在于有效地指导实践，实践是认识的目的和归宿。④ 企业社会责任观念教育建构和培育企业家正确的企业社会责任思想观念，其目的是让他们回到现实中去推动企业社会责任的实践。

2. 认识对实践的反作用

认识是在实践的基础上产生的，一经形成又极大地反作用于实践。认识特别是反映客观事物本质和规律的理性认识，对实践有着巨大的指

① 本书编写组．马克思主义基本原理概论［M］．北京：高等教育出版社，2007：55.
② 王翠英．马克思主义哲学原理［M］．兰州：兰州大学出版社，2006：129-130.
③ 毛泽东．毛泽东选集（第一卷）［M］．北京：人民出版社，1991：287-288.
④ 王翠英．马克思主义哲学原理［M］．兰州：兰州大学出版社，2006：129-130.

导作用。理论是认识的高级形式，随着实践的发展和水平的提高，理论的指导作用愈益明显，它往往走在实践的前面，指导着实践活动的进程。① 认识对实践具有能动的反作用，正确的认识推动正确的实践，错误的认识导致错误的实践。具体而言，第一，企业社会责任认识影响企业社会责任实践目标、步骤与方法的选择。确定何种实践目标、采取何种实践步骤、选择何种实践方法，总是在一定的企业社会责任理性认识指导下进行的。第二，企业社会责任认识影响企业社会责任实践的深度、广度与整个过程。实践在多大的范围内、多深的程度上影响对象世界，实践的整个过程能否循着预设的路径、方案有序进行，必然受制于实践者的认识水平。第三，企业社会责任认识影响实践的结果。企业社会责任认识是否正确、科学、全面，以及认识主体在实践过程中依循企业社会责任理性认识的积极性、主动性、创造性等，都直接决定着实践的效果。

依据上述认识与实践的关系原理可知，企业社会责任观念来源于企业社会责任“直接的实践”以及企业社会责任观念教育对企业社会责任相关思想理论知识教育传播这一“间接的实践”。企业社会责任思想认识要服务于企业社会责任实践这一目的，积极正确的企业社会责任认识将深刻影响企业社会责任实践的范围、过程和结果，即对企业社会责任实践构成重要的思想认识上的支持。而企业社会责任观念教育，一是基于企业社会责任实践对实践主体提出的客观要求，即要求实践主体应当具备积极、科学的企业社会责任思想观念，这种思想观念可以是实践主体在实践过程中自发形成的意识、观念，但这些意识、观念的形成需要代表先进思想观念的社会力量给予系统的、全面的教育，以形成符合社会期望的、牢固的企业社会责任观念。因此，企业社会责任实践提出了企业社会责任观念教育的课题，推动着人们去研究。恩格斯曾指出：社会一旦有技术上的需要，则这种需要就会比十所大学更能把科学推向前进。② 虽然这句话提到的是社会对技术的需要，但当社会对一种观念或意识有了某种需要时，同样会对通过特定的教育引导和培育特定的观念

① 本书编写组. 马克思主义基本原理概论［M］. 北京：高等教育出版社，2007：55-56.

② 马克思，恩格斯. 马克思恩格斯选集（第四卷）［M］. 北京：人民出版社，1995：732.

或意识的实践活动产生巨大的推动作用。二是基于企业社会责任观念对企业社会责任实践的指导意义，因此有必要通过适当的教育使实践主体形成积极正确的系统化的企业社会责任思想理论观念。

一般来说，观念可以以主观的形式存在于实践者大脑之中，也可以以文字或符号的形式存在于纸质或电子文本之中。个体可以通过实践形成自发的、经验形式的企业社会责任观念，但通过受教育而获得人类在发展过程中积累的间接经验是现代社会个体存在的基本方式。接受教育可以弥补个体因实践的有限性导致的观念的欠缺，可以使个体在有限的时间内获得必需的系统化的理性认识，从而成为可用于指导实践的锐利武器。也就是说，企业社会责任观念教育是形成系统化、理论化的企业社会责任正确认识不可或缺的有效途径。因此，实践与认识的关系理论构成了企业家企业社会责任观念教育的指导性理论和重要的理论基石。

3.1.2　人的全面发展理论

“人的全面而自由发展”是马克思主义的重要价值命题，也是教育哲学研究的重要课题。在马克思主义看来，未来社会应该是“以每个人的全面而自由的发展为基本原则的社会形式”①，“生产将以所有的人富裕为目的”，“所有人共同享受大家创造出来的福利”②。结合目前的各种代表性观点，可对“人的全面发展”做如下解释：其一，关于“人”。“人”首先侧重强调单个人，由于“每个人的自由发展是一切人的自由发展的条件”，所以个人的自由全面发展蕴含了群体及类的发展，没有个体的发展也就无所谓类或一切人的发展。因此，强调个人的发展与强调群体、一切人、类的发展并不矛盾，而且使一切人的发展有了明确而具体的现实指向，一切人的发展不体现在个人的发展上是不可理解的。从量的积累来看，正是由于个体在不同层面的深度发展从而汇集成群体及类的发展，即个人的发展表征着类的全面发展，类的发展体现在具体的个人身上。从这样的角度理解，企业发展所涉及的包括劳动者、消费者、投资者、社区居民等个体的发展和基本权益都应受到应有的关注。其二，关于“全面”。“全面”是指发展内容、内涵的完整性，用系统的

---

① 马克思，恩格斯. 马克思恩格斯选集（第二卷）［M］. 北京：人民出版社，1995：239.

② 习近平在纪念马克思诞辰 200 周年大会上的讲话［N］. 人民日报，2018-05-05（2）.

眼光审视，个体发展的内容包括诸如能力、素质、需要、个性、品质、人格、精神、道德、体魄等要素，这些要素都是教育可以施加影响的重要方面。除了不断发掘且日益丰富的个体系统内部要素的全面发展以外，“全面”还蕴含个体系统外部条件的全面发展，如发展的平等性、发展的自由性、关系的和谐性等，这些方面构成了个体系统内容要素发展的外部条件因素。企业社会责任观念教育既可以影响个体系统内部要素（企业家）的发展，又可以影响和改善外部条件因素（企业社会责任的履行是促进企业员工等发展的平等性、关系的和谐性的重要方面和具体体现）。其三，关于“发展”。“发展”既表现为“量”，也表现为“质”。在量的层面上，是指获得平等、完整、和谐、自由发展的个体的数量不断地增加，越来越多的个体获得了作为“类”的一员应该获得的发展权利；在质的层面上，主要是指个体潜能、素质尤其是精神素质不断获得开发和提高。由于“发展”是一个动态的术语，所以发展在量和质的层面上都是一个无限的过程，因此企业社会责任对人的发展的关注是一个不断发展提升的过程。

个人的全面发展何以可能？个人全面发展的可能性在于：社会生产力的高度发展，使必要劳动时间之外的自由时间转变为个人发展自身全面才能的自由时间，并为这种自由发展提供物质基础。[①] 也就是说，生产力的高度发展为个人发展自身全面才能提供了物质基础和自由时间。企业是生产社会物质财富的重要场所，企业中的劳动者在劳动时间内创造着物质财富，企业对以企业劳动者为最基本指向的企业社会责任的承担与履行，有利于激发和调动企业劳动者创造社会物质财富的主动性和积极性，而严格控制“劳动时间”，增加或延长劳动者的“自由时间”这一企业社会责任的具体行为则是为劳动者个体全面发展创造“自由时间”的直接举措。企业家社会责任观念教育也正是通过培育企业家社会责任思想情感来推动企业社会责任实践，从而对人的全面发展的物质基础和自由时间基础的积累产生积极的促进作用。同时，在这个过程中，教育也是改造教育对象、推动教育对象思想道德素质与精神品质提升的直接途径。马克思曾经说过：“要改变一般人的本性，就要有一定的教

① 朱贻庭. 伦理学大辞典［M］. 上海：上海辞书出版社，2002.

育或训练。”① 这里显然强调了教育是推动人的全面发展的重要途径。

从内涵上理解，企业社会责任观念作为一种思想道德观念，是个体全面发展内容的重要方面，反映出个体精神品质、道德素质、社会关系、人格及需求方面的发展水平，通过教育引导企业经营者树立积极正确的企业社会责任观念，是推动“全面发展”内涵的题中之义，可做如下理解：① 个体的发展（企业家）。企业家社会责任观念教育着眼于提升企业家企业社会责任思想意识和道德情感，是推动企业家个体精神品质、道德素质、社会关系、人格及需求方面发展的重要途径和具体举措。② 群体的发展（企业员工）。企业社会责任观念教育效果的取得或实现，体现为企业社会责任的积极履行，而这又有利于企业劳动者工作、生活与生存境况的改善，促进其不断实现诸多方面的更好发展。③ 类的发展（公众与环境）。企业社会责任观念教育蕴含重要的人际关系和谐教育与资源环境意识教育，其效果的取得和功能的发挥，有利于改善“一切人”发展的外部条件，包括促进企业家与企业劳动者发展上的平等权的实现，以及推进企业家、企业劳动者、消费者、公众之间和谐人际关系的构建，而环境的优化、资源的减耗则是对自然生态系统的维护，这是人类系统最终实现全面发展不可或缺的外部条件。因此，综合上述分析，“人的全面发展理论”同样是企业家社会责任观念教育的重要指导性理论。

3.1.3　社会主义和谐社会理论

1. 社会的和谐

社会和谐通常指社会内部诸要素处于相互协调、均衡发展，社会成员相互尊重、融洽和睦、没有根本利害冲突的状态。一般地讲，和谐社会就是人与自然、人与社会、人与人之间和谐统一与协调发展的社会。②胡锦涛曾将社会主义和谐社会的内涵概括为“民主法治、公平正义、诚信友爱、充满活力、安定有序、人与自然和谐相处”。本书结合企业社会责任，对“和谐社会”有以下几种理解：

---

① 马克思，恩格斯. 马克思恩格斯选集（第二卷）［M］. 北京：人民出版社，1995：174.

② 本书编写组. 毛泽东思想和中国特色社会主义理论体系概论［M］. 北京：高等教育出版社，2010：276.

（1）和谐社会的物质条件：生产力的高度发展。马克思指出：只有在现实的世界中并使用现实的手段才能实现真正的解放，当人们还不能使自己的吃喝住穿在质和量方面得到充分保证的时候，人们就根本不能获得解放。[①] 和谐状态在某种意义上可以理解为人从自然关系、社会关系和自我身心关系中获得解放的一种历史过程，而这种解放需要一定的物质基础。也就是说，构建和谐社会必须以生产力和物质财富的巨大增长为前提，用恩格斯的话来讲，它的“根子深深扎在经济的事实中”[②]。而企业是社会生产力、社会物质财富的主要推动者和创造者，企业对社会责任的履行有利于促进社会生产力的发展，有助于为社会和谐创造物质基础。

（2）和谐社会的要素关系条件：社会和谐表现为特定社会系统内各要素尤其是“人—自然—社会”各要素发展的协调性、全面性与可持续性。马克思指出：社会化的人，联合起来的生产者，将合理地调节他们和自然之间的物质变换，把它置于他们的共同控制之下，而不让它作为盲目的力量来统治自己；靠消耗最小的力量，在最无愧于和最适合于他们的人类本性的条件下来进行这种物质变换。[③] 依据这一理解，社会和谐需要实现“人—自然—社会”系统间的协调发展。众所周知，企业是由物质与精神、个人与组织、组织与社会、企业与自然等诸多要素构成的有机系统，企业对社会责任的履行正是要促成系统间以及系统内要素发展的协调性、全面性、可持续性，因而有助于促进“人—自然—社会”系统的和谐。

（3）和谐社会的实践性条件：和谐社会的构建是一个历史过程，是一个不断由低到高的现实运动和实践过程，而不是一种静态的“确定的结果”。这表明，在和谐社会构建的现实运动和实践过程中，由于“经济的事实”等的不完善和限制，矛盾无时无处不在。也就是说，和谐总是与不和谐、矛盾相对存在的。就企业而言，企业就是一个矛盾的结合

① 马克思，恩格斯．马克思恩格斯选集（第一卷）［M］．北京：人民出版社，1995：74-75.

② 马克思，恩格斯．马克思恩格斯选集（第三卷）［M］．北京：人民出版社，1995：355.

③ 马克思，恩格斯．马克思恩格斯全集（第二十五卷）［M］．北京：人民出版社，1974：926-927.

体，企业社会责任的履行在某种意义上可以理解为对企业生存发展过程中不断产生的内外矛盾予以平衡和解决的过程及其实践，从而在这种责任履行的实践过程中促使不和谐的局面不断打破以及和谐局面的不断生成和扩展，其中蕴含了两层意思：一是企业社会责任的实践性，二是企业社会责任的动态性。实践性要求企业社会责任从观念培育转向实践行动，更加注重践履；动态性要求企业履行的社会责任的数量和质量能够不断提高，推进企业逐渐达到和谐的状态，从而加快社会和谐的进程。

（4）和谐社会的总体状态：和谐社会在总体状态上体现为全体民众各尽所能、各得其所而又和谐相处。具体到企业来说，企业对社会责任的履行有利于激发企业员工各尽所能，有利于促进企业利益相关者各得其所，从而实现企业内外多维关系的和谐，这既是和谐社会的题中之义，又是企业社会责任实践所要实现的基本目标。

2. 企业的和谐

企业家社会责任教育通过提高企业家的企业社会责任意识，促进企业积极履行社会责任，有利于改善企业内外人与人、人与社会、人与自然之间的关系（关系和谐维度），有利于增进社会整体的法治、公平、诚信、友爱、安定等和谐因素的生长与发育（内涵和谐维度），这分别体现了在形式上对关系和谐及在内容上对内涵和谐的推动，从而由形式到内容、由表及里地促进企业和谐。而企业是社会的“器官”，企业的和谐又构成社会和谐的基本要求、微观基础和现实结果。

（1）从促进关系和谐（形式和谐）的角度理解。企业社会责任教育有助于：① 引导企业关注并维护企业员工的基本权益，促进企业经营者与企业员工关系的和谐；② 引导企业树立法律和道德责任意识，促进企业遵守法律、恪守道德，自觉履行对投资者等的法律与道德责任实践，促进企业与这些利益相关者关系的改善与和谐；③ 引导企业树立对社区、公众、消费者的责任意识，促进企业积极履行对社区、公众、消费者的责任实践，促进企业与这些利益相关者关系的改善与和谐；④ 引导企业树立对自然的责任意识，促进企业节能降耗、减少污染、改善社区环境，促进企业与生态环境关系的改善与和谐。

（2）从增进内涵和谐（内容和谐）的角度理解。企业社会责任观念教育通过培育与引导企业家如下思想观念、行为实践，促进企业与社会和谐因子的生长：① 培育民主意识，提升法治观念。企业社会责任观念教育通过引导企业家注重企业内职工的民主管理，注重守法经营，有助于在企业内形成民主氛围和法治观念，这是民主法治观念社会生长的微观基础。② 树立公平意识，增进正义观念。公平正义是构建和谐社会的核心价值，企业履行社会责任，切实尊重和维护企业员工的基本权益，是促进公平正义的重要体现。③ 培养诚信品质，发扬友爱精神。诚信友爱是和谐社会的道德基础，企业社会责任观念教育通过倡导和推动企业恪守道德，有助于企业内外形成互帮互助、诚实守信、融洽相处的良好氛围。④ 调动积极因素，激发企业活力。企业社会责任观念教育通过促进企业履行社会责任，有助于调动企业员工的积极性，从而最大限度地激发企业活力。⑤ 维护企业稳定，有序参与竞争。企业社会责任观念教育通过促进企业履行社会责任，有助于企业内外利益的协调与平衡，引导企业有序参加市场竞争，进而促进企业与社会的稳定。⑥ 节约自然资源，关注环境保护。人与自然和谐相处是人类社会和谐发展的基本前提，企业社会责任观念教育引导企业家在企业生产经营过程中注重节约资源、关注环境保护，有助于促进人与自然的和谐相处。

综上所述，企业社会责任观念教育培养和引导企业家建构这些思想意识，一定程度上可以在和谐企业与和谐社会建设中发挥积极作用。这样，社会主义和谐社会理论对企业与多维利益关系者和谐关系的要求，以及对企业和谐内涵的要求，也构成了企业家企业社会责任观念教育的指导性理论和重要的理论基础。

3.2 教育工具性理论

态度转变理论与嵌入理论构成企业家社会责任观念教育实现企业社会责任观念构建与借以实施的重要工具性理论。前者主要解释教育过程实现企业社会责任观念构建、态度转变与推动企业社会责任行动的个体内在心理机制；后者主要解决教育过程以何种形式实现稳定存在和有效推进的实施路径问题。

3.2.1 态度转变理论①

美国心理学家威廉·詹姆斯（W. James）曾认为：这一时代最重大的发现，是我们可以从改变态度来改变生活。② 美国社会学家夏甫和泰特也强调指出："日常生活中，态度起着支配我们行动的重要作用，影响着我们在环境中对他人的感觉和行动。它们对我们的决定有着重要的影响，举足轻重地支配我们决定干什么。"③ 如今，人们愈来愈明显地发现，在迅速改变的社会里，一切社会改变在某种程度上取决于人们的态度的改变。④ 企业家社会责任观念教育活动对教育对象要产生预期方向的观念和行为引导，促成其态度的形成或转变是其内在心理基础，由此，改变教育对象（企业家）对企业社会责任的态度也成为此项教育的基本目标。

1. 态度的基本规定

（1）态度的含义与特征。态度是应用心理学理论范畴中较早兴起的研究热点，墨菲（G. Murphy）和纽科姆（T. Newcomb）曾认为：在社会心理学的全部领域中，也许没有一个概念占据的位置能比态度更接近中心的了。⑤ 态度可谓无处不有，无时不在，态度表示着我们对自身和生活的期望，反映了我们的基本价值观。⑥ 最早使用"态度"概念的斯宾塞（H. Spencer）和贝因（A. Bein）将其界定为"一种先有之见，是把判断和思考导致一定方向的先有观念和先有态度"。⑦ 此后，态度的概念受到了持续的关注和探讨。班尼（M. A. Bany）和约翰逊（L. V. Tohnson）认为，这些探讨中最常提到的包括态度是学习得来的、有具体指向、是社会性学习的结果、有情感参与、存在着强度的差异、

---

① 金奇. 态度转变理论对社会主义核心价值观传播的启示［J］. 教育评论，2017（5）：7-11.

② 田乃诗，查媛媛. 态度是最有效的竞争力［M］. 北京：金城出版社，2008：26.

③ R. B. 夏甫，J. T. 泰特. 态度及其转变［J］. 心理学动态，1987（3）：15-25.

④ ［美］班尼，约翰逊. 教育社会心理学［M］. 邵端珍，孙名之，张世富，等译. 昆明：云南教育出版社，1986：430.

⑤ ［美］J. L. 弗里德曼，D. O. 西尔斯，J. M. 卡尔史密斯. 社会心理学［M］. 高地，高佳，等译. 哈尔滨：黑龙江人民出版社，1984：320.

⑥ ［美］汤姆·贝，大卫·马克弗森. 改变你的态度：创造成功和快乐的新视角［M］. 聂建中，译. 太原：书海出版社，2003：22.

⑦ 刘颂. 管理心理学的理论与实践［M］. 南京：南京出版社，1992：166.

具有持续性等。[①] 综合相关的研究，态度一般具有如下特征：

① 态度具有明确的指向性。社会心理学家谢里夫（M. Sherif）认为，态度是人对于对象和现象发生反应的准备状态。[②] 班尼和约翰逊指出，态度所指的对象或现象既包括人物、观念和事件，也包括机构、制度、符号、物体等。[③]

② 态度具有相对稳定性与可变性。态度一经形成，通常在一定限度内表现出对外部刺激的“钝性”，即显示出比较明显的稳定性，这种稳定性通常基于“内在价值观和信念的支持”[④]，取决于态度对个体需要的满足程度、价值与重要性；个体在主观上越是视为重要的态度，稳定性愈强。同时，态度又不是一成不变的，态度作为习得的对人和情境的行为倾向，既易趋稳定，又易于改变。[⑤] 由于态度是“通过经验习得的”，当人们的“经验”即社会经历、社会交往、社会教育、个体心理、思想情感、需要与价值观等发生变化并达到一定强度时，态度也会发生或迟或早、或多或少的量变或完全的质变。态度的可变性为通过特定的技术（包括教育）改变个体或群体的态度提供了心理机制上的可能性。

③ 态度具有特定倾向性。态度反映着心理活动的取向，标示着特定的价值和价值观偏好，同时也影响着实践行动的方向。当然，只有在一定的条件下，即在强烈、明确、具体的态度之下，并且不伴有冲突的情境压力时，行为才能与态度一致。[⑥] 即企业家社会责任观念教育作为社会结构中的微结构，其本身及其作用水平又都是受制约的。

（2）态度的结构要素。心理学家罗森伯格和霍夫兰（M. J. Rosenberg，C. T. Hovland，1960）提出的态度结构“三要素说”在心理学界具有较高的认同度。现在的研究一般也认为态度是由认知、情感和行为意向三

---

① ［美］班尼，约翰逊．教育社会心理学［M］．邵端珍，孙名之，张世富，等译．昆明：云南教育出版社，1986：407.

② 时蓉华．现代社会心理学［M］．上海：华东师范大学出版社，1989：247.

③ ［美］班尼，约翰逊．教育社会心理学［M］．邵端珍，孙名之，张世富，等译．昆明：云南教育出版社，1986：409.

④ 刘颂．管理心理学的理论与实践［M］．南京：南京出版社，1992：168.

⑤ ［美］班尼，约翰逊．教育社会心理学［M］．邵端珍，孙名之，张世富，等译．昆明：云南教育出版社，1986：430.

⑥ ［美］J. L. 弗里德曼，D. O. 西尔斯，J. M. 卡尔史密斯．社会心理学［M］．高地，高佳，等译．哈尔滨：黑龙江人民出版社，1984：347.

个要素构成的，是刺激与反应（语言的或非语言的行动）之间的中介因素。

① 认知要素。它是个体对态度对象基本内容或基本信息层面的认识、了解或主要价值层面的理解、判断与把握。对态度对象的认知是态度形成的前提，可以肯定，无认知即无态度，认知发生变化，态度亦会随之发生或迟或早、或多或少的改变。态度转变理论中的认知理论基于改变认知这一点，促使教育对象的态度发生教育传递者预期的某种改变。同时，在认识过程中，个体对态度对象的价值判断或意义考量也将导致态度的积极或消极取向，如果个体认为态度对象对自己有价值，能够满足自己的需要，则持积极态度，反之则持消极态度。因此，在这个意义上，态度是一个建立在个体需要基础上的价值体系。①

② 情感要素。认知是在事实层面上反映态度对象，情感则对态度对象卷入了需要、价值观、好恶等具有个体特质的主观体验，与个体联系更为紧密。列宁曾指出：没有“人的感情”，就从来没有也不可能有人对于真理的追求。② 在态度结构中，情感因素可以通过抵制或改善认知沟通，从而在一定程度上牵制认知的形成和变化，并由此影响态度的形成或改变。在企业家社会责任观念教育活动中，企业社会责任认知层面的教育仅仅意味着个体在知识上弄清了事实真相，教育者还必须洞悉教育对象个体的情感喜好，激发其情感的高度参与，促使积极情感的形成。从这一点上讲，没有情感卷入，就不可能有对企业社会责任积极观念的真正认同与坚守，也难以形成执着而持久的行动。作为一种精神鼓舞和动员力量，情感在特定情况下，可以使人的整个身心都发动起来并义无反顾地投入企业社会责任的行动之中。

③ 行为意向要素。行为意向是主观上意欲做出某种行为的心理准备状态，行为意向尚处于行为前的主观精神阶段，故不等于行为本身。从行为的主观意向转到客观的现实行为需要具备各种主客观条件。条件具备时，行为意向外化为现实行为；条件欠缺或不足时，外化中断，行为意向因此受挫或发生新的取向变化，并可能由此引起态度结构要素发生重新组合。

---

① 刘颂. 管理心理学的理论与实践［M］. 南京：南京出版社，1992：168.

② 列宁. 列宁全集（第二十卷）［M］. 北京：人民出版社，1958：255.

当上述态度结构中三要素协调一致时，则态度结构是稳定的；而当其中构件要素发生变化时，旧态度就会逐渐变化或因质变而解体，直至稳定的新态度形成，如图 3-1 所示。在企业社会责任观念教育活动中，要推动教育对象企业社会责任旧态度的转变或新态度的形成，需要引发三要素中至少某个因素的变化，以使原初态度结构出现解体或重组。

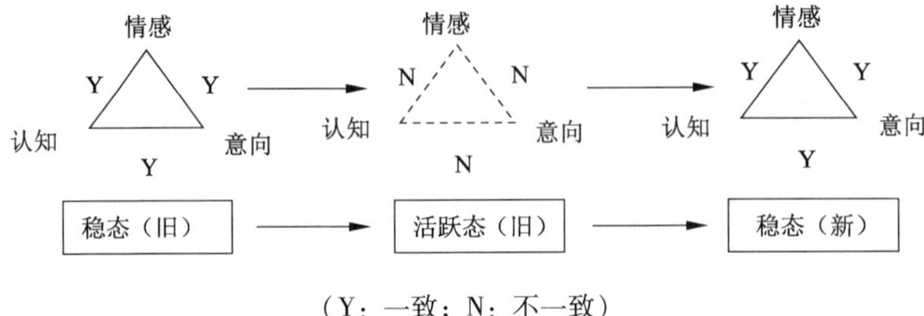

图 3-1　企业社会责任态度构件要素的变化引起态度结构的解体和重组

2. 态度转变的主要理论观点

态度转变有诸多解释理论，其中较受关注的是认知理论。该理论通过实验、观察等研究认为，人的思想、态度和行为三者之间具有均衡性、和谐性、协调性的倾向，而这是人的一种相对稳定的、平衡的正常状态，如果这种“常态”被打破，个体就会显示出一种“自组织”倾向，会自觉或不自觉地调节自己的思想、态度和行为等，促使不均衡、不和谐、不协调的“非常态”向均衡、和谐、协调的“常态”转变，直到“新常态”形成。这种对均衡、和谐、协调的“常态”的追求，即为旧态度解体、新态度形成的生理机制和心理动力，如图 3-2 所示。

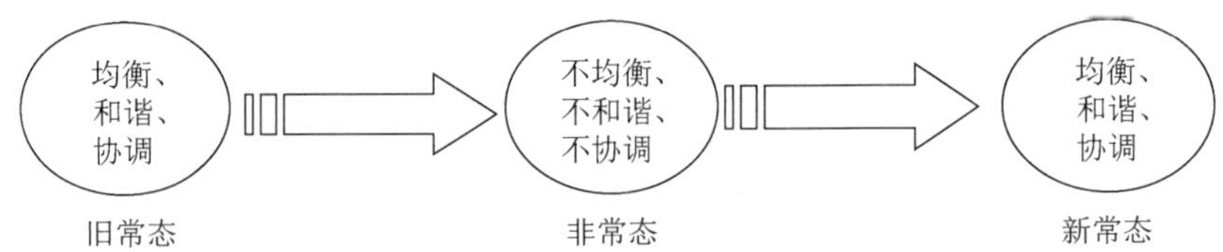

图 3-2　个体思想、态度、行为的常态与非常态的变动更迭

认知理论包括奥斯古德和坦南鲍姆（C. E. Osgood，R. Tannenbaum，1955）的和谐理论、费斯汀格（L. Festinger，1957）的认知失调理论与弗里茨·海德（F. Heider，1958）的平衡理论，这三种理论模型对态度的转变进行了有说服力的解释。认知理论在总体上认为：“一个人总是试图在他的各种态度中，在他对一给定对象的感情和认识之间，和他的态度和行为之间保持一致性。”① 当接收者接受新信息导致态度要素变化而产生不一致时，为消除由此带来的不舒适、不愉悦、紧张不安等负面心理体验，寻求一致性的心理动力机制就会启动，由此促使新的一致性的形成。

（1）参照构架的构建。在和谐理论看来，人们的思维有追求和谐一致状态的倾向或需求，“不和谐产生了变化的压力，而且这种变化的方向是一致的”②，即一致地指向某种新和谐态。显而易见，受教育者不是在认知空白的情况下接受教育的。也就是说，企业家在接受教育传递前，业已存在着某种预先观念、原初认知或观念背景，这就是个体会经常有意无意拿出来作为比照的“参照构架”（人、物、理论观点等）。由于个体的思想观念和认知背景中预先存在着某种参照构架，其改变态度是为了减少或消除与参照构架之间的不一致，以取得思想观念上最大限度的和谐一致。这样，认知过程中参照构架的存在使榜样的塑造与正确思想观念的构建成为必要，在企业家社会责任观念教育过程中，榜样企业家的塑造与企业社会责任正确观念的教育传播在某种意义上是要在教育对象思维中构建建设性的“参照构架”，以求引导或改变企业家对企业社会责任的态度取向。

（2）由失调到协调，个体心理系统的协调自组织机制。在现实中，个体对同一认知对象可能存在两种或两种以上的认知。费斯汀格发现，当对同一认知对象的不同认知相互冲突，即认知失调发生时，心理上的不舒适感会产生一种内在动力，这种动力会推动个体通过改变认知等方式来减少内心的冲突，以求寻得心理协调。也就是说，个体的心理系统有寻求协调的需要和由自组织而获得协调的能力，当外部输入的信息导致对同一对象的两种或两种以上的认知不一致时，个体心理的自组织协调机制会推动“失调→协调”的过程。研究发现，认知失调状态下个体具有很强的追求协调的心理动机，最容易改变态度。因此，在进行思想

① ［美］J. L. 弗里德曼，D. O. 西尔斯，J. M. 卡尔史密斯. 社会心理学［M］. 高地，高佳，等译. 哈尔滨：黑龙江人民出版社，1984：347.

② ［美］J. L. 弗里德曼，D. O. 西尔斯，J. M. 卡尔史密斯. 社会心理学［M］. 高地，高佳，等译. 哈尔滨：黑龙江人民出版社，1984：336.

教育时，积极创设条件引起个体心理失调，就可以获得较好的态度转变效果。[①] 在企业家社会责任观念教育中，企业社会责任观念的教育传播在这层意义上即要引起企业家原有企业社会责任认知的失调，以引导原初态度结构向新的预期态度的转变。

（3）由不一致到一致，群体内"强关系"间的认知同化或趋同倾向。群体内不同个体对同一认知对象的认知或态度通常存在差异，而差异的程度与个体间的关系强度相关，强关系会产生一种来自人际关系的压力，即个体为避免另类或与众不同可能带来的风险或压力，在认知上会出现一定程度的某种同化、趋同，即随大流而寻求平衡的倾向。用弗里茨·海德的平衡理论解释，处于不平衡状态的系统将向平衡状态运动[②]，即在平衡理论看来，不平衡状态为了恢复平衡状态，就促使变化发生。[③] 由于平衡（即与他人一致）的认知可以带来满意、舒适的心理体验，不平衡的认知则会引起紧张、焦虑甚至是不安全感，这些体验会推动个体设法改变认知或行为以寻求新的心理平衡，这种变化的过程即态度改变的过程。个体有与其他认知者或教育传递者保持相对一致（即平衡）的内在心理需要或倾向性，这个过程可以理解为"破"与"立"相结合的过程，当认知出现不一致时，态度可能就由"破"（原初态度）到"立"（新态度）而出现更迭，企业家社会责任观念教育的过程就是要推动由"破"到"立"的过程的发生，"立"的态度方向即教育的目标取向。在企业家社会责任观念教育活动中，认知者（企业家）与传递者（教育者）对企业社会责任思想理论观念若出现某种不平衡态，则认知者内在自组织平衡调节机制就可能会启动，并可能呈现出某种寻求与传递者趋近一致的倾向，传递者的作用就在于引导认知者的平衡调节向预定的方向发生。当然，认知者之所以可能或愿意与传递者趋近一致，与认知者是否将传递者视为新的认知构架相关，而这又取决于传递者的权力、威望、传递策略等多种因素以及社会的整体环境因素。

---

① 刘颂. 管理心理学的理论与实践［M］. 南京：南京出版社，1992：183.

② ［美］J.L. 弗里德曼，D.O. 西尔斯，J.M. 卡尔史密斯 . 社会心理学［M］. 高地，高佳，等译 . 哈尔滨：黑龙江人民出版社，1984：334.

③ ［美］J.L. 弗里德曼，D.O. 西尔斯，J.M. 卡尔史密斯. 社会心理学［M］. 高地，高佳，等译. 哈尔滨：黑龙江人民出版社，1984：335.

3. 态度转变过程中影响传递者影响力的因素

在态度转变过程中，传递者通常居主导地位。观察现实思想教育工作可以发现，传递者的影响力越大，接收者越容易接受沟通，转变现有态度，两者呈正相关。[①] 传递者的影响力一是基于组织或社会赋予的社会职位而获得的“社会权力影响力”，这是社会性的；二是基于自身知识、能力、品质等个体内在因素而获得的“独特素质影响力”，这是个体性的。具体来说，影响传递者影响力的因素主要包括如下三个方面，这些方面的改善或提高将有利于促进态度的改变。

（1）权威性。权威性是指接收者对教育传递者权力、学识、能力、资历等的综合评价。显而易见，高权威性传递者的信息传递效果、对传递对象态度影响的质或量一般高于低权威性的传递者，如具有明确社会职权的管理部门的教育引导通常比普通的学校教育者具有更大的影响力和说服力。基于这一结论，在企业家社会责任观念教育过程中，教育传递者要权衡自己的权威性高低，以选择适当的信息传递内容或传递强度。

（2）信任水平。在企业社会责任观念教育活动中，接收者在接受传递前，由于其认知背景中事先存在着预先观念或参照构架，这种构架通常是被接收者深刻理解或认同的。这样，教育传递者非一致或反向的信息传递、观念说服很容易激起教育对象的心理防御机制，只有当传递者传递的信息的真实性获得接收者信任，同时传递者的良好人格及沟通的善意动机等获得接收者的信任，接收者的抗拒防御心理才会解除，接受过程才会启动，态度转变也才有可能。

（3）相似程度。在“传递—接收”连续的互动机制中，传递者与接收者之间在内外特征方面的某些相似性有利于促进接收与改变，这就是心理学上的“自己人效应”，即接收者更容易与高相似性的人寻求一致或达成妥协。在这一点上，企业社会责任践履榜样型企业家背景的教育者通常具有较高的影响力和说服力。

综上所述，在企业社会责任教育活动中，教育者的社会地位、独特禀赋培植信任、创设与对象个体的共性等，在较大程度上影响着信息传

---

① 刘颂．管理心理学的理论与实践［M］．南京：南京出版社，1992：187.

递的效果与态度转变的量或质。

4. 态度转变过程中传递策略的选择

结合以霍夫兰为代表的耶鲁学派及刘颂的表述[①]，在实际的企业社会责任观念教育传递过程中，需要对企业社会责任思想观念的传递方法与实施细节进行适当地甄别与选择。

（1）权威性高低与歧义度相结合。企业社会责任观念传递者要客观审视自己权威性的高低、教育对象可能的信任水平以及相似程度等，恰当地把握好传递的信息与接收者原初态度之间的歧义度。由于“任何影响情境中压力的主要来源，都出自目标靶先前的立场观点和被交流信息提倡的立场观点之间的差异。差异越大，压力也就越大”[②]。也就是说，如果歧义度过低，则刺激的量或压力的量不足以改变态度；如果歧义度过高，引起接收者过度紧张焦虑，则可能会激发其强烈的逆反心理，或通过贬抑、拒斥、逃避传递者而非改变态度的方式来缓释认知失调与心理上的焦虑不安。[③]因此，拿捏好歧义度至关重要，而且歧义度的选择因人而异，在面对群体教育对象时，需要选择差别化的歧义度，以尽可能提升教育效果的群体规模。

（2）理智性传递与情感性沟通相结合。一般而言，理智型的接收者不一定为情感渲染所动，情感型的接收者又不一定为理性说服所动。[④]在企业社会责任观念教育传递过程中，需要对传递对象做一定的分析了解，以确定是选择晓之以理的理智传递方式还是动之以情的情感沟通方式，或是二者相结合。同时，理智传递中的晓之以理与情感沟通中的情感渲染程度都关涉压力及压力强度的问题，包括来自理智的压力及其强度和来自情感的压力及其强度。上文中对歧义度的把握实质也是在掌控适度的压力强度。研究表明，态度转变与压力强度呈倒“U”形关系，中等强度压力下态度的转变量最大。所谓“适度”“过犹不及”等说法，其理论依据也就在这里，如图 3-3 所示。

---

① 刘颂．管理心理学的理论与实践［M］．南京：南京出版社，1992：198-206.

② ［美］J. L. 弗里德曼，D. O. 西尔斯，J. M. 卡尔史密斯．社会心理学［M］．高地，高佳，等译．哈尔滨：黑龙江人民出版社，1984：363.

③ 刘颂．管理心理学的理论与实践［M］．南京：南京出版社，1992：199.

④ 刘颂．管理心理学的理论与实践［M］．南京：南京出版社，1992：203-204.

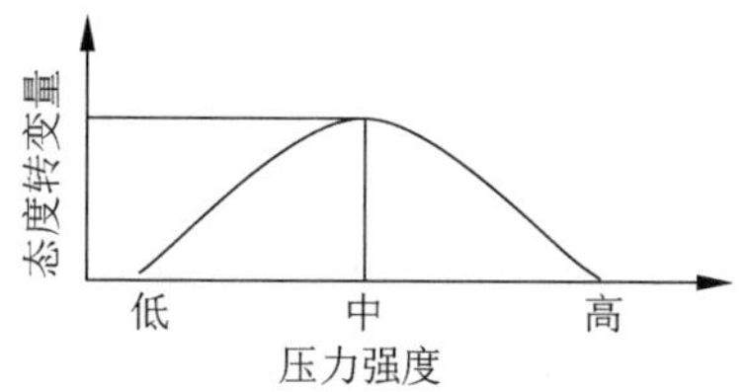

图 3-3　压力强度与态度转变量的倒“U”形关系①

（3）组织规约与个别说服相结合。卡特赖特（D. Cartwright）曾指出：行为、态度、信念和个人的价值观深刻地打上了他所在的集体的烙印。② 在这一点上，罗杰斯（C. R. Rogers）和斯金纳（B. F. Skinner）关于人类行为控制的研究有相似的结论：集体中的人们最终相互受集体为其成员所确定的规范的控制。规范规定了可以接受的行为方式，而且当集体的成员按照规范行动时，他受到认可、称赞，以及其他形式的强化，从而使他继续以同样的方式去行动。如果他不能按规范去做，就会受到批评和谴责。③ 勒温（K. Lewin）等通过实验也发现：① 在集体中改变个人比分别改变他们容易；② 通过集体改变个人的效果比单独改变个人的效果更加持久；③ 如果个人参加改变的决定，这种改变更容易被接受。④ 也就是说，当组织对个体具有“强吸引力”，个体深度嵌入组织时，组织规范会对个体产生一种组织压力，个体为避免“越规”可能导致的损失或惩罚，通常会表现出对组织压力一定程度的顺从。但个体对组织规范的“顺从”不一定是对自己态度失当的理性自觉或情感接纳，一旦组织的吸引力减弱或消失，个体的态度可能“原形毕露”，故团体规约需要辅之以一定的个别说服，以促成个体内在态度要素的改变并达成一致。对于那些加入中共党组织的企业家、加入工商联的企业家、加入人大或政协的企业家等，党组织、工商联组织与政协组织等“强吸引力”组织或部分“弱吸引力组织”就可以对企业家施以不同强度的企业

---

① 刘颂. 管理心理学的理论与实践［M］. 南京：南京出版社，1992：203.

② ［美］班尼，约翰逊. 教育社会心理学［M］. 邵端珍，孙名之，张世富，等译. 昆明：云南教育出版社，1986：462.

③ ［美］班尼，约翰逊 . 教育社会心理学［M］. 邵端珍，孙名之，张世富，等译 . 昆明：云南教育出版社，1986：442.

④ ［美］班尼，约翰逊 . 教育社会心理学［M］. 邵端珍，孙名之，张世富，等译 . 昆明：云南教育出版社，1986：452.

社会责任组织规约，从而增进教育的效果，而个别访谈交流则构成对组织规约的必要补充。

3.2.2 嵌入理论

嵌入理论源自新经济社会学，它既是一种经济现象的解释理论，同时又具有一般方法论意义。从目前企业社会责任观念教育实际来看，主要存在两种教育方式：一是专门学科的专门教育，即把企业社会责任作为一门专门学科进行专门的学科或专业教育，这种情况目前还不普遍。二是相关学科或活动的嵌入教育。从实践来看，企业社会责任观念嵌入教育目前还处于自发、零碎、不系统的阶段，理论的探讨则更为少见。本研究援用嵌入理论作为分析的理论工具，可以较好地解释在企业社会责任观念教育尚未形成专门的学科或专业教育的发展起步阶段，嵌入理论对企业社会责任观念教育的较强适用性及其积极的应用意义，它可以相对确切地回答“企业社会责任教育的内容嵌入了何种内容之中”“企业社会责任教育的路径嵌入了何种路径之中”，进而回答“企业社会责任教育嵌入何种教育之中”的现实操作问题。

1. 作为理论的嵌入理论

从最简单的意义上，嵌入可以理解为一事物内生于、根植于或渗透潜存于它事物的一种现象，嵌入性反映了两种事物之间的联系及其联系的密切程度。当一方嵌入另一方时，嵌入双方通常会互动或者相互影响，以至于双方在多方面与嵌入前对比都会发生一定的变化，并呈现出某种共同体的特征。

一般认为，经济史学家卡尔·波兰尼（K. Polanyi）在《大转型：我们时代的政治与经济起源》一书中，最早提出了理论上的“嵌入性”概念，但这个概念在该书中只是“漫不经心”地出现了两次，作者本人并未加以重视，也不足以引起读者的注意。直到 1957 年，卡尔·波兰尼才在《早期帝国的贸易与市场》中对它进行了理论阐述。[①] 1985 年，马克·格兰诺维特（M. Granovetter）在《美国社会学杂志》上发表了《经济行动与社会结构：嵌入问题》一文，对“嵌入”概念进行了重新发掘、扩充和发展，此后，嵌入性问题受到了广泛关注，并逐渐成为新

① 朱国宏，桂勇. 经济社会学导论［M］. 上海：复旦大学出版社，2005：31.

经济社会学解释经济现象的核心概念之一。

卡尔·波兰尼认为，嵌入主要用于“说明经济行为、经济模式往往根植于社会行为、社会生活方式的深层结构之中”[①]，即主要用于解释经济现象和经济行为受制于社会网络、制度、文化、历史等社会性因素的影响。在马克·格兰诺维特看来，经济行为嵌入于社会结构，社会结构的核心就是人们生活的社会网络，而嵌入网络的机制又是信任（M. Granovetter，1985）。依据这一理解，“由嵌入性概念所引出的两个最基本的命题就是：首先，结构就是网络，人们的社会行动和生活本身就是网络的建构；其次，社会网络的基础不是信息，而是信任，换言之，只有有了信任关系，人们才能嵌入网络之中，获得和巩固双方互动和互惠的基础。生活世界的网络离不开个体与个体之间、个体与群体之间或群体与群体之间的信任纽带”[②]。也就是说，人们的社会活动在很大程度上是在建构和扩展网络，并通过信任的培育深度嵌入网络之中，通过互动和互惠稳定和强化自己在网络节点中的地位。这里提到的网络、互惠与信任正是社会资本的重要构件因素，而信任与互惠同时还是道德资本的前提和基础。

2. 作为方法论的嵌入理论[③]

随着研究的深入，嵌入的内涵和外延变得越来越丰富，后来嵌入性跃出了单纯用于解释经济活动嵌入社会网络和社会结构的新经济社会学的学科藩篱，被越来越多地运用于其他学科，从而逐渐使自身从一门学科的理论工具提升为具有较普遍解释力的方法论工具。

“嵌入理论”被教育学科借助和使用，使教育方式方法如获至宝，尤其是德育学科，如德育中的隐性教育、渗透教育，其实是使用不同的语言表述相似的意思，是嵌入理论、嵌入方法的具体形式。

从嵌入理论来看，企业家社会责任观念教育活动并不是一种孤立的制度安排，而是嵌入特定社会的政治、经济、文化、历史、教育等各种

① 孙建平. 关系网络与竞争中合作策略的运用——对浦口区“马自达”经营者竞争行为的分析［J］. 社会实证，2004（10）：15-18.

② 渠敬东. 生活世界中的关系强度——农村外来人口的生活轨迹［C］//柯兰君，李汉林. 都市里的村民：中国大城市的流动人口. 北京：中央编译出版社，2001：47-48.

③ 金奇. 思想政治教育的嵌入式存在——基于嵌入理论的视角［J］. 现代教育科学（高教研究），2012（4）：129-131.

制度和关系网络之中，或者说这种教育活动总是与其他社会制度安排或结构存在着制度化或结构化的关联。因此，对企业家社会责任观念教育的考量应该从教育活动嵌入其中的社会网络、教育网络（也即社会结构或教育结构）予以理解。

3. 何物嵌入与嵌入何物①

嵌入总是发生在两种或多种事物之间，就最简单的两种事物之间的嵌入关系而言，即何物（内容 X）以何种方式路径（方法或路径 A）嵌入何物（内容 Y）或何种方式路径（方法或路径 B），以形成何种新物态或新思路，实现何种目的。

（1）嵌入的可能性。X 与 Y 或 A 与 B 之间的某种共性是嵌入关系得以确立的前提。从系统或结构的观点来看，嵌入双方是包含、融入或部分包含、部分融入的关系，这种共性包括内容、路径、方法、结构、功能或本质等。

（2）嵌入的现实性。X 嵌入 Y 或 A 嵌入 B，一般来说，Y 或 B 具有相对完整的内容体系或路径体系，即 Y 或 B 具有更加成熟的结构或是更加稳态、更加普遍的现实存在，这样可以使 X 或 A 以更加节约资源、成本（即“搭便车”）的方式在尽可能短的时间内实现自身更好的成长与发展。

（3）嵌入的目的性。目的性是相对于行为主体而言的。由于嵌入行为包括自发性的嵌入关系和自觉性的嵌入关系，纯客体之间的自发性的嵌入关系无所谓目的性，目的性是发生在主体控制的自觉性的嵌入关系中的，前者嵌入于后者，其目的是为自身的存在和发展寻求“合法性”或“合理性”支持，借助后者的路径和结构实现自身或共同体（嵌入双方形成的共同体）的融合发展。

综上所述，本研究中作为内容的 X 主要是企业社会责任理论内容、观念意识、情感态度、伦理要求等，作为内容的 Y 主要是企业伦理、工商管理、社会价值观教育等相关课程体系或教育传播体系，即企业社会责任观念教育的内容嵌入相关教育影响、教育传播的信息之中；作为方法或路径的 A 主要是指企业社会责任观念教育的方法或路径，作为方法

① 金奇. 思想政治教育的嵌入式存在——基于嵌入理论的视角［J］. 现代教育科学（高教研究），2012（4）：129-131.

或路径的 B 包括经典、新型和潜在的多种教育形式、现实活动和社会的、现实性的结构存在，即把企业社会责任观念教育的具体而微的形式嵌入普遍存在的现实相关教育路径网络和社会制度结构之中，从而使此项教育有序、稳定、持续地运行、展开、实施和发挥作用，如图 3-4 所示。①

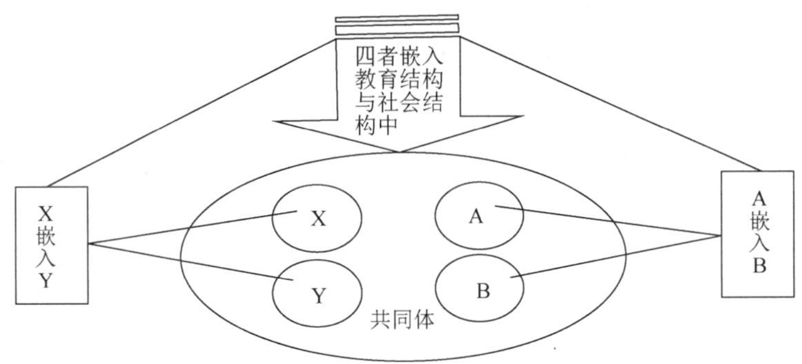

图 3-4　X 嵌入 Y、A 嵌入 B 及其共同体与教育结构、社会结构的关系

4. 企业家社会责任观念教育的嵌入式存在②

由上述分析可知，企业家社会责任观念教育既是承担特定目的的独立运行的教育系统与社会实践活动，又是将自己的思想理念、观点要求、实践活动、教育路径等直接或间接地嵌入社会结构、社会生活与媒体传播等之中的活动。

（1）嵌入社会结构中的企业家社会责任观念教育。企业家社会责任观念教育首先是现实的社会结构中的客观存在，是“一种结构中存在的系统”③，是嵌入社会结构中的。在宏观上包括社会政治结构、经济结构、文化结构的社会结构是企业家社会责任观念教育赖以附着或嵌入的基本实体结构。也就是说，企业家社会责任观念教育首先是一种特定社会的特定政治、法律、道德的结构性存在，是以教育制度的形式嵌入政治制度、法律制度、道德规范制度之中的。而社会制度作为人们为了共同参与社会生活和进行社会活动编织而成的“社会之网”，它对社会活

① 金奇．思想政治教育的嵌入式存在——基于嵌入理论的视角［J］．现代教育科学（高教研究），2012（4）：129-131.

② 金奇．思想政治教育的嵌入式存在——基于嵌入理论的视角［J］．现代教育科学（高教研究），2012（4）：129-131.

③ 孙其昂．社会学视野中的思想政治工作［M］．北京：中国物价出版社，2002：6.

动来说不仅具有规范性，而且具有强制性。它对人的思想来说既是一种必须接受的“外部现实”，又是人的思想的诱导客体。[①] 因此，企业家社会责任观念教育内容的构建和路径传播在很大程度上是嵌入政治体系的内容和架构之中的。换言之，企业家社会责任观念教育正是通过嵌入政治设计、法律规章、道德规范、社会传统、主流文化及社会风气、生活方式等之中，从而实现自身的“合理性”和“合法性”存在并发挥作用。

（2）嵌入社会生活中的企业家社会责任观念教育。约翰·杜威（J. Dewey）曾指出，“教育是生活的过程”[②]，在他看来，教育就是现在的生活，这强调了教育是一种现实生活、现实的生长历程，并在这一过程中不断实现着个体经验的改造。具体而言，企业家社会责任观念教育必须嵌入生活之中，嵌入教育对象个人的、集体的、社会的生活之中。在这一点上，陶行知认为：“不是生活，就不是教育。”[③] 对企业家社会责任观念教育来说，教育的思想理念、内容要求等与个体生活、社会生活密切相关，个体总是生活在各种社会组织之中，浸润在由社会制度、社会文化、社会环境等构成的社会系统之中，从事着社会交往、社会参与和日常生活，并受到其直接而现实的影响。企业家社会责任观念教育也正是通过嵌入这些环节和因素之中，从而对生活于其中的企业家产生影响。

（3）嵌入媒体传播中的企业家社会责任观念教育。如今，人类已进入多种传播方式相互交织、新旧媒体相互叠加的媒体时代，媒体所传播的信息对受众的教育功能包括知识性传播与价值性传播两个方面，即媒体不仅告知受众现实世界正发生着什么，还引导受众思考世界应该是什么样子。从实际来看，企业家社会责任观念教育已有意无意、或多或少地嵌入无时无处不在的媒体传播之中。这与企业家的日常工作、生活与娱乐紧密结合，可以产生潜移默化的观念引导与行为建构的积极作用。

---

① 孙其昂．社会学视野中的思想政治工作［M］．北京：中国物价出版社，2002：50.

② 赵祥麟，王承绪．杜威教育论著选［M］．上海：华东师范大学出版社，1981：4.

③ 何宏玲．陶行知：生活的教育［M］．济南：山东文艺出版社，2006：123.

3.3　教育价值性理论

由于“态度是一个建立在个体需要基础上的价值体系”①，企业家在教育过程中对态度对象（企业社会责任观念）的价值判断或意义考量将直接影响其态度定位乃至行为取向。对于企业家社会责任观念教育来说，这种价值和意义是明确而肯定的，主要表现为企业家与企业道德资本的集聚及社会资本的改善，道德资本理论与社会资本理论较好地回答了这样一种价值关注及其意义考量，从而构成了企业家社会责任态度转变与实践行动的坚实理论基础。

3.3.1　道德资本理论②

道德是一种实践精神，是生产力中人的因素的精神内核，因此是一种生产力。道德状况对个体、组织和社会来说具有资本功能，可以说它是一种资本，即道德可以促进经济主体及其经济行为的盈利和发展。③企业家社会责任观念教育对企业经营者以企业社会责任观念为核心的道德品质的引导与培育，是形成和积累企业家与企业道德资本的重要途径，而这又有利于企业家和企业的可持续发展。

1. 基本意蕴

西松曾认为：“从广义上说，一切财富——无论其满足人类的何种需求和欲望——的性质均为资本。”④ 在这层意义上，诸如实物、货币、文化、道德等在满足人们特定需求的同时都具有资本的某种意涵，都是资本。在国内，研究经济伦理的著名学者王小锡最早提出了“道德资本”的概念，并指出：所谓“道德资本”，从内涵上理解，它是指投入经济运行过程，以传统习俗、内心信念、社会舆论为主要手段，能够有助于带来剩余价值或创造新价值，从而实现经济物品保值、增值的一切伦理价值符号；从外延上理解，它既包括一切有明文规定的各种道德行

---

① 刘颂．管理心理学的理论与实践［M］．南京：南京出版社，1992：168.

② 金奇．从“美德即知识”到“美德即资本”［J］．江苏第二师范学院学报，2015，31(8)：21-23.

③ 王小锡．道德力与社会进步［J］．阅江学刊，2009（3）：12-19.

④ ［西］阿莱霍・何塞・G．西松．领导者的道德资本：为什么美德如此重要［M］．于文轩，丁敏，译．北京：中央编译出版社，2005：27.

为规范体系和制度条例，又包括一切无明文规定的价值观念、道德精神、民风民俗等。[①] 这一表述对道德资本的工具属性、工具功能作了清晰而完整的诠释。以资本的视角来审视道德，张扬的是一种由功利论和道义论结合的道德观。这种“道德致用主义”的主张，明确反对抽空道德的形而下基础、一味张扬义务论的道德观，也反对把经济建设和生产力发展问题庸俗化的所谓“经济道德无涉论”的观点。[②]也就是说，道德资本理论是要进一步突出道德的资本属性，强调“德得相通”。如樊浩在《伦理精神的价值生态》中指出，只有当“德”与“得”相贯通，“德者得也”，以“德”获“得”时，社会才具有基本的合理性与公正性。[③] 当“德者得也”时，道德才具有资本的某种增值意味。

道德资本中的道德具体内涵因子，在本研究中主要是指责任、诚信、互助、平等、互惠、友爱等道德因子，这些道德因子通过企业家与企业的企业社会责任决策和实践，转化为企业家与企业的道德资本。需要指出的是，道德资本的资本属性存在二重维度，既指可以支持个体和组织存续与发展、带来财富和利润的工具维度的资本，也指可以为主体带来精神愉悦、满意体验、自我实现感与幸福感的价值维度的资本。前者是工具性的，后者则是工具性与价值性的统一，或者就是价值本身。也就是说，作为一种非实物形态的、精神形态的资本类型，或作为实物形态资本的精神构成要素，道德资本既是工具性的，同时又是价值本身。

2. 何以可能与存在样态

道德资本何以可能？道德主要通过嵌入个体、组织和社会的价值观，从而对行为或活动产生规范、校正和引导作用，发挥使物质利益和精神利益增值的资本功能。从道德嵌入的对象来看，道德资本的存在样态可以区分为宏观道德资本、中观道德资本及微观道德资本。

（1）宏观道德资本，即一个社会、国家、区域的道德存量与发展水平，对一个社会来说，较高的道德水准可以增进社会公众的整体福利水准。相对于那些道德资本相对欠缺的社会或地区来说，较高的社会整体道德发展水平就是一种资本、一种优势、一种竞争力。美国当代思想家

---

① 王小锡，华桂宏，郭建新，等．道德资本论［M］．北京：人民出版社，2005：6.

② 王小锡．道德力与社会进步［J］．阅江学刊，2009（3）：12-19.

③ 樊浩．伦理精神的价值生态［M］．北京：中国社会科学出版社，2001：358-359.

麦特·里德雷（M. Ridley）认为：美德是人类与生俱来的，它植根于人类本性之中，像润滑油一样对人类社会不可或缺。[①]对社会来说，道德通过嵌入社会风气、社会文化、社会价值观及人与人的关系之中，可以规范个体主体、群体主体（如企业等社会组织）乃至类主体（整个人类）的行为，降低社会控制、管理与监督成本，减少人际、组织和不同社会之间的摩擦性耗费，从而使所有社会成员受益。在这层意义上，道德具有促进整个社会更好更快发展的资本意蕴。显而易见，宏观道德资本处于高储备时，将对企业家和企业的社会责任观念、态度及行动产生积极的作用。

（2）中观道德资本，即各种社会组织的道德资本，尤其是对以获取利润为主要目的的企业来说，道德更是一种不可或缺、可以带来实实在在利润的资本。王小锡认为：道德资本是人力资本的精神层面和实物资本的精神内涵，它渗透在生产过程的各个方面和多种层面，作为一种看不见的理性之手或理性力量，能促使所有投入生产过程的资本实现理性化运作。[②] 对企业来说，其道德形象主要体现为承担社会责任、诚信无欺等，塑造良好的道德形象可以获得社会公众对企业的好感，赢得公众对企业行为的信任和理解，从而在感情上倾向于接受该企业的产品和服务。[③]从工具意义上讲，道德转化成了企业现实的利润和生产力。因此，道德对企业具有资本意蕴。

（3）微观道德资本，即个体的道德资本。对企业家个人来说，道德嵌入个人品质、思想和精神世界之中，从而成为一种特殊的人力资本，甚至不能仅仅将道德资本认为是人力资本的一部分，而应该是全部。[④]西松肯定地说：事实上，如果要阻止一个人从自己美德中获得收益，比之相反要难得多。[⑤] 企业家李振泽认为：一个人的发展可以靠三种力量，

---

① ［美］麦特·里德雷．美德的起源：人类本能与协作的进化［M］．刘珩，译．北京：中央编译出版社，2003：151.

② 王小锡．论道德资本［J］．江苏社会科学，2000（3）：97-100.

③ 梁福来，张显华．市场·谋略·管理创新：市场经济条件下的企业经营之道［M］．北京：中国经济出版社，1997：253.

④ ［西］阿莱霍·何塞·G. 西松．领导者的道德资本：为什么美德如此重要［M］．于文轩，丁敏，译．北京：中央编译出版社，2005：203.

⑤ ［西］阿莱霍·何塞·G. 西松．领导者的道德资本：为什么美德如此重要［M］．于文轩，丁敏，译．北京：中央编译出版社，2005：216.

即才能力量、经济力量和道德力量。企业家的成功，主要靠道德力量。① 松下幸之助也曾强调：一位经营者不需要是万能的人，但却要是一位品格高尚的人，因为只有后者才能使员工受感召而毫无保留地奉献。② 这些表述表明，道德是企业家成长不可或缺的资本因素。对企业家个人来说，道德资本既具有工具价值，同时也是价值本身，作为前者，道德通过嵌入企业家人力资本，使人力资本受到敬重、获得增值，从而为企业家的生存与企业的持续发展积淀道德基础；对于后者而言，西松明确指出：我们投身于自己的工作中，那是因为我们坚信那样能使我们更接近幸福的目标。幸福本身就是我们的追求，其他任何事物只有与幸福相关时才有意义。而积累道德资本就是在追求幸福。③ 依据这样的理解，企业家对企业社会责任的推动将成就自己的美德，而美德可能给企业家带来的物质与精神回报、鲜花与掌声又使道德的资本形象更加凸显。

3. 企业家道德资本的教育生成

从企业家社会责任观念教育的角度审视企业家道德资本的形成，其间主要派生出两对基本关系："教育—知识—道德"路线关系与"善知—善行—道德资本"路线关系。其中，教育是道德资本形成的始点，道德资本是教育的一种归宿。

（1）"教育—知识—道德"的路线关系

教育、知识、道德三者之间是密切相关的。其一，知识是进行善恶判断、形成道德的前提，一切道德都离不开知识。也即是说，任何善都离不开真，也即"没有无真的善"。从事实与经验来看，一个社会或地区的教育科学文化整体水平越高，则生活在其中的居民的整体道德认识水平和道德发展水平越高，即呈现出某种正相关。其二，"知识"与"道德"具有内在的统一性。知识与道德的关系体现为善与真、价值与事实、规范和真理的统一，对道德的建构和追求应该建立在对真实可靠

① 李胜良．纳税人行为解析［M］．大连：东北财经大学出版社，2001：121.

② 董书通，方程．新经济背后：精神经济浮出水面［M］．北京：煤炭工业出版社，2000：146.

③ ［西］阿莱霍·何塞·G．西松．领导者的道德资本：为什么美德如此重要［M］．于文轩，丁敏，译．北京：中央编译出版社，2005：189.

的知识的理解基础上。[①] 也即是说，道德蕴含知识前提，知识是形成美德的必要条件，虽然存在着“有知却无德”的悖论，但不能因此否认知识对于道德的基础和前提作用。其三，道德的可教性及其限度。既然知识贯穿于道德之中，则知识的传播在总体上应该有利于道德的培育与提升。那么，知识从何而来呢？知识并非无中生有、与生俱来，而是从教育中得来的。这样，“知识的可教性”为“道德的可教性”做了一定的理论铺垫。也就是说，教育是道德培育的合理路径，教育通过善的知识的传授使人们具有足够的智慧明善知恶、避恶趋善。这就形成了图 3-5 所示的路线关系。

图 3-5　“教育—知识—道德”的路线关系

以上三点结论也为调查数据所验证，如中国企业家调查系统（CESS）的调查[②]显示，在对员工和股东权益责任必要性方面、在企业经济责任和伦理责任方面、在对企业社会责任相关知识的熟悉程度方面、在企业履行社会责任对企业持续发展的重要性的认同度方面，企业家的认识或认同程度都呈现出随学历的升高而升高的现象。同时，文化程度较高的企业经营者对污染环境、侵犯知识产权、不履约和披露虚假信息等问题的关注程度高于文化程度较低者。需要指出的是，知善而行善，才能将道德转化为美德，而现实中知善而不为，甚至知善而行恶也从反面清楚地表明，教育在美德形成中的作用是有限的和受限的。

（2）“善知—善行—道德资本”的路线关系

虽然知识是构成道德的基础，但知识≠道德。教育在实现善知的储积与传播的同时，又不止于此，还应着意于推动知善而行，从而将道德认知转化为美德品质。这样，教育既维护了知识在道德中的地位，又推动了知善而行。从认识论和实践论的统一来看，认识是实践的先导，道

① 李石．重温苏格拉底的“美德即知识”命题：反驳与辩解［J］．道德与文明，2003（1）：45-48.

② 中国企业家调查系统．企业家对企业社会责任的认识与评价——2007 年中国企业经营者成长与发展专题调查报告［J］．管理世界，2007（6）：75-85.

德是一种实践精神，善知只有通过实践才能转化为美德品质。

西松认为，一个人可以用来增加自己道德资本的办法是：对自己的缺点不加忍耐，而且要不断使自己接受新的教育。①这也指出了教育在道德资本形成中的极端重要性。在教育中学习知识、储积善知、实践美德，即是在培育、维护和提升美德资本，其间的关系如图 3-6 所示。依据这样的理解，企业家社会责任教育通过促进企业社会责任的认知提升、情感培育和行为实践，有助于实现企业道德形象的改善，而改善了的道德形象将转化为企业家和企业的道德资本，为企业的持续发展积淀深厚的道德基础。

图 3-6 “善知—善行—道德资本”的路线关系

依据上述分析可知，道德源于正确的认知，正确的认知源于必要的教育，这种教育既包括学校系统化的教育，也包括生活化、社会化的各种教育及其影响。但只有知善而行，将善知转化为持续的善行，才能形成相对稳定的、令人信服的美德形象，道德才能转化为资本。从教育到道德资本，其间的关系如图 3-7 所示。

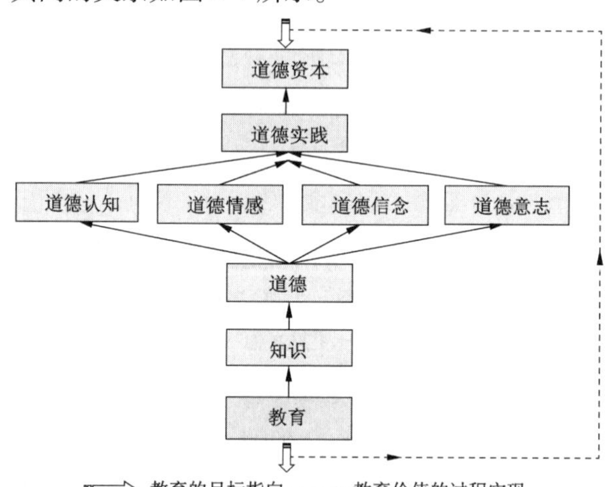

图 3-7 “教育—知识—道德—实践—道德资本”的关系

---

① ［西］阿莱霍·何塞·G. 西松. 领导者的道德资本：为什么美德如此重要［M］. 于文轩，丁敏，译. 北京：中央编译出版社，2005：202.

3.3.2　社会资本理论①

企业家社会责任观念教育对企业家社会责任意识的建构与对企业社会责任实践的促进，有助于培育、改善或增进企业家及企业的社会资本，而社会资本的形成、集聚或改善将有利于企业家与企业的持续发展。因此，社会资本理论构成企业家社会责任观念教育重要的价值性理论和基本的理论支持。

1. 社会资本理论

社会资本被称为“社会科学 50 年来出现的最重要和最令人兴奋的概念”②，一个人能否成功，不在于你知道什么（what you know），而在于你认识谁（who you know）。③ 这句话对社会资本的重要性给予了高度肯定。韦恩・贝克（W. Baker）甚至强调，社会资本是获得个人成功、企业成功乃至幸福生活的基本条件。④

（1）社会资本的意涵与分类

20 世纪 70 年代以来，社会资本逐渐成为社会学、管理学等学科的热词与用于诸多现象分析的理论工具。皮埃尔・布迪厄（P. Bourdieu）、罗伯特・D. 帕特南（R. D. Putnam）、詹姆斯・S. 科尔曼（J. S. Coleman）等诸多学者基于研究视角的差异都曾对社会资本的意涵进行深入的考察。在詹姆斯・S. 科尔曼看来，社会资本是个人拥有的表现为社会结构资源的资本财产，由构成社会结构的要素组成，主要存在于人际关系和社会结构之中，并为结构内部的个人行动提供便利。⑤韦恩・贝克认为：社会资本是指人际和企业关系网络中以及通过人际和企业关系网络所能获得的资源，包括信息、构思、线索、商业契机、金融资本、权力与影响、情感支持甚至良好的祝愿、信任与合作。⑥ 综观社会资本诸多理解可知，

---

① 金奇．社会资本及其回报与投资［J］．佳木斯大学社会科学学报，2016，34（6）：65-67.

② 王丽萍．中国社会资本：维护与创造［J］．民主与科学．2010（3）：15-18.

③ ［美］唐・科恩，劳伦斯・普鲁萨克．社会资本：造就优秀公司的重要元素［M］．孙健敏，黄小勇，姜嬿，译．北京：商务印书馆，2006：76.

④ ［英］韦恩・贝克．社会资本制胜：如何挖掘个人与企业网络中的隐性资源［M］．王晓冬，译．上海：上海交通大学出版社，2002：2.

⑤ ［美］詹姆斯・S. 科尔曼．社会理论的基础（上）［M］．北京：社会科学文献出版社，2008：330.

⑥ ［英］韦恩・贝克．社会资本制胜：如何挖掘个人与企业网络中的隐性资源［M］．王晓冬，译．上海：上海交通大学出版社，2002：1.

社会资本是存在于社会结构和关系网络中的资源，它为置身于结构内和关系网络节点上的行动者获取特定资源提供了便利和可能的路径。

从社会资本的边界范围或主体差异来理解，与道德资本相似，社会资本也可以区分为微观个体、中观组织与宏观社会或政府的社会资本。其一，个体的社会资本，指的是最初意义上所使用的社会资本概念，可以理解为个人的“联系”。在中国社会中，也就是通常人们所理解的“关系”，并且把“关系”升格为一种“资本”——“关系资本”，甚至将社会资本理解为“关系资本”。其二，组织的社会资本，罗纳德·S.伯特（R. S. Burt）就把社会资本由个人层次延伸至企业层次，他认为社会资本是社会行为者从社会关系网络中所获得的一种资源，企业作为有目的的社会行为者，社会资本的逻辑不可避免地会扩展到企业层次。①其三，社会或政府的社会资本，可以理解为一个国家、区域的特征，包括和谐、开放的社会关系网络、有效的制度规范、普遍信任、权威关系以及合作性的社会组织等。②对社会来说，社会资本是一笔无形的财富，是一种公共产品，有利于提升整个社会的福利水平。一般来说，三种社会资本之间呈现出相互制约、相互促进的关系。

（2）社会资本的构成因素

社会资本的构成要素包括资源、能力、信任、互惠、合作、规范和网络等方面。罗伯特·D. 帕特南曾明确指出：社会资本是指社会组织的特征，诸如信任、规范以及网络，它们能够通过促进合作行为来提高社会的效率。③ 这一界定清楚地揭示了社会资本的主要构成因素。

其一，社会网络。美国学者麦特·里德雷曾形象地描述道：“我们住在城里，大家一起工作，我们犹如蜘蛛，生活在关系网中，与亲人、同事、朋友、上下级等各种人联系甚密。”④ 可以说，这种关系网亦即社会网络，它是社会资本分析的始点，几乎所有研究社会资本的理论学家

---

① 蔡文之．知识管理的新维度：企业社会资本的构建与管理［J］．图书情报工作，2009，53（6）：87-90.

② 朱国宏，桂勇．经济社会学导论［M］．上海：复旦大学出版社，2005：178.

③ ［美］罗伯特·D. 帕特南．使民主运转起来［M］．王列，赖海榕，译．南昌：江西人民出版社，2001：195.

④ ［美］麦特·里德雷．美德的起源：人类本能与协作的进化［M］．刘珩，译．北京：中央编译出版社，2003：7-8.

都将社会网络作为分析的中心，有些人甚至直接从社会网络的角度来诠释社会资本。[①] 社会网络，是人与人之间的连接，这种连接是开放的，随着新的节点的形成和加入，网络可以向外扩展。罗伯特·D. 帕特南认为：网络是社会资本的基本组成部分，它有利于促进共同体内社会信任和互惠规范的产生，从而有利于网络内行动者为了共同利益而合作。[②] 企业的存续与发展就是网络的构建与拓展的过程，而企业社会责任的履行正是对企业生存网络的维护。

其二，规范或制度。规范是组织、网络或社群为促进合作而对其成员构成约束力的正式或非正式要求。埃莉诺·奥斯特罗姆（E. Ostrom）等认为：规范是人类致力于建立秩序和增加社会结果的可预测性的努力的结果，规范能够被用来增加许多个体的福利。[③]需要强调的是，在规范体系中，互惠是一种原则性规范，在规范体系中其地位举足轻重，可以说是最重要的，甚至法律规范也可以理解为是对互惠规范的维护。罗伯特·D. 帕特南明确指出：互惠是规范最为重要的一种。[④]唐·科恩（D. Cohen）和劳伦斯·普鲁萨克（L. Prusak）也认为："互助和互惠是所有社会网络的基础……如果你在社会网络中不仅仅是为了自己从中得到好处，那么你的社会网络会更有价值、更活跃。"[⑤] 企业社会责任究其实质正是对企业所及关系中互惠规范的践行，且其中也确实蕴含对法律规范的恪守。

其三，信任。信任毫无疑问是社会资本一个极其重要的构成因素，尼克拉斯·卢曼（N. Luhmann）把信任看作简化社会交往复杂性的一个重要机制，他指出：信任通过超越可用的信息，以及把行为期待一般化

---

① ［美］唐·科恩，劳伦斯·普鲁萨克. 社会资本：造就优秀公司的重要元素［M］. 孙健敏，黄小勇，姜嬿，译. 北京：商务印书馆，2006：72.

② ［美］罗伯特·D. 帕特南. 使民主运转起来［M］. 王列，赖海榕，译. 南昌：江西人民出版社，2001：203-204.

③ 周红云. 社会资本理论述评［C］//中央编译局当代马克思主义研究所. 当代学术论丛（第一辑）. 北京：中央编译出版社，2003：208.

④ ［美］罗伯特·D. 帕特南. 使民主运转起来［M］. 王列，赖海榕，译. 南昌：江西人民出版社，2001：201.

⑤ ［美］唐·科恩，劳伦斯·普鲁萨克. 社会资本：造就优秀公司的重要元素［M］. 孙健敏，黄小勇，姜嬿，译. 北京：商务印书馆，2006：75.

(其中以内在有保证的安全感取代缺失的信息)，可降低社会复杂性。[①] 安东尼·吉登斯（A. Giddens）认为：现代性的降临，时空分离的出现与日益加剧，使我们对诸多社会现象缺乏完全的或完整的知识和信息，这就导致了对专家系统的依赖及其对其信任的需要。[②] 此外，现代社会的风险与相互依存也增加了对社会协作的需要，而社会协作的基础是基于彼此间起码的信任。在这一点上，美国学者弗兰西斯·福山（F. Fukuyama）把信任比作润滑剂，认为它能增进协作，从而使任何一个群体或组织的运转变得更为有效。从现实来看，信任是人类的一种基本需求。人们都期待自己与雇主、同事、客户、供应商、股东、朋友以及其他人之间存在信任这种重要的要素。[③] 企业社会责任的履行在某种意义上可以理解为企业内外多维关系中信任的修复、培养和发展的过程。

（3）社会资本的回报与投资

社会资本可以为所有者带来回报，其积极意义是明显的，如詹姆斯·S. 科尔曼认为，社会资本“有利于处于某一结构中的行动者——无论是个人还是集体行动者——的行动”[④]。对于个人来说，韦恩·贝克指出：良好的社会关系网络可以带来快乐、满足和有意义的生活，还能促进身体健康、延长寿命。[⑤]对于组织来说，作为一种资本形态，社会资本能产生经济收益。从某种意义来讲，这一点是很明显的：没有社会资本，组织根本无法正常运转。[⑥] 韦恩·贝克也指出：实实在在的证据证明，社会资本能够促进企业的业绩。[⑦]社会资本对所有者或组织的回报使社会资

---

① 林聚任，等. 社会信任和社会资本重建——当前乡村社会关系研究［M］. 济南：山东人民出版社，2007：139.

② ［英］安东尼·吉登斯. 现代性的后果［M］. 田禾，译. 南京：译林出版社，2000：23-25.

③ ［英］萨利·毕培，杰里米·克迪. 信任：企业和个人成功的基础［M］. 周海琴，译. 北京：经济管理出版社，2006：17-18.

④ 周红云. 社会资本理论述评［C］//中央编译局当代马克思主义研究所. 当代学术论丛（第一辑）. 北京：中央编译出版社，2003：198.

⑤ ［英］韦恩·贝克. 社会资本制胜：如何挖掘个人与企业网络中的隐性资源［M］. 王晓冬，译. 上海：上海交通大学出版社，2002：23.

⑥ ［美］唐·科恩，劳伦斯·普鲁萨克. 社会资本：造就优秀公司的重要元素［M］. 孙健敏，黄小勇，姜嬿，译. 北京：商务印书馆，2006：13-14.

⑦ ［英］韦恩·贝克. 社会资本制胜：如何挖掘个人与企业网络中的隐性资源［M］. 王晓冬，译. 上海：上海交通大学出版社，2002：22.

本的投资成为必要，对于以资本增值为主要取向的企业来说更是如此。依据社会资本的基本要素，对社会资本的投资主要体现为改善网络关系、恪守互惠规范和提升信任水平。

2. 企业家社会资本的教育增益

依据对社会资本的上述理解，个体的社会资本可以通过改善信任关系、营建社会网络、遵循组织规范来获得增益。由于社会资本的个人特质依赖性，对于企业来说，作为核心人物的企业家的社会资本对企业的发展至关重要，虽然企业家的社会资本不等于企业的社会资本，但罗纳德·S. 伯特认为："个人的社会资本集合成组织的社会资本……一些'呼风唤雨'的人……他们代表了这个公司的社会资本。"①既然如此，企业家社会资本的培育就显得尤为重要，而企业家社会责任观念教育在这一过程中发挥着极为重要的推动作用。

（1）为网络的拓展构建平台和路径

依据上文对社会资本构成要素的分析可知，社会网络是社会资本构建和拓展的重要影响因素，对个体或组织的目标实现来说，关系网络构成了"路径依赖"，其价值举足轻重、无可替代，几乎"所有社会资本理论的基本信条都是（视）社会网络是每个人都可以拥有的一种最强有力的资本之一"②。甚至可以说，社会网络的深度、稳固性和持久性决定着个人和组织过去、现在与未来的机遇及其成就水平。唐·科恩和劳伦斯·普鲁萨克曾举例说，在斯坦福大学读工商管理硕士的学生要比攻读哲学博士学位的学生的社会活动多得多。"这种现象反映了大部分商学院学生和社会学学生的根本差异。斯坦福的学生们都明白在社会网络上的投入是以后成功的基础。……他们（商学院的学生）很清楚自己在那儿就是为了建立社会网络。"③因此，"不要总是探询为什么交易总在高尔

① 周红云. 社会资本理论述评［C］//中央编译局当代马克思主义研究所. 当代学术论丛（第一辑）. 北京：中央编译出版社，2003：197.

② ［美］唐·科恩，劳伦斯·普鲁萨克. 社会资本：造就优秀公司的重要元素［M］. 孙健敏，黄小勇，姜嬿，译. 北京：商务印书馆，2006：76.

③ ［美］唐·科恩，劳伦斯·普鲁萨克. 社会资本：造就优秀公司的重要元素［M］. 孙健敏，黄小勇，姜嬿，译. 北京：商务印书馆，2006：76.

夫球场上完成的原因，而是要想办法走进高尔夫球场”①。

从某种意义上可以说，以企业家为指向的企业社会责任观念教育也是要构建平台的，在这一平台中可能会汇集来自诸多企业的经营管理精英、职能部门组织管理人员、杰出的教育工作者（这些人中有些身兼数职，长期在企业管理和教育岗位之间来回穿梭）等，这就为企业家的网络拓展提供了重要的形式平台（图 3-8），因而在一定程度上可以理解为是使企业家“走进高尔夫球场”的重要路径。

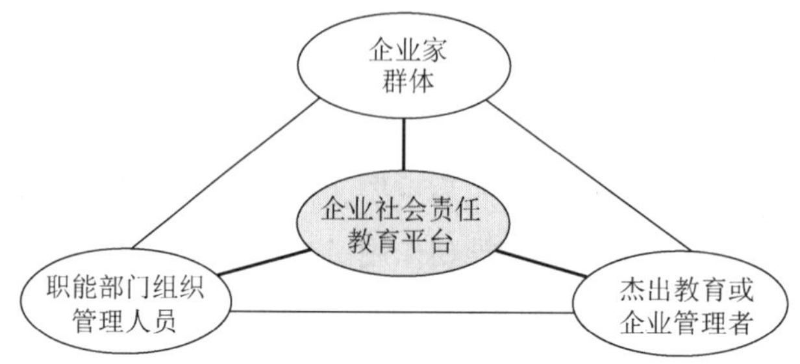

图 3-8　企业家社会责任教育为企业家网络拓展提供平台

同时，企业家社会责任教育引导和推动企业经营者在企业社会责任决策过程中采取积极的态度，这又将在更广泛的意义上改善企业家与多维利益相关者之间的网络关系（图 3-9），这些网络关系将因企业对企业社会责任的积极态度和有效履行而获得改善或拓展。

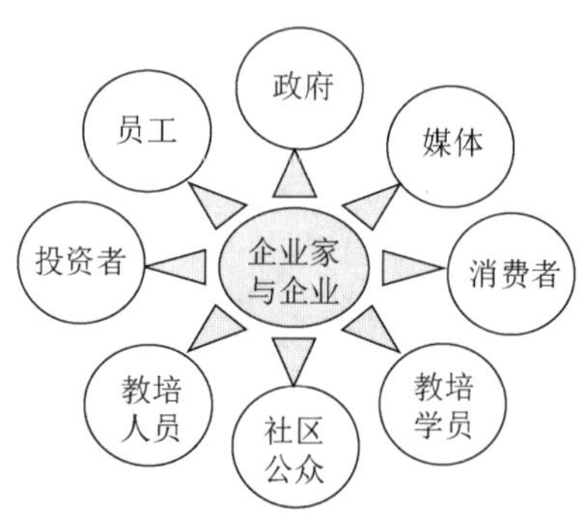

图 3-9　以企业社会责任为纽带的企业家与企业网络关系

① ［美］唐·科恩，劳伦斯·普鲁萨克．社会资本：造就优秀公司的重要元素［M］．孙健敏，黄小勇，姜嬿，译．北京：商务印书馆，2006：77.

（2）引导恪守基本规范

规范也是社会资本重要的构成要素，网络行动者只有遵循规范，才能增进互信，成为网络节点中的稳定成员，从而使分享社会网络中的潜在资源成为可能。从内容上理解，社会资本中的规范要素主要包括互惠、责任、情感等。据此，企业家社会责任观念教育主要是通过促进企业经营者恪守下列规范或推动如下行为的实践，以发挥其在企业家社会资本建构中的作用。

其一，网络行动者行为的互惠性。由于互惠是规范最为重要的一种①，因此信任与社会网络最终能否转化和升格为资本，在很大程度上取决于网络行动者行为是否具有互惠性，这种互惠性可以是现实即得的或潜在预期的，可以是物质的，也可以是精神的，以最终达到网络行动者之间利益的相对均衡，长期的单方面受益可能会侵蚀网络行动者彼此的信任，而这将导致社会资本的萎缩。其二，网络行动者对责任的承担。责任是网络成员间关系存在的基本形式，可以肯定的是，几乎所有的关系都蕴含着特定的责任。在最简单的双边关系中，关系双方对对方责任的承担可以理解为一种互惠。企业家社会责任观念教育引导企业家注重推动企业在发展过程中积极履行社会责任，也是着意于推动企业遵循社会资本中的互惠规范。这样，教育其实架起了桥梁，促成了企业价值理念（社会责任观）与社会资本要素（互惠规范）之间的相互融通、相互促进，从而对企业社会责任和企业社会资本同时产生积极地推动，如图 3-10 所示。其三，网络行动者情感的投入。情感既是行为互惠与责任承担的前提，又是其必然的结果，而一旦基于情感的网络关系得以形成，情感就会进一步强化彼此的互惠意识与责任感，甚至使网络的连接在一定程度上超越物质上的功利诉求。没有情感参与的互惠就会沦为赤裸裸的物质利益交换，而没有情感参与的责任也将难以持久。

① ［美］罗伯特 · D. 帕特南 . 使民主运转起来［M］. 王列，赖海榕，译 . 南昌：江西人民出版社，2001：201.

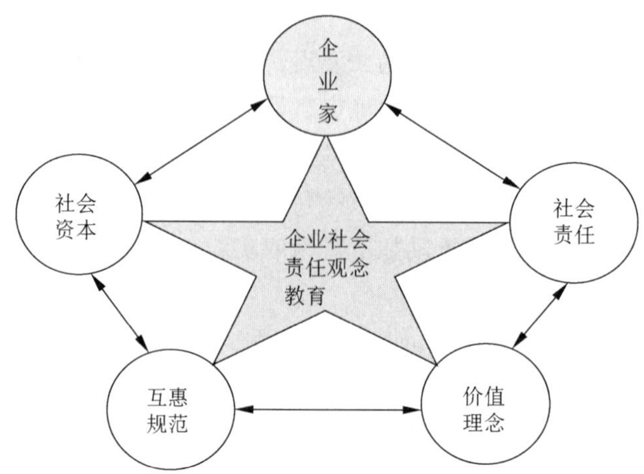

图 3-10　企业家社会责任教育对企业社会责任和企业社会资本的推进关系

（3）培育与提升信任水平

信任是实质性合作的前提条件，它能降低交易成本、减少摩擦，并为其他社会资本提供发挥作用的平台。①拉里·雷诺兹（L. Reynolds）曾直截了当地指出：信任可以决定企业的存亡。②信任存在于关系网络中，对企业家而言，这种关系网络是复杂多维的，主要发生在企业家与企业员工、投资者、消费者、社区公众、金融机构、政府部门等之间。信任就是被深深嵌入在这些双边或多边关系之中，并构成"其他收益的来源"。可以说，正是信任使社会资本获得了生命，缺失信任，社会资本就会萎缩直至衰亡。

从企业家的角度来讲，以企业家对企业社会责任实践的推动为行为基础，企业家如果不能有效和持久地推动企业履行对利益相关者最基本的社会责任，企业家与企业的社会责任形象与声誉就会受到削弱，存在于企业家与诸多关系间的信任就会受到威胁和贬损。因此，从"责任"到"信任"，其间存在着微妙的关系。首先，责任的履行是信任产生的前提和基础，是信任形成的基本条件。由于各种关系都蕴含着权益与义

① ［美］唐·科恩，劳伦斯·普鲁萨克．社会资本：造就优秀公司的重要元素［M］．孙健敏，黄小勇，姜嬿，译．北京：商务印书馆，2006：49-50.

② ［英］拉里·雷诺兹．自觉自发：大雁的力量　信任创造绩效［M］．黄河，贾佳，译．广州：广东经济出版社，2006：1.

务关系，而责任又蕴含在义务之中，在一定程度上甚至可以说，责任就是信任，没有对责任的履行，就没有信任的产生，也就不可能产生社会资本。其次，责任水平与信任水平相互关联、相互证明，责任水平高，信任水平就高，反之亦然。最后，信任既可以自我累积、自我强化，也可以巩固、强化对责任的承担。基于这样的理解，对于企业家来说，信任的培育与生成的重要方面是教育、引导和鼓励企业家积极推动企业对社会责任的履行，从而改善企业家与企业在多维关系中的形象，增强被信任的、可信任的水平。

那么，企业家社会责任观念教育何以培育信任？其一，引导企业家进行自我认识，树立正确的价值观。萨利·毕培（S. Bibb）等认为：要成为一名受人信任的领导者，需要清醒地认识我们的价值观是什么。[①]如果没有值得尊敬的价值观，就不能创建信任。[②] 也就是说，令人信任的价值观是企业家在企业多维关系中获得信任的前提和基础。其二，引导企业家承担责任并促进企业承担社会责任。受到信任的领导者，他们能承担责任，他们真正将组织和员工的最高利益摆在心里。[③]对企业家来说，其职权和位置就决定了其必须承担起推动企业社会责任实践的决策责任，唯有如此，企业家才能在企业内外使自己和企业的信任形象获得加分。其三，引导企业家尊重和维护组织和员工的利益。真正将组织和员工的最高利益摆在心里的领导者，员工也会把他摆在心里，并对其产生由衷的信任，并可能产生通过努力工作对这种关切和信任给予回报的意愿或行动。其四，引导企业家树立诚信意识。不言而喻，诚信是获得他人信任的基础，缺乏诚信的领导者决不能获得其员工的信任。[④]

3. 企业社会资本的教育提升

对企业来说，社会资本是成功的最后决定者[⑤]。因此，培育、改善

---

① ［英］萨利·毕培，杰里米·克迪．信任：企业和个人成功的基础［M］．周海琴，译．北京：经济管理出版社，2005：70.

② ［英］萨利·毕培，杰里米·克迪．信任：企业和个人成功的基础［M］．周海琴，译．北京：经济管理出版社，2005：172.

③ ［英］萨利·毕培，杰里米·克迪．信任：企业和个人成功的基础［M］．周海琴，译．北京：经济管理出版社，2005：72-73.

④ ［英］萨利·毕培，杰里米·克迪．信任：企业和个人成功的基础［M］．周海琴，译．北京：经济管理出版社，2005：78.

⑤ BUTT R. Structural holes［M］. Cambridge：Harvard University Press，1992：9.

或建构企业社会资本的意义非同寻常。企业家企业社会责任观念教育可在两个层次上培育、改善或建构企业的社会资本：在直接的层次上，企业家社会责任观念教育通过培育企业家社会资本来改善或提升企业的社会资本；在间接的层次上，企业家社会责任观念教育通过培育和建构企业家的企业社会责任意识，从而推动企业社会责任实践来改善或提升企业的社会资本。①

（1）企业内部社会资本的增益

企业内部社会资本主要存在于企业内企业家与企业员工以及企业员工之间的关系网络中，这些关系之间对互惠规范的恪守、对信任的培育有助于企业内部社会资本的形成、改善或提高。在这一点上，企业家社会责任观念教育是通过建构企业家的企业社会责任观念从而推动企业社会责任实践来实现的。企业对员工承担基本的社会责任是遵从互惠规范的表现，也是培育企业内纵向信任关系的必要条件。唐·科恩等也曾强调，责任感不仅可以帮助培养信任，还能培养奉献精神。② 也就是说，作为规范的互惠原则，也是基于企业管理者与企业员工对企业内部其他规范、企业价值观与社会价值观的认同与遵循，从而有助于激发双方共同对企业目标的争取。而基于责任履行所形成的信任关系的确立与巩固，首先可以节约企业的控制与管理成本，虽然强制性的法规和企业内部的强制性规则是必需的，但正如弗兰西斯·福山指出的：以种种法律措施来取代信任，必然造成经济学家所谓的“交易成本”上升。③ 其次可以优化企业的精神文化与人际关系氛围，逐渐形成彼此信任、互惠、合作的企业文化与企业人际关系，以替代严格管制、高度压抑与相互之间的猜忌与不信任，而信任、互惠与合作又是可以实现自身增值和不断累进式增长的，从而进一步推进企业内部社会资本的累积与提升。

（2）企业外部社会资本的改善

企业外部社会资本存在于企业与投资者、消费者、社区公众、上下

---

① ［美］唐·科恩，劳伦斯·普鲁萨克．社会资本：造就优秀公司的重要元素［M］．孙健敏，黄小勇，姜嬿，译．北京：商务印书馆，2006：33-34.

② ［美］唐·科恩，劳伦斯·普鲁萨克．社会资本：造就优秀公司的重要元素［M］．孙健敏，黄小勇，姜嬿，译．北京：商务印书馆，2006：54.

③ ［美］弗兰西斯·福山．信任：社会道德与繁荣的创造［M］．李宛蓉，译．呼和浩特：远方出版社，1998：37.

游企业以及政府等之间的关系网络中，企业对这些关系相关方社会责任的承担是企业遵循互惠规范的现实行动，可以改善企业道德形象，赢得关系相关方对企业的信任，有助于促进企业外部社会资本的改善。企业家社会责任观念教育在这一过程中也是通过引导企业家有效推动企业社会责任实践来发挥自身独特作用的。如果说信任可以节约企业内部的管理控制成本，那么在企业与外部的关系网络中，信任则可以节约交易成本。

对企业来说，企业在这些关系网络节点中的行为不是具体的一次性行为，信任可以促进企业与外部利益相关者之间的重复博弈。因此，基于责任承担而形成的企业外部社会资本是企业重要的无形资产，如果企业连基本的责任都不能履行，甚至极力逃避，那么企业外部关系中的信任、互惠、合作就难以确立，企业外部的网络关系也会遭受破坏。

企业社会责任水平、信任水平、网络关系与企业社会资本之间的相关关系如图 3-11 和图 3-12 所示。在图 3-12 中，社会网络、信任、企业社会责任（互惠规范）沿箭头方向表示其水平逐渐提高，三维立体空间大小表示企业社会资本水平高低，即企业社会资本既与三者中的单因素呈现出一定程度的正相关，又与双因素平面或三因素构成的立体空间大小呈现出正相关。

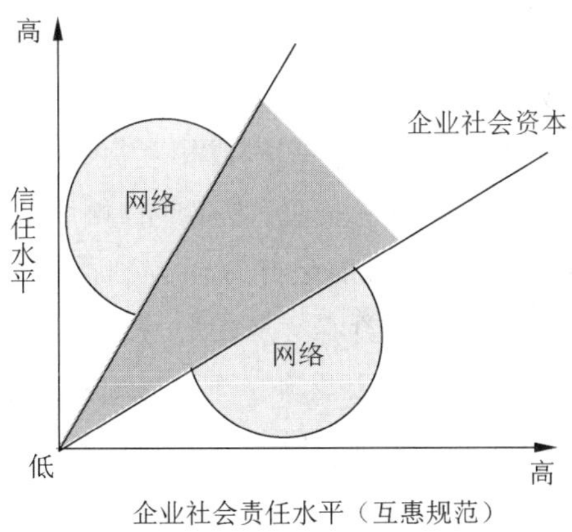

图 3-11　企业社会责任与社会资本的关系

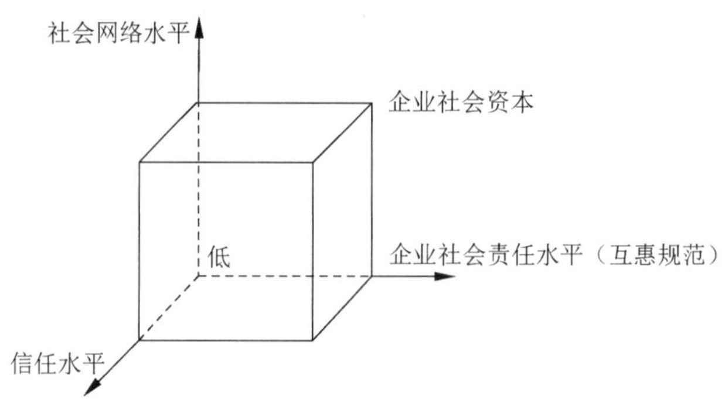

图 3-12　企业社会责任与社会资本的三维关系

（3）社会责任与社会资本之间的循环强化

依据上述分析，企业社会责任的履行有利于企业社会资本的积聚，从功利主义角度理解，企业社会责任观念教育通过提高企业家企业社会责任意识，以促进企业履行社会责任，而企业履行社会责任的目的是获取利益和社会资本。①在这一点上，功利主义的企业社会责任观是清晰而明确的。当然，这个目的的实现是以企业的社会责任实践所建构的现实网络、信任水平及其互惠规范被遵循的程度为基础的。即企业家社会责任观念教育通过建构企业家和企业的伦理价值观，引导企业出于伦理自觉而主动履行企业社会责任，这可以增强和巩固基于信任的企业社会网络，有助于改善和提升企业社会资本，从而为企业持续生存与发展奠定基础，其间的关系如图 3-13 所示。图 3-13 清楚地表明，企业履行社会责任与企业社会资本的集聚提升之间构成相互促进、相互强化的循环机制。在这一点上，T. Maak 则从责任型领导的角度表达了相似的意思（图 3-14），即“责任型领导可能会导致多方利益相关者价值网络的创造，这个价值网络会增强社会资本，从而对持续的商业发展和共同的利益做出贡献。由此，产生了责任型领导—履行社会责任（考虑各方利益相关者）—建立社会资本—保证持续发展和利益共享的理论框架”②。

---

① 宋继文，孙志强，蔚剑枫．责任型领导与企业社会资本建立：怡海公司案例研究［J］．管理学报，2009，6（7）：988-994.

② 宋继文，孙志强，蔚剑枫．责任型领导与企业社会资本建立：怡海公司案例研究［J］．管理学报，2009，6（7）：988-994.

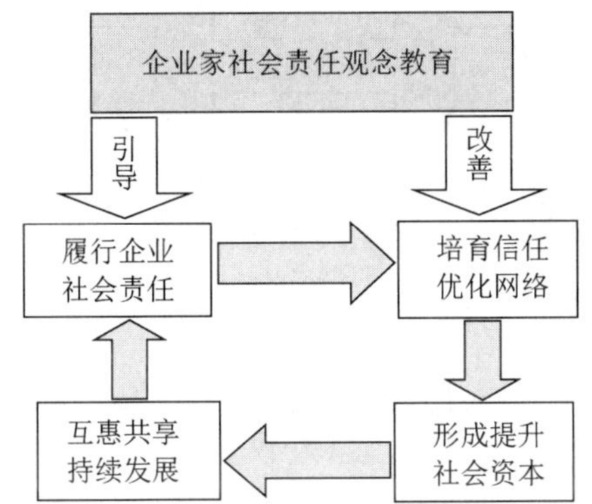

图 3-13　企业履行社会责任与企业社会资本相互促进、相互强化的循环机制

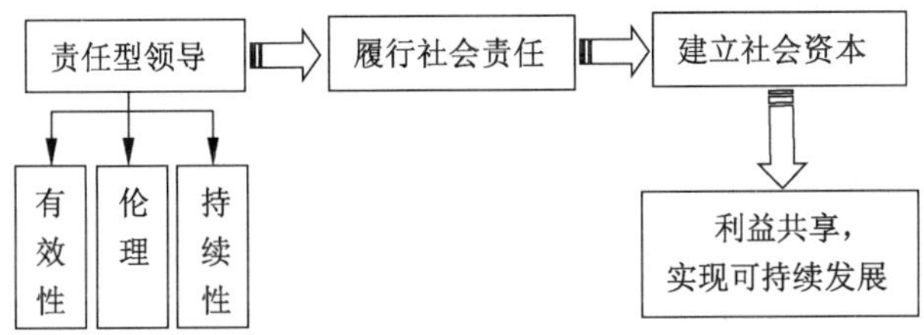

图 3-14　责任型领导与企业社会责任、企业社会资本建构关系图①

综合上述分析，企业社会责任观念教育通过建构企业家企业社会责任意识，有助于推动企业承担社会责任，有利于企业与各利益相关方之间建立互惠合作的关系网络，从而实现从社会责任单纯的伦理考量、道德推动到社会资本改善的现实利益推动的跃升，促使企业履行社会责任由一种企业外部的压力和呼吁转化为企业内部的动力和发展需要。教育在这个过程中发挥的作用主要从三个角度展开：① 网络的改善与拓建；② 信任的培育与提升；③ 企业价值观与社会资本互惠规范的相互整合与相互建构（图 3-15）。企业家企业社会责任观念教育对企业社会责任的倡导同时意味着对社会资本互惠规范的宣扬，并促使二者相互融合，共同整合到企业的价值观中。

① 宋继文，孙志强，蔚剑枫．责任型领导与企业社会资本建立：怡海公司案例研究[J]．管理学报，2009，6（7）：988-994.

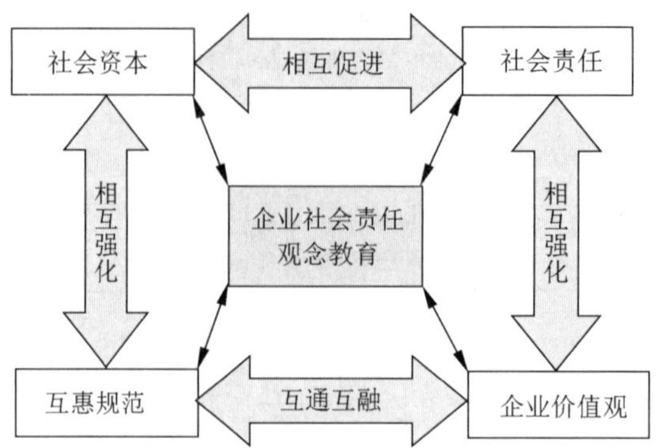

图 3-15 教育对企业价值观与社会资本互惠规范的相互整合与相互建构

本章小结

企业家社会责任观念教育有其深厚的思想理论基础，主要表现为作为教育指导性理论的马克思主义相关理论观点、作为教育工具性理论的态度转变理论与嵌入理论、作为教育价值性理论的道德资本理论与社会资本理论。认识与实践的关系理论、人的全面发展理论与和谐社会理论构成了企业家社会责任观念教育的理论依据、行动准则和实践指南，是开展此项教育的指导性理论和理论基石；态度转变理论与嵌入理论构成企业家社会责任观念教育实现企业社会责任观念构建与借以实施的重要工具性理论。前者主要解释由教育过程实现企业社会责任观念构建、态度转变与推动企业社会责任行动的个体内在心理机制，后者主要解决在教育过程中以何种形式实现稳定存在和有效推进的实施路径问题；企业家在教育过程中对态度对象“企业社会责任观念”的价值判断或意义考量将直接影响其态度乃至行为取向，对于企业家社会责任观念教育来说，这种价值和意义是明确而肯定的，主要表现为企业家与企业道德资本的集聚及社会资本的改善，道德资本理论与社会资本理论较好地回答了这样一种价值关注与意义考量，从而构成此项教育的价值性理论。

第 4 章　企业家社会责任教育的动力分析

动力是指事物运动、变化、发展的推动力量，企业家社会责任观念教育的动力是指推动此项教育生成、持续、发展的各种力量的总和。从构成来看，这些动力主要表现为基于制度安排形成的驱动力（制度驱动力）、基于教育价值形成的驱动力（价值驱动力）与基于观念进步形成的驱动力（观念驱动力），如图 4-1 所示。

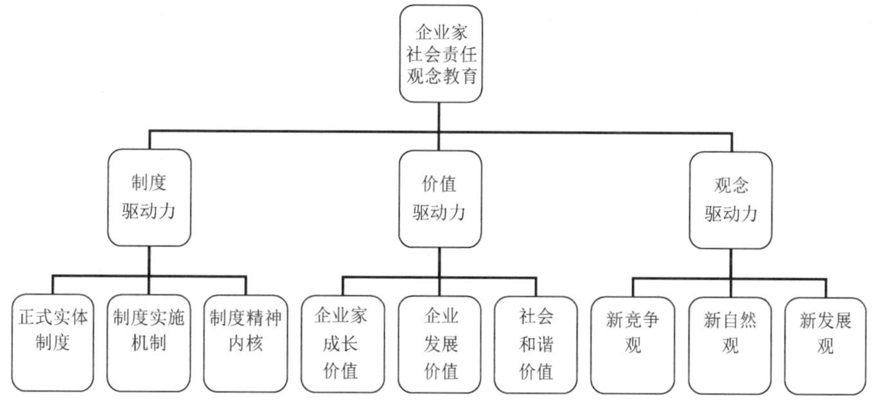

图 4-1　企业家社会责任观念教育系统动力群结构

4.1　制度驱动力

邓小平认为：制度问题更带有根本性、全局性、稳定性和长期性。[①] 企业家社会责任观念教育的实践生成首先是基于制度安排形成的动力推动，因此发掘制度驱动力对促成和发展此项教育至关重要。就制度驱动力而言，又包括正式实体制度及其实施机制的安排设计与制度精神内

① 邓小平. 邓小平文选（第二卷）[M]. 北京：人民出版社，1994：333.

核——意识形态要素的引导推动。

4.1.1 制度的内涵及其构成要素

西方早期制度主义学派创始人托斯丹·B. 凡勃伦（T. B. Veblen）认为“今天的制度——也就是当前的公认的生活方式”[①]，而“集体的公认的生活方式所体现的是，集体中各个人对人类生活怎样才是正确、善良、合宜和美化的见解上的一致”[②]。约翰·R. 康芒斯（J. R. Commons）认为：制度是集体行动控制个体行动，这种对一个人的行为的控制，其目的和结果总是对其他的个人有益。[③] 方法论整体主义者倾向于集中考察社会“力量”（制度、社会惯例等）如何制约个人行为[④]，认为“个人是要被培养成既定规范接受者的。当他们使那些规范内部化的时候，他们就成了社会化的人”[⑤]。新制度学派代表人物道格拉斯·C. 诺思（D. C. North）认为：“制度是为约束在谋求财富或本人效用最大化中个人行为而制定的一组规章、依循程序和伦理道德行为准则。”[⑥] 他还告诫：“如果没有约束，我们便置身于霍布斯丛林（指弱肉强食、残酷竞争的社会——译者注）而不可能有文明。”[⑦]

概上所述，制度可以简单地理解为在一定范围内，由国家规定或社会认可的调节人与人、人与社会、人与自然之间关系的一系列法律法规、规章条例、道德、习惯、戒律等具体的规则或规则的总和。这些规则可以分为正式约束（formal constraints，又称正式制度）和非正式约束（informal constraints，又称非正式制度），它们在某种实施机制的作用下，

① ［美］凡勃伦．有闲阶级论：关于制度的经济研究［M］．蔡受百，译．北京：商务印书馆，1964：140.

② ［美］凡勃伦．有闲阶级论：关于制度的经济研究［M］．蔡受百，译．北京：商务印书馆，1964：142.

③ ［美］康芒斯．制度经济学上册［M］．于树生，译．北京：商务印书馆，1962：87-88.

④ ［英］马尔科姆·卢瑟福．经济学中的制度：老制度经济学和新制度经济学［M］．陈建波，郁仲莉，译．北京：中国社会科学出版社，1999：33.

⑤ ［英］马尔科姆·卢瑟福．经济学中的制度：老制度经济学和新制度经济学［M］．陈建波，郁仲莉，译．北京：中国社会科学出版社，1999：35.

⑥ ［美］道格拉斯·C. 诺思．经济史上的结构和变革［M］．厉以平，译．北京：商务印书馆，1992：227-228.

⑦ ［美］道格拉斯·C. 诺思．经济史上的结构和变革［M］．厉以平，译．北京：商务印书馆，1992：229.

对置身特定社会的人们的思想和行为产生约束和引导，以形成符合国家、社会或组织价值取向的生产生活秩序。依据这样的理解，企业家社会责任教育的制度驱动力量可以从特定社会的正式制度、非正式制度以及实施机制中发掘与探寻，这些制度或机制就是我们当前公认的生活方式的体现，是社会力量制约个人力量以实现对其他的个人有益的方式，也是超越"霍布斯丛林"以实现人的文明化生存的重要路径，这些制度或约束共同作用，形成制度合力，使此项教育由此具有正式实体制度、制度实施机制与制度精神内核的有力推动。

4.1.2　正式实体制度及其实施机制驱动力

正式实体制度是人们在长期的社会实践过程中有意识创制的各种具体的实体制度，它们通常是"由统治共同体的政治权力机构自上而下地设计出来、强加于社会并付诸实施的"①。孙其昂认为：社会制度的构成要素主要包括基础理论、规则系统、组织系统、设备系统与内化制度的人五个方面②。这些方面独特的内涵与特定的组合结构形成不同的制度形式，从层次上讲，这些制度形式主要包括：① 宏观社会形态层面上的社会制度，如社会主义制度；② 中观社会体制层面上的社会制度，如教育制度；③ 微观社会组织层面上的规章制度，如企业管理制度。在这些制度中，对企业家社会责任观念教育构成制度动力的实体制度及其实施机制主要体现为社会主义基本制度、思想政治教育制度、企业家进修培训制度等，这些制度构成制度动力群，形成从微观到中观再到宏观的动力支持系统，共同推动此项教育的实践与持续发展。

1. 社会主义制度构成根本动力

社会主义制度在中国的确立是一种历史必然，具有客观必然性，同时又具有价值合理性。作为中国社会最根本的制度安排，它是其他一切具体制度设计的基础，要发掘企业家社会责任教育的根本动力，应当从社会主义制度中寻找。

首先，社会主义制度的价值诉求是对具体制度设计所形成的基本依据和根本动力。在遥想未来社会时，马克思、恩格斯曾认为，这样的社

---

① ［德］柯武刚，史漫飞．制度经济学：社会秩序与公共政策［M］．韩朝华，译．北京：商务印书馆，2000：131.

② 孙其昂．社会学视野中的思想政治工作［M］．北京：中国物价出版社，2002：46-48.

会是以每个人的全面而自由的发展为基本原则的社会[①]，在这样的社会里，已经积累起来的劳动只是扩大、丰富和提高工人生活的一种手段[②]。马克思、恩格斯这些论述所蕴含的对社会主义价值理想的期待，为他的中国继承者一以贯之地所遵循和坚持，如毛泽东提出的“全心全意为人民服务”，其价值指向是人民；邓小平把“人民拥护不拥护”“人民赞成不赞成”“人民高兴不高兴”“人民答应不答应”作为出发点和归宿，其价值观是“以人民为价值主体和评价主体”[③]；江泽民提出的“代表中国最广大人民的根本利益”，其价值归宿是人民；胡锦涛提出的发展观上的“以人为本”等思想，“就是在经济的发展、社会的进步活动中，要充分体现人的发展，确立人的主体地位，满足于人的各种需要，重视人的合理要求，关注人的生存和发展，尊重人的情感，维护人的尊严，实现人的价值等”[④]。习近平提出的以人民为中心、坚持人民至上的思想[⑤]，都集中且一脉相承地体现了社会主义的价值要求，正是这种一以贯之的价值诉求，为一切价值取向有利于人民社会事业的形成与发展提供了最基本的基础和根本的动力。也就是说，社会主义制度的价值诉求为当代中国一切旨在促进发展、推动进步的具体的制度设计、教育安排、文化构建等奠定了最基本的基础，提供了最根本的动力。企业对其员工、消费者和社区公众等基本权益的维护与尊重以及对其社会责任的全面承担，是实现这种价值诉求的具体体现和必然要求。因此，社会主义制度构成了企业家社会责任观念教育的根本动力。

其次，企业劳动者的实际状况与社会主义价值诉求及企业社会责任价值要求之间的差距产生的张力形成了动力。马克思曾深刻揭示了工业无产阶级的劳动状况和生存境况，他们“在自己的劳动中不是肯定自己，而是否定自己，不是感到幸福，而是感到不幸，不是自由地发挥自

---

① 马克思，恩格斯．马克思恩格斯全集（第二十三卷）［M］．北京：人民出版社，1979：645.

② 马克思，恩格斯．马克思恩格斯全集（第一卷）［M］．北京：人民出版社，1995：266.

③ 龙佳解，曹健华．当代中国社会主义的哲学思考［M］．长沙：中南工业大学出版社，2000：115.

④ 刘冰．“以人为本”思想论纲：中国特色社会主义价值取向研究［M］．长春：吉林人民出版社，2008：20.

⑤ 中共十九届六中全会在京举行［N］．人民日报，2021-11-12（1）．

己的体力和智力，而是使自己的肉体受折磨、精神遭摧残。因此，工人只有在劳动之外才感到自在，而在劳动中则感到不自在”①。而且，工人生产得越多，他就越变成廉价的商品，“物的世界的增值同人的世界的贬值成正比”②。马克思指出：“在资本主义体系内部，一切提高社会劳动生产力的方法都是靠牺牲工人个人来实现的；一切发展生产的手段都变成统治和剥削生产者的手段，都使工人畸形发展，成为局部的人，把工人贬低为机器的附属品，使工人受劳动的折磨，从而使劳动失去内容，并且随着科学作为独立的力量被并入劳动过程而使劳动过程的智力与工人相异化。”③一个多世纪以来，工人的劳动状况与生存境况与马克思时代已不可同日而语，尤其是在社会主义条件下，企业劳动者的境遇已有了根本的改变，但在社会主义初级阶段，劳动者在劳动中“肉体受折磨、精神遭摧残”、提高社会劳动生产力“靠牺牲工人个人来实现”、工人的劳动条件恶劣、工人畸形发展等现象并没有完全消除，在一定程度上工人的基本权益还是得不到保障。工人的如此境遇既与历史进步的趋势背道而驰，也与社会主义的基本价值要求及现代企业社会责任的基本价值理念相去甚远。由此，实然和应然之间就有了相当大的差距，正是因为这种差距产生了“张力”，在某种意义上，这种张力就是一种动力，也正是因为这种差距、张力所形成的现实动力驱动，所以要求通过企业家社会责任观念教育来提高企业决策者的企业社会责任意识水平，从而有效推动企业社会责任的决策与实践行动，努力改善工人的劳动状况和生存境况，以期逐渐缩小工人的劳动状况与生存境况实然与应然之间的差距，也逐渐实现企业社会责任的伦理要求，并逐渐趋近社会主义的价值诉求。

2. 思想政治教育制度构成现实动力

思想政治教育制度是在中国革命、建设和改革过程中逐渐形成并日益发展完善起来的。20 世纪 80 年代以来，日益规范化、制度化的思想

---

① 马克思，恩格斯．马克思恩格斯全集（第四十二卷）［M］．北京：人民出版社，1979：93-94.

② 马克思，恩格斯．马克思恩格斯全集（第四十二卷）［M］．北京：人民出版社，1979：90.

③ 马克思，恩格斯．马克思恩格斯全集（第二十三卷）［M］．北京：人民出版社，1972：707-708.

政治教育更是获得了蓬勃地发展。“由统治共同体的政治权力机构自上而下地设计出来、强加于社会并付诸实施的”思想政治教育制度，在道格拉斯·C. 诺思看来是正式制度，而在柯武刚、史漫飞看来却是外生性制度，即“由思想政治教育的对象个体或其所属群体以外的国家、政党、学校及其他社会组织设计，并通过一定的正式方式强加于这个共同体之上的制度形式”①。这些外生性的制度体系被清晰地制定在法规和条例之中，并要由一个诸如政府那样的权威机构来正式执行。②孙其昂也认为，思想政治工作制度应由权力机关明文规定。③

在马克思主义经典作家看来，思想政治教育实际上是指一种为“政治”服务的意识形态教育④，是统治阶级“为了达到自己的目的而不得不把自己的利益说成是社会全体成员的共同利益”以及把自己的思想“描绘成唯一合理的、有普遍意义的思想”⑤的自觉或不自觉的选择。列宁指出：“在各方面的教育工作中，我们都不能抱着‘教育不问政治’的旧观点，不能让教育工作不联系政治。”⑥这句话表明，除了专门的教育以外，思想政治教育还以多种形式嵌入了其他学科教育以及其他更广泛的社会教育之中。如毛泽东曾强调：“思想政治工作，各个部门都要负责任。共产党应该管，共青团应该管，政府主管部门应该管，学校的校长教师更应该管。”⑦在长期的工作实践中，思想政治教育逐步形成了内容丰富、形式多样、层次有别而又相互联系、相互促进的有机教育系统，尤其是20世纪80年代以来，上下结合、纵横交错、立体交叉、全方位、多角度、多路径、多层次的思想政治教育网络体系已经基本形成，可以说这一教育网络体系现已覆盖人们生产生活的方方面面。

思想政治教育制度的社会结构性存在及其广泛的网络体系对企业家

① 蒋达勇．思想政治教育的制度建构：类型、绩效与启示——基于高校思想政治教育实践的反思［J］．民办教育研究，2009（1）：60-64.

② ［德］柯武刚，史漫飞．制度经济学：社会秩序与公共政策［M］．韩朝华，译．北京：商务印书馆，2004：36-37.

③ 孙其昂．社会学视野中的思想政治工作［M］．北京：中国物价出版社，2002：18.

④ 杨生平，隋淑芬．思想政治教育理论研究［M］．北京：首都师范大学出版社，1999：2.

⑤ 马克思，恩格斯．马克思恩格斯全集（第三卷）［M］．北京：人民出版社，1962：30.

⑥ 列宁．列宁全集（第三十九集）［M］．北京：人民出版社，1990：399.

⑦ 毛泽东．毛泽东著作选读（下册）［M］．北京：人民教育出版社，1986：781.

社会责任观念教育在两个方面构成直接的现实推动：一是思想政治教育本身对公众价值观的建构有利于促进人们对企业社会责任观念所蕴含的价值观的理解、吸收和认同。另外，作为制度化的、系统化的国民教育安排，思想政治教育制度为构建教育对象基本的、正确的价值观奠定了基础。二是思想政治教育相对完整、成熟、系统的制度安排为企业家企业社会责任观念教育提供了现成的、完善的运作体系和机制，诸如主体系统、规则系统、组织系统、设备系统、路径系统、实施系统等。具体来说，其一，思想政治教育可以提供系统而完善的现实网络、平台、路径、载体等。如思想政治教育的网络系统就包括宏观网络与微观网络，其中宏观网络是指在整个社会系统中建立的思想政治教育的网络系统，这一系统覆盖社会、学校和各种组织单位；微观网络是在各种组织或单位中建立的思想政治教育的网络系统，如学校教育系统中的思想政治教育子系统。在党的统一领导和部署下，思想政治教育网络体系在不同层次上相互协调、密切配合，实现着共同的教育目标。其二，思想政治教育可以提供专职化的主体系统，包括决策主体、承运主体、实施主体，以及思想政治教育的专门机构、专职队伍、职业化人员等。其三，思想政治教育可以提供业已运转有效的规则系统，包括思想政治教育的规章制度与思想政治教育的权威表述，主要表现为思想政治教育文件、法规、政策等。其四，思想政治教育可以提供相对完备的设备系统，包括各种物质设施的客观存在等。其五，思想政治教育系统可以提供一套严整有效、规范有序的实施系统，可以确保常态化、日常化的运行与实施。

如今，思想政治教育工作的目标、内容、任务、原则、地位等都有明确的文件或政策规定，思想政治教育管理制度、实施制度、监督制度、评价制度、奖惩制度等都有详尽而规范的操作程序和过程，又由于制度的规范性、长期性、稳定性，从而使得思想政治教育更具有权威性。[①]这些制度设计和制度体系在社会系统中结构性、合法性、现实性的存在，发挥着广泛而显著的社会教育与整合功能。由党统一领导、以教育部门为主实施、由相关部门齐抓共管的思想政治教育工作及其机构，

① 廖扬眉．制度与思想政治教育方法探究［J］．洛阳师范学院学报，2009，28（1）：55-57.

其制度性、结构性、系统性的存在，为企业家社会责任观念教育提供了丰富的资源、强有力的现实平台与立体化的路径体系。由于企业家社会责任观念教育是建构和提升企业家“企业社会责任意识”的思想教育活动，因此思想政治教育的权威性制度、运行机制与现实路径等构成了企业家社会责任观念教育的现实动力。

3. 企业家进修培训制度构成直接动力

企业家的进修培训、教育和再教育，是企业家适应市场环境千变万化与信息日新月异的客观需要。由于“企业家对教育重要性的认识不断提升，对后续教育的热情不断高涨，在各大高校，面向企业家的教育和培训项目持续火爆，很多企业家在紧张的工作之余，长途奔波于学校与企业之间，其学习的热情令人感叹”①。可以肯定的是，越来越多的企业界人士认识到受教育程度的高低是维系现代企业成功与否的一个关键因素。②

今天，重视企业家的教育培训不仅是一种现实需要，也成为当前企业家和教育界的共识。从国际上看，他们通常都比较注重企业家的教育培训。③ 从国内来看，根据中共中央组织部和国家经济贸易委员会早在1996年发布的《“九五”期间全国企业管理人员培训纲要》，我国企业家培训的形式和具体内容如下：第一，岗位适应性短期培训。培训内容涉及国家新出台的法律法规、方针政策以及企业改革与发展的重点和难点问题。第二，定期的工商管理培训。培训内容包括企业财务、市场营销、技术开发、国际贸易与金融、经济法规和人力资源开发等诸多方面。第三，多渠道合作培训。诸如企业家协会、商会、专业学会等民间性的培训机构、社团组织，都可以组织各种形式的培训，作为正规培训的补充。第四，学历教育。如针对企业经营者的MBA、DBA教育。第五，引进国外退休专家进行教学等。④

同时，从教育培训的实施机构或社会团体来看，国外企业家的教育

---

① 唐海滨．非公有制经济深层次问题研究［M］．北京：中国言实出版社，2005：250.

② 史秋衡，王廷芳，武毅英．企业家与高等教育［M］．厦门：厦门大学出版社，1995：147.

③ 藏永昌．职工教育史简明教程［M］．北京：中国劳动出版社，1992：224.

④ 高峰．现代企业家［M］．广州：广东经济出版社，1999：83-84.

培训通常是由多种形式的专门办学机构通过竞争来共同完成这项任务的。[①]而国内企业家的进修培训目前主要有如下几种方式：以高等院校为基地的企业家进修培训、以党校为依托的企业家进修培训、专门机构的企业家进修培训、管理部门的企业家进修培训、企业间协作性机构主持的企业家进修培训。此外，还包括企业管理进修班、知名企业家讲座报告团、组织考察团等方式。这些教育培训在内容上涉及知识更新、专题讲座、适应性强化培训等诸多方面。目前，以工商管理教育为重点的国内企业家教育培训，已日渐形成一套与国际接轨的教育培训体系、专业课程体系、教学师资体系等，尤其是通过 MBA、DBA 的教育与训练，有效地促进了企业家管理素质和思想素质的全面提升。

综合上述分析，目前企业家进修培训体系的广泛存在、企业家进修培训内容的设置，以及企业家进修培训的多种形式、方法、路径等，为企业家社会责任观念教育提供了直接的现实平台，构成了企业家社会责任观念教育的现实机制与直接推动力量，企业家社会责任观念教育的内容、路径等均可以直接嵌入其中，从而实现自身稳定的嵌入性存在与有效的实施和展开。

4. 政策设计构成引领动力

政策是由政府的权力机构自上而下地设计出来、强加于社会并付诸实施的，是特定社会宏观或微观制度的组成部分，具有即时性、价值导向性、权威性与引领性等特点。诸如税收减免政策、用电用水用地倾斜政策、融资信贷优惠政策、市场与行业准入政策等，都是政府引领企业履行社会责任的有效举措，同时也对企业社会责任观念教育构成了显著的引领与推动力。

4.1.3　制度精神内核——意识形态要素驱动力

上述正式实体制度，其精神内核是社会主义意识形态，它构成了系列正式制度的理论基础或指导思想，其中政治法律思想、道德观念、哲学乃至艺术等是其基本的构成要素，它们之间相互联系、相互作用，并与人们在长期的生产、生活和交往实践中形成并得到社会认可的风俗习惯、行为准则等无形地约束在一起，共同对企业家社会责任观念教育

① 上海教育发展战略课题组．上海教育发展战略研究［M］．上海：复旦大学出版社，1988：519.

构成强有力的支持和推动力量。

1. 社会主义意识形态中的政治法律思想构成基础动力

政治法律思想构成企业家社会责任观念教育的基础动力主要表现在两个方面：其一，社会主义政治思想的基本立足点是立足于、落脚于人民，企业社会责任观念教育的目标定位与价值取向与此相一致。“马克思主义的一个基本政治观点：人民群众是实践的主体，他们既是物质财富的创造者，又是精神财富的创造者，是推动社会发展的最终决定力量。因此，政治问题从根本上说，就是对人民群众的态度问题和同人民群众的关系问题。”[①]正如列宁指出的：政治应该是人民的事。[②]江泽民也明确指出：什么叫政治？从根本上说，政治问题主要是对人民群众的态度问题、同人民群众的关系问题。[③]江泽民强调，作为马克思主义的政党，必须坚持“讲实现、维护和发展人民群众利益的政治”[④]。习近平指出：江山就是人民、人民就是江山，打江山、守江山，守的是人民的心。中国共产党根基在人民、血脉在人民、力量在人民。[⑤] 企业家社会责任观念教育的重要内容是企业对人（企业员工、消费者、社区居民、投资者等）的责任教育，其重要目标是推动企业对人的责任的承担，这是推动“实现、维护和发展人民群众利益”“赢得人民信任，得到人民支持”的具体体现和具体举措。其二，社会主义法律尤其是宪法中对公民权利的规定，也直接明确了企业家社会责任观念教育的目标与价值定位。“法律是基于人的需要而产生的规则体系”[⑥]，具体而言，法律是基于人的物质需要、安全需要、爱与归属的需要、尊重的需要、自我实现的需要等而产生的规则体系。[⑦]社会主义法律“坚持以人为本”，致力于维护和推进人的这些需要的实现，体现为宪法确认与保护公民的人身自由权、文化教育权、社会经济权（如财产权、休息权等）等基本权利。

---

① 陈子舜．中华民族伟大复兴的政治支撑：江泽民政治思想研究［M］．南昌：江西人民出版社，2002：8.

② 列宁．列宁选集（第四卷）［M］．北京：人民出版社，1972：370.

③ 江泽民．论党的建设［M］．北京：中央文献出版社，2001：193.

④ 江泽民．论党的建设［M］．北京：中央文献出版社，2001：47.

⑤ 习近平．在庆祝中国共产党成立100周年大会上的讲话［N］．人民日报，2021-07-02（2）.

⑥ 李龙．人本法律观研究［M］．北京：中国社会科学出版社，2006：29.

⑦ 李龙．人本法律观研究［M］．北京：中国社会科学出版社，2006：30-33.

宪法和法律的这些思想为企业家社会责任观念教育并通过这种教育促进企业维护和增进企业员工、消费者、社区公众等的基本权利提供了最基本的法理支持，从而也构成企业社会责任观念教育的基础动力。

2. 社会主义意识形态中的道德观念与艺术内涵构成情感动力

社会主义道德是社会主义调整人们行为规范的总和，其底线和基本要求是关心人的利益、尊重人的尊严，其高层次要求是全心全意为人民服务。首先，社会主义道德把人视为目的，这是社会主义的道德基础，企业是人的聚集地，企业承担社会责任是“把人视为目的”的具体体现。其次，社会主义道德“作为一种社会文明制度，具有导向功能。它为人们提供了行为模式，通过提倡或反对某种行为，把社会所需要的行为模式树立起来，使人们认识自己这个社会角色的道德要求，并有所适从”①。企业家社会责任观念教育正是要使企业家明确自己角色的社会道德要求并有所作为，从而把社会需要的自觉推动企业社会责任的行为模式建立起来。另外，“作为一种社会观念性的控制形式”②，社会主义道德通过广泛渗透到个体的思想深处而发挥其无时无处不在的调节控制作用，这种调节控制是一种深刻的情感调动，通过唤起个体内心深处的情感体验和认同，从而对积极态度的形成与行为实践产生强烈的道德情感支持。也就是说，社会主义道德通过思想道德教育、社会舆论引导、规章制度规约等形式，深刻影响着个体的心理和意识，逐渐形成其善恶观念、情感、态度和价值倾向性，并逐渐沉淀为个体稳定的内心信念与行为取向。社会主义道德关心人、尊重人、把人视为目的的价值理念直接构成了企业家社会责任观念教育的道义上的论证和舆论上的支持。企业社会责任观念较多地倾向于道德观念，企业社会责任观念教育正是要实现社会主义道德基本价值理念的教育、传播与渗透，以推动企业对其道德责任的持续承担。

艺术又何以构成企业家社会责任观念教育的情感动力？艺术是意识形态的重要组成部分，它以情感化、形象化的方式服务于思想上层建筑，服务于人的生产与发展，满足人的精神文化需要。其一，艺术是一

---

① 刘美一．青年伦理学［M］．上海：华东师范大学出版社，1988：186.

② 刘美一．青年伦理学［M］．上海：华东师范大学出版社，1988：186.

项实践活动。“艺术并非一个抽象观念，而是一项人类活动。”① 艺术是人们尊崇美的规律和美的原则对世界进行认识与改造的实践活动。艺术的崇美性旨在推动人积极建构美好的人生与美好的社会，在这一点上，企业社会责任观念教育与其具有相似的意蕴，企业社会责任观念教育通过推动企业社会责任的观念建构与行为实践，旨在建构更加美好的社会与每个个体更加美好的生活。其二，艺术的本质是改善或提高人的生存境况，激发人积极从事社会进步的活动。“艺术的本质、深刻的规律和意义是唤起人的崇高感情，鼓励人从事社会进步的活动，保护人并使人得到提高。”②企业社会责任观念教育正是要唤起教育对象的道德情感与企业社会责任意识，使其得到提高，从而推动企业履行社会责任这样的“促进社会进步的实践活动”。其三，艺术是一种情感化的表达方式，通过情感激发与体验推动人的行为实践。郭沫若认为：艺术的根底，是立在感情上的，感情是有传染性的东西。③ 因此，艺术负载的价值观所形成的动力具有强烈的情感效应，是一种情感动力，而情感的激发与调动又是形成或转变态度的重要前提。基于上述理解，艺术是对人类生产生活“真善美”的诠释与表达，艺术对“真善美”的表达与弘扬蕴含了对美好生活与美好社会的描绘与建构，蕴含了对个体道德情感的激发，并以对道德责任实践的推动为旨归，这将有利于形成企业社会责任观念教育的宏观艺术文化氛围。

3. 社会主义意识形态中的共同理想构成信念动力

共同理想是一定的历史时期，人们在追求自己愿望和利益的过程中所凝聚的共同的目标和期望。一个社会的共同理想通常是由居于统治地位的阶级或政党概括、总结、提炼并倡导的，且一经形成就将构成社会发展进步强大的信念动力。恩格斯曾指出：“无论历史的结局如何，人们总是通过每一个人追求他自己的、自觉预期的目的来创造他们的历史，而这许多按不同方向活动的愿望及其对外部世界的各种各样作用的

---

① ［英］H. 里德．艺术的真谛［M］．王柯平，译．沈阳：辽宁人民出版社，1987：157.

② ［苏］E. Г. 雅科伏列夫．艺术与世界宗教［M］．任光宣，李冬晗，译．北京：文化艺术出版社，1989：254.

③ 郭沫若．文艺论集（汇校本）［M］．长沙：湖南人民出版社，1984：116-117.

合力，就是历史。”① 也就是说，“一种社会理想要成为全社会的共同理想，……还有待于全社会成员对这个社会理想的认可、赞同相接受”②。换言之，社会的共同理想蕴含着个体理想的成分，个体理想的共同部分形成社会的共同理想。企业虽然是一个经济单位，但又不止于此，企业是人与人相互连接而成的社会组织，这种社会组织既承载着企业家的个人理想，又承载着企业员工、消费者、社会公众等的某种理想，即同时承载着社会的部分共同理想。企业家通过企业在实现自我理想的同时，也自觉或不自觉地实现着社会的部分共同理想。企业家社会责任观念教育着意于培养或强化这种自觉意识。从社会的角度讲，当前中国社会的共同理想是建成社会主义现代化强国，实现中华民族的伟大复兴与持续发展，这已成为全民共识和一种民族信念。从个人的角度讲，在这种社会理想的实现过程中，要求经济社会发展的成果能相对公平地为全体人民所分享，实现全体人民共同富裕，切实尊重和保障人民群众的基本权益，不断地改善和提高人们的物质精神文化生活水平。企业家企业社会责任观念教育通过促进企业社会责任观念建构与企业社会责任实践行动，以推动企业员工、消费者、社区公众等基本权益的不断改善和提高，这是实现社会共同理想的具体环节、具体过程和具体体现。因此，当前中国社会的共同理想构成企业家社会责任教育的强有力的信念动力。

4.2　价值驱动力

通过对诸多社会现象和社会实践活动的研究分析发现，价值问题始终是人们绕不开的话题。早期的西方价值哲学流派视价值为现实或世界的意义，或某个主体加给世界之“有意义”的“规范”。③ 马克思认为价值的产生是同人们的需要相联系的：“价值这个普遍概念是从人们对

---

① 马克思，恩格斯．马克思恩格斯选集（第四卷）［M］．北京：人民出版社，1995：248.

② 姚亚平．社会精神资源的整合与开发：论当代中国社会的共同理想［M］．南昌：江西人民出版社，2002：4.

③ 项久雨．思想政治教育价值论［M］．北京：中国社会科学出版社，2003：33.

待满足他们需要的外界物关系中产生的。"[①] 也即是说，价值是指处在一定社会关系中的人在同外界发生具体联系的过程中，事物的那种能够满足人的需要、对人有意义的客观属性，其基本的衡量尺度是主体的需要、期望、利益等。价值在其内部结构上包含价值主体、价值客体与价值创造活动（创价活动）三个基本要素。[②] 依据这样的理解，企业家企业社会责任观念教育作为一种客观的教育实践活动（创价活动），其价值主体可分为个体主体和群体主体。前者主要是指企业家个体，后者主要是指企业和社会，企业和社会都是由人相互连接、相互作用而形成的群体。在群体主体层面上，企业家社会责任观念教育的创价活动是通过企业家这个"中间变量"的管理与决策活动而推动实现的。具体来说，企业家社会责任观念教育这一创价实践活动可以实现企业家的成长价值、企业的发展价值与社会的核心价值，如图 4-2 所示。正是这样的作用、意义或价值，构成企业家社会责任观念教育强有力的价值驱动力。由于价值驱动力以独特的文化底蕴、价值观与现实价值为基础，因而对于企业家企业社会责任观念教育具有更为深刻的推动意义。

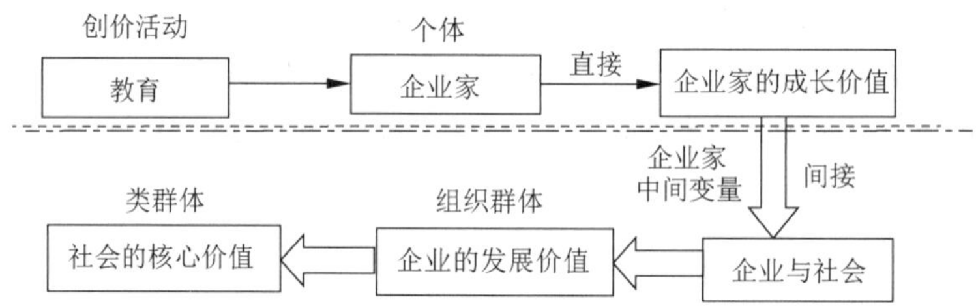

图 4-2　企业家社会责任观念教育创价过程及其价值动力的生成路线

4.2.1　企业家的成长价值驱动力

一般来说，企业家对企业的经营管理通常是通过"以权力为中心的强制性影响和以威望为中心的非强制性影响"[③] 来实现的，二者相辅相成。对企业家来说，思想道德素质是其威望形成的重要因素，即富有威望的企业家必须具有良好的思想品格和较高的道德情操，并由此形成无

① 马克思，恩格斯．马克思恩格斯全集（第十九卷）［M］．北京：人民出版社，1963：406.

② 江德兴．马克思主义哲学原理［M］．苏州：苏州大学出版社，2003：174．

③ 陶泉禄，潘仁．企业文化管理学［M］．哈尔滨：黑龙江人民出版社，1996：258.

可替代的道德品质威望。“企业家的思想道德修养，是企业不断发展和企业家实现自我价值的内在要求。”①而企业家社会责任观念教育以培养和建构企业家“企业社会责任意识”为主要目标，这对于企业家以企业社会责任意识为核心的思想素质和道德水平的提高并由此形成良好的道德威望具有积极的价值和现实的意义。同时，从道德资本与社会资本的角度理解，企业家社会责任观念教育在培育企业家道德品质而形成其道德威望的同时，可以有效提升或改善企业家的道德资本和社会资本。正是这些作用，构成了企业家社会责任观念教育重要的价值驱动力，具体可作如下理解。

1. 企业家精神道德需要的激发价值

人的需要是多维度、多层次的，包括生物性需要与社会性需要、物质性需要与精神性需要等。随着社会的发展，人的生物性需要与物质性需要会不断超越基本的生活需要，在范围和层次上不断获得扩展和提升，同时人的社会性需要、精神性需要会日渐显露、愈益加强，如表现出对道德体验、成就感、名誉声望、赏识、尊重与自我实现等精神方面与日俱增、日渐强烈的需要。

美国心理学家马斯洛（A. Maslow）的需求层次理论（hierarchy of needs motivational model）将人类的需求层次（20 世纪 70 年代）划分为如图 4-3 所示的由低级到高级依次排列的七个层次（到了 90 年代，在自我实现之上又补充和丰富了第八层级：“超越需求”，即帮助别人，以达到自我实现的需要）。马斯洛的研究表明，生活在高需求层次的人意味着其物质性的事物较充分，当个人的经济、教育等状况较好时，个人较倾向于追求高层次的需求。同时，个体的需要与心理的发展阶段密切相关，而心理发展阶段又与年龄大致一致。如图 4-4 所示，在心理发展的不同阶段（不同的年龄时段），个体需要的类型和强度都有明显的差异：在心理发展的 A（幼年—青少年期）点上，生理需要比安全需要的强度更高，其他需要尚未产生；在 B（青少年—青年期）点上，归属与爱、安全、尊重、生理、自我实现的需要强度递减，自我实现的需要已开始萌发；而在 C（中年—老年期）点上，尊重、自我实现、归属与爱、安

① 徐传谌，郑贵廷．国有经济理论前沿报告（2001）［M］．北京：经济管理出版社，2001：187.

全、生理需要的强度递减，尊重与自我实现的需要相对比较突出。企业家在心理发展上较多地接近C点或B点与C点之间，故此对尊重和自我实现的需要相对较强。

依据马斯洛的需求层次，人的中级和高级需要包括归属与爱、尊重、求知、求美和自我实现的需要，而这些方面主要集中在人的精神需要层面，当个人的物质性事物较充分、经济与教育状况较好时，人愈倾向于追求高层次的精神需要，也较容易得到满足。企业家作为特定时期的社会精英，通常是社会经济分层中的中上阶层、先富群体，物质性的事物对这一群体来说一般是相对充分的，因此这一阶层通常具有比较明显的或潜在的精神方面的需要。从需要的角度审视，可以说，教育恰恰是基于人生存与发展的需要而产生的，是为人们的生产和生活做准备的，或者是“帮助人们更成功地生活”① 的，在这一点上，企业家社会责任观念教育正是要激发和深层次唤起企业家的以道德觉悟和道德追求为核心的高层次的精神需要，具体体现为对企业社会责任的思想价值认同和持续实践行动的推动，并以此激发和满足企业家成就的需要、名誉的需要、获得员工和公众尊敬与赞誉的需要等。通过对这些精神需要的唤起、激发与推动，有助于促进企业家精神道德上的自我完善与自我实现。

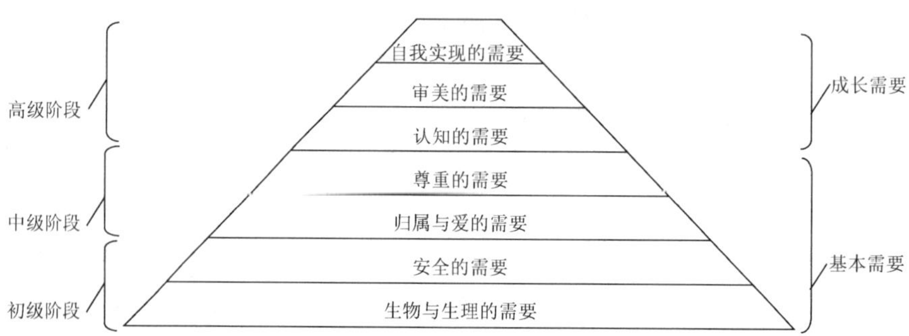

图4-3　马斯洛的需求层次

---

① ［美］达肯沃尔德，梅里安．成人教育：实践的基础［M］．刘宪之，蔺延梓，刘海鹏，译．北京：教育科学出版社，1986：12.

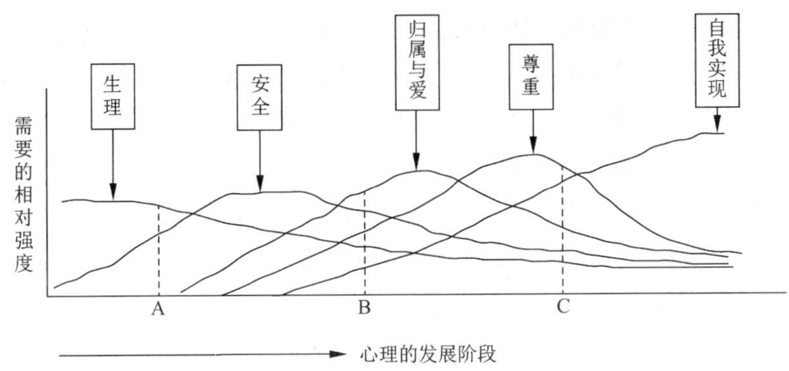

图 4-4 人的心理发展不同时期与需要强度变化关系①

2. 企业家道德资本的提升价值

道德是一种生产力，是一种资本，道德资本的价值毋庸置疑，对以盈利为主要目的的企业来说更是如此。在《领导者的道德资本：为什么美德如此重要》一书中，西松说明了为什么领导者在拥有社会资本和知识资本的情况下，如果他们及其下属缺乏道德资本，也不会取得较大的成就。②在西松看来，领导者对于企业的前途和命运至关重要，领导者的道德资本，在很大程度上决定着企业的道德资本。③ 因此，教育对于道德良知的唤起以及对于道德资本的引导与培育显得尤其重要。正如德国哲学家、心理学家、教育家赫尔巴特所强调的：教育的唯一工作与全部工作可以总结在“道德”这一概念之中，道德普遍地被认为是人类的最高目的，因此也是教育的最高目的。④

对于企业家来说，道德资本既是企业家成长的重要方面，又是企业持续生存发展所必需的，而其道德资本生成的重要品质包括社会责任感、诚信良善等，这些道德内涵因子所塑造的积极良好的道德形象可以逐渐确立社会公众对企业的好感，潜移默化地赢得社会公众对企业行为的信任和理解，从而在心理上倾向于接受、在行为上倾向于选择企业的

---

① 王树茂．思想政治工作心理学［M］．沈阳：辽宁人民出版社，1986：224.

② ［西］阿莱霍·何塞·G. 西松．领导者的道德资本：为什么美德如此重要［M］．于文轩，丁敏，译．北京：中央编译出版社，2005：前言 4.

③ ［西］阿莱霍·何塞·G. 西松．领导者的道德资本：为什么美德如此重要［M］．于文轩，丁敏，译．北京：中央编译出版社，2005：前言 2.

④ 张焕庭．西方资产阶级教育论著选［M］．北京：人民教育出版社，1979：259-260.

产品和服务。[①] 随着整个社会人们道德水平的提高和责任意识的普遍觉醒，消费者和社会公众对企业家和企业的道德要求越来越高。可以肯定地说，企业家的良好道德形象与企业的良好道德声誉等道德资本是企业在市场竞争中赢得优势的无形资产，如赢得消费者、社会公众的信任和情感支持等。因此，“道德可以成为一种带来产出的社会资源”[②]。而企业社会责任观念教育正是要通过促进企业家对企业社会责任的认知提升、情感培育、态度转变、行为推动，从而促进企业家形成积极稳定的有关企业社会责任的认知、情感、信念与意志，并通过推动企业社会责任的持续实践，实现企业家道德形象的改善与道德资本的积累。也即是说，企业家社会责任观念教育可以增进企业家的企业社会责任认知与情感，有助于形成对企业社会责任的内心情感接纳和价值认同，从而能对企业社会责任的实践给予积极持续的支持，在这个过程中实现企业家道德形象、道德资本的不断提升。企业家社会责任观念教育与企业家道德资本间的关系及生成路线如图 4-2 所示。需要强调的是，企业家负责任的道德形象、良好的道德资本只有在积极推动企业社会责任的持续实践中才能树立起来。

3. 企业家社会资本的改善价值

社会资本的构成要素是个体身处其中的社会网络、网络内成员间的互惠与信任。一方面，个体的实践活动是在各种关系中展开的，企业家对企业的经营管理也是在多维社会关系中展开和完成的。马克思曾深刻地指出：社会关系实际上决定着一个人能够发展到什么程度。[③] 而赫尔巴特则把改善个人和社会关系看作教育的最高使命。[④] 从社会资本的角度看，社会关系是社会资本的构成要素，而企业社会责任观念教育则至少可以在两个层面上改善企业家的社会关系：一是教育提供的关系拓展平台，企业家可借此增加与政府官员、其他企业家、行业管理者等交流

---

① 梁福来，张显华．市场·谋略·管理创新：市场经济条件下的企业经营之道［M］．北京：中国经济出版社，1997：253.

② 李胜良．纳税人行为解析［M］．大连：东北财经大学出版社，2001：121.

③ 马克思，恩格斯．马克思恩格斯全集（第三卷）［M］．北京：人民出版社，1960：295.

④ 中国教育史研究会．杜威、赫尔巴特教育思想研究［M］．济南：山东教育出版社，1985：221.

与交往的机会，从而有助于实现网络关系的拓展和改善；二是教育通过促进企业家推动企业社会责任的履行，有助于改善企业家与企业内外的多维关系，即企业社会责任观念教育通过增进企业家对企业社会责任的认知与情感，有助于促进企业家形成对企业社会责任的内心认同与对实践的持续支持，这将有助于改善企业家与企业员工、消费者、社区公众、投资者等之间的关系。另一方面，企业社会责任观念教育对互惠规范与信任的引导、渲染与培育，通过对企业社会责任实践行动的引导与推动，将深刻地促进信任与互惠理念在这些关系中的实践、生成与扩展。因此，从社会资本的角度理解，企业社会责任观念教育也将有助于企业家社会资本的形成和改善，而这又将有利于企业家从这些社会关系网络中获取更多有价值的资源。

4.2.2　企业的发展价值驱动力

自觉履行社会责任是企业持续生存发展的道德基础，企业家社会责任观念教育通过促进企业经营管理者积极推动企业社会责任的实践，有助于增进企业的绩效、促进企业的持续发展。也就是说，提升企业的绩效水平、促进企业的持续发展是企业家社会责任观念教育重要的内在价值驱动力。

（1）从一般理论上理解，企业社会责任观念教育之于企业的发展价值具体体现为：其一，通过构建正确的企业社会责任观念形成企业发展的道德基础。企业的发展离不开独特的企业哲学，企业哲学由企业文化、企业价值观等构成，企业社会责任观念是形成企业价值观的重要组成部分，积极的企业社会责任观念有助于形成正确的企业价值观，从而为企业的持续发展奠定坚实的道德基础。当企业员工、消费者、社会公众等对企业、企业行为、企业的各种活动形成良好的、较一致的道德评价时，就会构成企业持续发展的道义基础，从而形成持续的竞争优势。王小锡强调：“良好的企业形象是企业的无形财富，它赢得社会组织、社会公众及新闻传播媒介的支持，赢得同行及广大消费者的信赖。良好的企业形象是提高企业社会地位，影响企业生存和发展的重要条件。”①西松更是直言不讳：“美德与资本相似之处在于它对个人或公司的有用

---

① 王小锡．经济伦理与企业发展［M］．南京：南京师范大学出版社，1998：255.

性。说得更具体些，美德与公司的其他资本一样，可以保证公司获得利润。”[①]其二，通过促进企业家社会关系的改善形成企业发展的良好社会关系基础。企业社会责任的履行具体体现为对企业员工、消费者、投资者、社区公众等责任的履行，而这些责任的履行有助于调动企业员工的积极性、获得消费者与投资者等的认可与支持，从而形成企业发展的良好社会关系基础。

对企业来说，道德基础的积淀与关系基础的构建体现了对道德资本与社会资本规范要素（尤其是互惠规范）的依循和对社会网络要素的拓建。同时，积极的价值观、良好的社会关系与信任之间又是相互促进、相互印证、相互生成的，这将有助于企业道德资本与社会资本的增益与改善，从而为企业持续发展铺垫道德资本基础和社会资本基础。在这一层意义上，恰恰是“通过理性的过程，合理的方法会升华为价值”[②]。企业家通过参与企业社会责任观念教育这一“理性的过程”，培育和改善企业道德资本和社会资本的“合理方法”，而这种方法又可以现实地升华为企业的发展资源和发展价值。

（2）从企业绩效的现实角度理解，从企业社会责任观念的教育建构、企业社会责任的实践行动到企业绩效的改善和增益，企业社会责任观念教育发挥着积极的引导和显著的推动作用。钟宏武曾就企业慈善捐赠与企业绩效之间的关系，在理论上总结提炼了四种模型，即合法保护模型、伤害保险模型、间接增值模型、直接增值模型。[③] 虽然这一总结揭示的是慈善捐赠与企业绩效的关系，但企业慈善捐赠是企业社会责任的重要组成部分，因此这些模型对企业社会责任与企业绩效这一更宽泛的关系也具有一定的解释力。具体来说，包括企业捐赠在内的企业社会责任对企业绩效的增益是通过累积、提升和改善企业的道德资本、人力资本、社会资本及其构成状况来实现和获得的。

其一，积累企业的道德资本。西松曾指出：企业要取得成功，良好

---

① ［西］阿莱霍·何塞·G. 西松．领导者的道德资本：为什么美德如此重要［M］．于文轩，丁敏，译．北京：中央编译出版社，2005：202.

② 袁闯．管理哲学［M］．上海：复旦大学出版社，2004：160.

③ 钟宏武．慈善捐赠与企业绩效［M］．北京：经济管理出版社，2007：34-68.

的道德资本管理是一个重要的条件。[①]企业的慈善捐赠等社会责任行为对道德资本乃至企业绩效的贡献，在 Godfrey（2005）[②]看来，其作用机制分为两个阶段，这两个阶段都是通过建立和改善企业道德资本的方式来增加或改善企业绩效状况的。

第一阶段：慈善捐赠产生积极的道德资本。包括慈善捐赠在内的企业社会责任并非一定产生积极的道德资本。表 4-1 从动机和行为两个维度列出了四种可能的组合，只有当企业慈善行为本身与行为的动机均为积极正面时，慈善行为才能产生正的道德资本。[③]

第二阶段：积极的道德资本一定程度上构成对关系资产和伤害行为的保险。[④] 企业与利益相关者之间的关系存量及其关系质量是一种高价值、稀缺、难模仿的无形的核心资产，可以肯定的是，关系资产是企业竞争优势的重要来源。Godfrey（2005）认为，道德资本有助于形成一种基于关系基础的无形资产，这可以为企业提供一种类似保险性质的保护。[⑤]但关系资产是一种易损失的资产，积极的道德资本的保险作用就在于，一能减缓或阻止企业关系资产的损失（如阻止信任、声誉和忠诚度的下降），二能在企业利益相关者受到企业行为的伤害后，缓解或降低利益相关者对企业的惩罚或制裁力度。[⑥]

表 4-1 捐赠产生道德资本的必要条件[⑦]

对行为的评估	对动机的评估	
	真善	伪善
积极	正的道德资本	负的道德资本 （动机不纯）
消极	负的道德资本 （行为不佳）	负的道德资本 （行为不佳且动机不纯）

---

① ［西］阿莱霍·何塞·G. 西松．领导者的道德资本：为什么美德如此重要［M］．于文轩，丁敏，译．北京：中央编译出版社，2005：前言 1-2.

② GODFREY P C. The relationship between corporate philanthropy and shareholder wealth：A risk management perspective［J］. Academy of Management Review，2005，30（4）：777-798.

③ 钟宏武．慈善捐赠与企业绩效［M］．北京：经济管理出版社，2007：44.

④ GODFREY P C. The relationship between corporate philanthropy and shareholder wealth：A risk management perspective［J］. Academy of Management Review，2005，30（4）：777-798.

⑤ 钟宏武．慈善捐赠与企业绩效［M］．北京：经济管理出版社，2007：44-45

⑥ 钟宏武．企业捐赠作用的综合解析［J］．中国工业经济，2007（2）：75-83.

⑦ 钟宏武．企业捐赠作用的综合解析［J］．中国工业经济，2007（2）：75-83.

其二，集聚企业的人力资本。企业是人力资源的聚集地，企业社会责任行为传递着企业积极的社会形象，表达着企业的价值观，这对企业人力资源的去留将产生明显的影响，从而对企业绩效产生直接或间接的影响。在这一点上，Turban 和 Greening（1996）① 提出了“捐赠—招聘模型”（图 4-5），他们认为：首先，企业捐赠能提升企业形象，企业形象又投射到员工身上，提升员工的社会地位，从而吸引更多的潜在应聘者。其次，企业捐赠向社会传递企业文化和价值观的信号，筛选出符合企业价值观的潜在应聘者。② 这样，企业社会责任通过价值观的传递和企业形象的提升有助于选拔出产生价值认同的高素质人才，从而对企业的绩效产生影响。

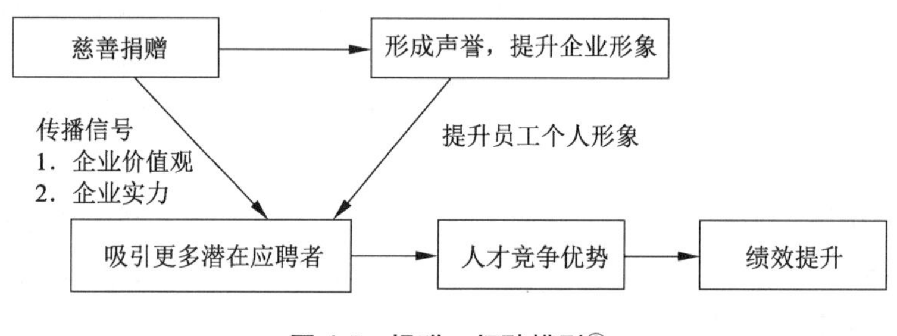

图 4-5　捐赠—招聘模型③

其三，改善企业的社会资本。在《慈善捐赠与企业绩效》一书中，钟宏武所概括提炼的合法保护模型、声誉累积模型、消费者认知模型等均可以归结为企业的社会责任行为对企业社会资本的改善作用，从而对企业的绩效产生直接或间接影响。这一过程存在三种发生机制，具体如下：

① 合法保护价值实现机制：企业社会责任行为—社会资本—获得保护、避免伤害。企业在社会中实现现实性的存在，始终无法摆脱“合法性质疑”与“合理性纠缠”，同时，在市场竞争中企业面临的各种风险可谓无时无处不在，企业在其存续与发展过程中，自始至终必须主动或被动寻求各种保护机制，通过慈善捐赠等承担社会责任的方式，可以有

① TURBAN D B, GREENING D W. Corporate social performance and organizational attractiveness to prospective employees [J]. Academy of Management Journal, 1996, 40 (3): 658-672.

② 钟宏武. 慈善捐赠与企业绩效 [M] 北京：经济管理出版社，2007：53-54.

③ 钟宏武. 企业捐赠作用的综合解析 [J]. 中国工业经济，2007 (2)：75-83.

效将自身嵌入各种关系网络之中，巩固和强化企业的社会资本，这即是最大限度寻求保护、避免可能的伤害的重要防身之术。

② 声誉累积价值实现机制：企业社会责任行为—企业声誉—企业绩效。声誉是企业长期行为所塑造的形象或累积起来的外部评价，在声誉和社会责任之间存在着双向促进机制，如图 4-6 所示。企业履行社会责任对声誉的诉求是不言而喻的，而声誉又确实可以为企业带来收益。可以肯定的是，声誉（积极的或消极的）有经济价值，因为它使利益相关者坚信或从事某些可能创造（或损害）企业价值的行为。[①] 企业在文化宣传、形象包装过程中，通常会渲染自己的责任行为，以期望形成良好的声誉，积累或改善企业的社会资本。

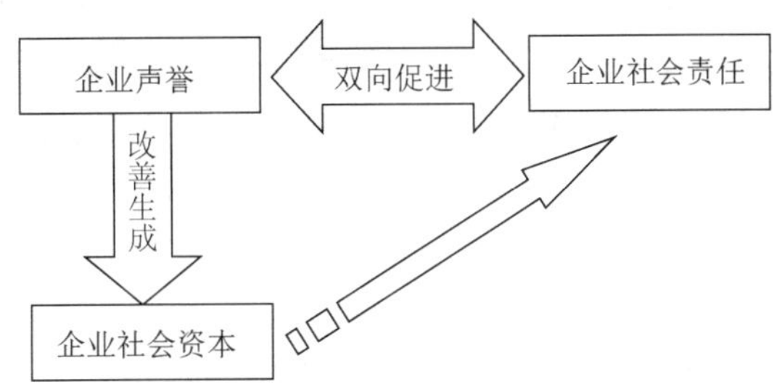

图 4-6　企业声誉与企业社会责任的相互促进机制

③ 企业社会责任中间转化组织对企业价值实现的影响机制。在企业捐赠—非营利组织（non-profitable organization，NPO）—消费者的三方关系中，非营利组织构成企业社会责任（如捐赠）的中间转化组织，同时成为企业与消费者之间的中间变量，消费者对非营利组织的认知和认同程度，会直接影响消费者对通过这一组织或组织进行捐赠的相关企业的产品和服务的接受程度和购买意愿强度，如图 4-7 所示。T. Bettina Cornwell 等（2005）[②] 的研究认为，消费者对企业所赞助的非营利组织的认可程度将影响到其是否购买企业的产品，实证结果也证明，消费者对慈善组织的认知与认可程度与消费者购买其赞助企业的产品意愿呈正相关。

① 钟宏武．慈善捐赠与企业绩效［M］．北京：经济管理出版社，2007：51-52.

② 钟宏武．慈善捐赠与企业绩效［M］．北京：经济管理出版社，2007：55-56.

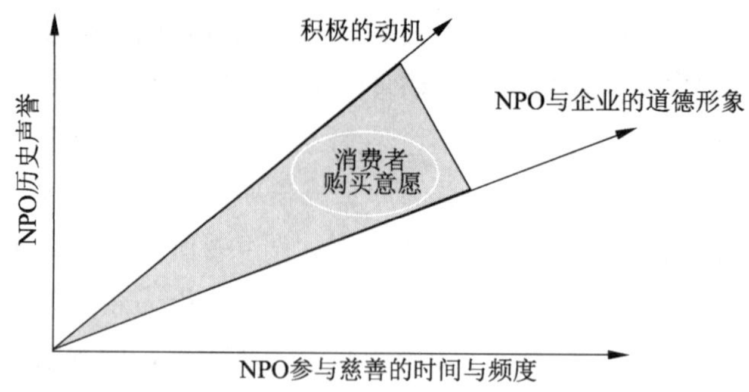

图 4-7　消费者通过 NPO（中间变量）对企业产品购买意愿的强度

这些模型反映了消费者、公众对企业的认知与信任水平，以及网络关系中的利益相关者对企业的伤害可能与支持程度。企业家社会责任观念教育通过企业社会责任观念建构、实践推动，是要增进认知、累积声誉、降低惩罚、寻求支持或保护以求最终形成企业竞争优势，实现企业绩效改善的价值目标。

4.2.3　社会的和谐价值驱动力

社会的和谐价值构成企业家社会责任观念教育的外部动力，企业在遵纪守法、恪守道德伦理、资源节约、环境保护、员工健康安全与福利待遇、社会公益事业等方面的行为直接或间接影响社会的和谐与稳定。企业家企业社会责任观念教育可以通过提高企业家的企业社会责任意识，从而促进企业积极履行社会责任，这有利于改善企业内外人与人、人与社会、人与自然之间的关系（关系和谐维度），有利于增进社会整体的法治、公平、诚信、友爱、安定等和谐因素的生长与发展（内涵和谐维度）。这分别体现了在形式上对关系和谐与在内容上对内涵和谐的推动，从而从形式到内容促进企业和谐、推动社会和谐，如图 4-8 所示。

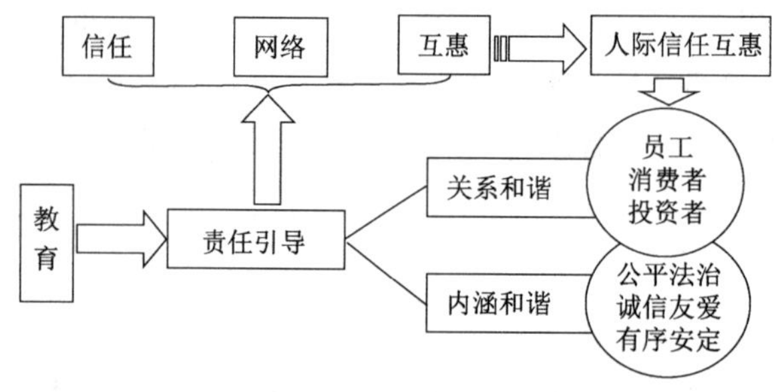

图 4-8　社会的和谐价值生成

企业是现代社会的经济细胞，各种关系交织于此，而关系的本质是利益，因此企业又是各种利益的聚集地，利益之间的矛盾容易引发各种关系之间的冲突甚至斗争，对利益关系的协调就显得尤为重要，企业社会责任观念作为一种道德观念其实质是对企业内外诸多利益关系的调节，企业社会责任实践过程的实质是利益重新分配的过程。从关系的角度理解，企业社会责任观念教育可以通过提高企业家的企业社会责任意识，促进企业积极履行社会责任，从而有利于企业与多维相关者之间利益关系的改善，尤其是改善企业经营管理者与企业员工、消费者、投资者、社区公众之间的关系，消减其间的利益冲突和矛盾，促进诸多关系的相对和谐。从内涵的角度理解，企业社会责任观念教育可以通过引导企业注重对人、自然、社会、政治、经济、文化以及法律、道德、慈善责任的全面履行，增进企业的法治意识、诚信观念、友爱精神、安定氛围等和谐因素的生长与发展，促进社会内涵和谐。同时，企业社会责任在一定程度上可以转化为企业的道德资本和社会资本，而这又将有助于企业内部成员之间以及企业内外成员之间恪守基本的伦理道德、互惠规范和信任底线，由于“信任与合作能够不断地自我复制”[①]，而“当信任和互惠达到一定程度时，它就会不断扩展。信任最终会植入社会基本结构当中，并成为‘这里的办事方法’。这种信任给个人一种强大的压力，使他必须以一种信任的方式做事，自觉地互惠合作”[②]。因此，互惠、信任、合作的强大“压力”在主观和客观上都有利于人际关系通过走向相对的“利益均衡”（互惠）而获得改善。同时，作为中观层次上的企业道德资本和社会资本又是宏观社会道德资本和社会资本的组成部分，前者的提升与改善又在一定程度上提升和改善了整个社会的道德资本与社会资本，在这层意义上，企业家社会责任观念教育可以淳化人际关系、优化社会风气、提升社会资源的共享水平，从而实现对企业和谐与社会和谐的积极推动。

---

① ［美］唐·科恩，劳伦斯·普鲁萨克．社会资本：造就优秀公司的重要元素［M］．孙健敏，黄小勇，姜嬿，译．北京：商务印书馆，2006：57.

② ［美］唐·科恩，劳伦斯·普鲁萨克．社会资本：造就优秀公司的重要元素［M］．孙健敏，黄小勇，姜嬿，译．北京：商务印书馆，2006：56-57.

4.3 观念驱动力

通常情况下，社会观念的发展与进步对新的教育形式的产生、发展也会形成重要的推动作用，而基于人类实践无限拓展基础上所形成的新竞争观、新自然观和新发展观构成了企业家社会责任观念教育的重要观念推动力量。这些积极的观念对企业的竞争模式、自然意识和发展思路都会产生重要的引导和制约作用，影响企业生存与发展的持续性，从而构成对企业家进行相关观念教育的内在动力和社会要求。

4.3.1 竞于道德：新竞争观驱动力

竞争普遍存在于自然界和人类社会，其基本含义是指不同主体对利益的争夺。马克思曾认为："人们奋斗所争取的一切都与他们的利益有关。"[①]就人类社会而言，竞争根源于资源的有限性与生产力发展的不足，由于这双重客观因素的制约，利益主体对利益的争夺就不可避免。在自然经济的漫长时期，由于生产力水平低下，社会分工和交换不发达，竞争现象虽然也普遍存在，但并没有形成系统的理论观念。也就是说，关于竞争的理论观念主要是伴随着商品经济、市场经济的运行和发展而形成和发展起来的。在市场经济环境中，异质而多元化的商品生产及其经营者，通常具有各自独立的经济利益，这些利益主体基于自身的"经济理性"，必然表现出对资源与市场的激烈争夺。马克斯·韦伯（M. Weber）认为："企业若不利用各种机会去获取利润，那就注定要完蛋。"[②] 因此，竞争贯穿于市场经济发展的全过程并成为市场经济发展的基本驱动机制。

竞争在实现合理配置资源、提高劳动生产率、增进消费者利益、推进制度改革和法制完善等方面无疑发挥了重要的作用。但竞争的消极作用也是明显的，马克斯·韦伯甚至断言："获利的欲望，对营利、金钱

---

① 马克思，恩格斯．马克思恩格斯全集（第一卷）［M］．北京：人民出版社，1995：187.

② ［德］马克斯·韦伯．新教伦理与资本主义精神［M］．于晓，陈维纲，等译．上海：生活·读书·新知三联书店，1987：8.

(并且是最大可能数额的金钱）的追求将俘虏所有的人。”① 传统的功利主义竞争观极有可能强化和“放纵人类贪欲，存在于人类内心的恶德无所制御，一旦膨胀，人道主义、良心与爱便无处容身”②。而作为市场竞争主体的企业更有可能表现出漠视劳动者与消费者的权益、无视环境保护等逃避社会责任的行为。由于企业经济人的“个体理性”，其结果可能是“公共无理性”，尤其表现为对资源的疯狂掠夺和对环境不可逆转的破坏。优胜劣汰的竞争铁律有时会迫使企业铤而走险突破法律规则和伦理道德的底线，这将严重损害市场经济的正常秩序，造成竞争的困境。因此，在市场经济深入发展的今天，对“经济人”获利欲望的道德关注和引导受到了越来越多的重视。“诺贝尔经济学奖获得者诺思曾说：市场经济有效运行需要‘经济人’遵守共同的道德规范为基础。”③ 马克斯·韦伯则认为：伦理道德对社会政治经济的发展是一种重要的“支持性资源”。④ 而一种刚好不需要以减损任何人来使每个人都有最大利益的“帕累托最优状态”的实现，其隐含的必不可少的条件也是“经济人”必须具备竞争道德。亚当·斯密也清楚地指出：个人决不应该把自己看得比其他人更重要，即使自己的利益可能远远大于对他人的损害，也不能为了私利而损害他人。⑤

众所周知，人与人之间交往的重复发生、信息交流的便捷快速已使不道德行为难以持续，更难以在同一对象身上重复发生，尔虞我诈、以邻为壑式的竞争最终会在道德竞争的舞台上败下阵来。由此，“竞于道德”的新竞争观开始跃入人们的视野。王小锡认为：“竞争不单纯是一个经济问题，它还包含道德因素。对竞争的认识以及手段问题都有善恶之分，都可以进行善恶评价。只有把道德因素作为企业竞争健康发展的基本保证，在竞争中加强道德意识，实施高质量和优质服务的竞争战略，才能在更高层次上把握主动权，保持企业旺盛的竞争力。”⑥ 张培锋

---

① ［德］马克斯·韦伯．新教伦理与资本主义精神［M］．于晓，陈维纲，等译．上海：生活·读书·新知三联书店，1987：7-8.

② 张培锋．竞争论［M］．天津：天津社会科学院出版社，2002：77.

③ 张培锋．竞争论［M］．天津：天津社会科学院出版社，2002：250.

④ 张培锋．竞争论［M］．天津：天津社会科学院出版社，2002：251.

⑤ ［英］亚当·斯密．道德情操论［M］．韩巍，译．北京：中国城市出版社，2008：116.

⑥ 王小锡．经济伦理与企业发展［M］．南京：南京师范大学出版社，1998：256.

也明确指出：未来社会的竞争必须也必然转向“竞于道德”，道德的因素和作用日益重要。[①] 他认为，“用现代社会竞争的观点阐释，‘竞于道德’的含义是：现代社会竞争应当建立在道德的前提下，以公平与正义为基础，以诚信与合作为基本方式，以有序性和有限性为基本准则”[②]。这些观点具有一定的前瞻性和积极意义。首先，肯定了竞争作为市场经济基本动力的作用；其次，竞争应当建立在道德的前提下，无视竞争中的道德约束，必然导致竞争的困境，也无法进行重复博弈；最后，“竞于道德”在一定程度上可以推进“经济人”向“道德人”的提升。也就是说，倡导“竞于道德”的新竞争观，在一定程度上对于消除不正当竞争、恶性竞争所导致的竞争困境，形成竞争有度、市场有序、协作互助的社会氛围具有积极的推动作用。“竞于道德”的新竞争观与企业社会责任观念在道德和价值取向上几乎不谋而合，新竞争观强调竞争的道德前提，企业社会责任观念在本意上强调企业的道德责任。新竞争观是基于对过于功利化的恶性竞争所导致的困境的反思，关注和强调竞争的公平正义基础、有序有限原则，对于营造良好的企业生存与竞争环境将产生积极引导。而社会公众对新竞争观某种程度的认同则会形成强烈的社会期待和导向力量，从而由此构成企业社会责任观念教育的重要动力因素。也就是说，当“竞于道德”的新竞争观成为较多人的共识时，就会汇集成一股观念力量，为通过教育传播这种观念、通过竞争者在实践中贯彻这种观念提供了动力支持。

4.3.2 人地和谐：新自然观驱动力

人地关系即人类与自然、资源及环境的关系，人地关系是人类生存与发展的最基本关系。人类对人地关系的认识，大体经历了“人是自然界的奴隶、人试图成为自然界的主宰、人与自然界和谐共存”[③] 三个阶段。当代，资源困境、环境危机的巨大外部压力与可持续发展的强大社会思潮促成了人地和谐的新自然观的形成。从理论上追溯，20 世纪的伦理学（尤其是土地伦理）、生态学（尤其是生态伦理）及经济学（尤其

---

① 张培锋．竞争论［M］．天津：天津社会科学院出版社，2002：249.

② 张培锋．竞争论［M］．天津：天津社会科学院出版社，2002：252.

③ 黄鼎成，王毅，康晓光．人与自然关系导论［M］．武汉：湖北科学技术出版社，1997：前言 2.

是经济伦理）对自然与人类关系以及人类生存方式对自然影响的反思，逐渐奠定了新自然观的思想理论基础。

20 世纪 30 年代，美国科学家奥尔多·利奥波德（A. Leopold）提出了土地道德的思想。他认为：一种道德，从生态学的角度来看，是对生存竞争中行动自由的限制，从哲学观点来看，则是对社会的和反社会的行为的鉴别。① 奥尔多·利奥波德指出：最初的道德观念是处理人与人之间的关系的，后来所增添的内容则是处理个人和社会的关系的。道德向人类环境中的这种第三因素的延伸，就成为一种进化中的可能性和生态上的必要性。②近代以来的很长一段时间，人类始终以征服者的面目面对自然，“人和土地之间的关系仍然是以经济为基础的，人们只需要特权，而无需尽任何义务”③，这最终将殃及自身。在奥尔多·利奥波德看来，人与土地以及其上的生物构成了生存共同体，而“土地道德是要把人类在共同体中以征服者的面目出现的角色，变成这个共同体中的平等的一员和公民。它暗含着对每个成员的尊敬，也包括对这个共同体本身的尊敬”④。倡导土地道德，是要使土地上资源的主要消耗者与环境的主要影响者负有道德上的责任，以减少对自然的掠夺与伤害。

20 世纪 60 年代，随着环境与资源问题的凸显，生态学的一些思想观念进一步奠定了新自然观的理论基础。生态学强调生态系统的整体性、生态平衡、循环再生，强调增进对自然的认识，并依据这种提高的认识实现与自然的协调发展，这对节约资源、保护环境、寻求人地和谐的新自然观的形成产生了促进作用。汉斯·萨克塞（H. Sachsse）认为：我们“对自然的认识导致我们对我们全部的生活条件、对我们的生存承担责任”⑤。生态学对自然的认识使人们了解到，“自然的面貌是一幅动

① ［美］奥尔多·利奥波德．沙乡的沉思［M］．侯文蕙，译．北京：经济科学出版社，1992：198.

② ［美］奥尔多·利奥波德．沙乡的沉思［M］．侯文蕙，译．北京：经济科学出版社，1992：200.

③ ［美］奥尔多·利奥波德．沙乡的沉思［M］．侯文蕙，译．北京：经济科学出版社，1992：200.

④ ［美］奥尔多·利奥波德．沙乡的沉思［M］．侯文蕙，译．北京：经济科学出版社，1992：201.

⑤ ［德］汉斯·萨克塞．生态哲学［M］．文韬，佩云，译．北京：东方出版社，1991：31.

人的、呈现出秩序和关联的景象”①，这种关联性最终使人类意识到道德上的责任，要求人类对自然也应承担责任。在自然与人的漫长演化过程中，“虽然我们成为进化的帮手，可以影响其方向，但是自然不是我们可以随意摆布的物体，而是我们得适应自然，以便使自然根据其规律按照我们的意愿起作用”②。马克思在分析人是自然存在物时也强调了人是受制约的，“人作为自然存在物，而且作为有生命的自然存在物，一方面具有自然力、生命力，是能动的自然存在物；这些力量作为天赋和才能、作为欲望存在于人身上。另一方面，人作为自然的、肉体的、感性的、对象性的存在物，和动植物一样，是受动的、受制约的和受限制的存在物”③。因此，“我们一天天地学会更正确地理解自然规律，学会认识我们对自然界的日常过程所作的干预所引起的较近或较远的后果”④。对这种后果的反思促使人们对自然在道德上的醒悟，并试图在责任方面尽可能采取某些积极的行动。不言而喻，没有自然界，没有感性的外部世界，工人就什么也不能创造。自然界是工人用来实现自己的劳动、在其中展开劳动活动、由其中生产出和借以生产出自己的产品的材料。⑤因此，人类的持续发展只有以对自然的尊重与对资源环境的恰当维护为前提，即与作为整体的自然紧密联系在一起才能完成，如果视自然系统为整体，视人类为其中的个体，则“个体越是有特性，对整体来说它就越必要和珍贵，而个体为能够存在也就越是需要整体”⑥。

经济伦理思想对经济发展与自然环境的关注对新自然观的形成也产生了促进作用。美国学者赫尔曼·E. 戴利（H. E. Daly）认为：“经济子系统的增长受到其生态母系统既定规模的限制”⑦，“可持续发展的整个

---

① ［德］汉斯·萨克塞. 生态哲学［M］. 文韬，佩云，译. 北京：东方出版社，1991：28.

② ［德］汉斯·萨克塞. 生态哲学［M］. 文韬，佩云，译. 北京：东方出版社，1991：194.

③ 马克思，恩格斯. 马克思恩格斯全集（第四十二卷）［M］. 北京：人民出版社，1979：167.

④ 马克思，恩格斯. 马克思恩格斯选集（第四卷）［M］. 北京：人民出版社，1995：383.

⑤ 马克思，恩格斯. 马克思恩格斯全集（第四十二卷）［M］. 北京：人民出版社，1979：92.

⑥ ［德］汉斯·萨克塞. 生态哲学［M］. 文韬，佩云，译. 北京：东方出版社，1991：144.

⑦ ［美］赫尔曼·E. 戴利. 超越增长：可持续发展的经济学［M］. 诸大建，胡圣，等译. 上海：上海译文出版社，2001：46.

理念就是经济子系统的增长规模绝对不能超出生态系统可以永久持续或支撑的容纳范围”[①]。赫尔曼·E. 戴利指出：“即使具有足够创造力的增长仍然是可能的，社会伦理的限制也将使它成为不受人欢迎的。”[②]赫什则更明确地指出：“失控的增长会破坏道德的和社会的秩序，正如它毁坏生态秩序那样。”[③] 哈丁则借蒙田之口表达了这样的看法：若一个人的“利得”以一个人的“利损”为前提，那么，“在 20 世纪中期，这种处理被标示为“零——和游戏”[④]。但此后，“自然”越来越卷入人类的生活游戏之中[⑤]，并且“自然”始终是以自己“利损”的方式实现人类的“利得”。为此，罗马俱乐部的学者警告：“如果世界人口、工业化、污染、粮食生产以及资源消耗按现在的增长趋势继续不变，这个星球上的经济增长就会在今后一百年内某一个时候达到极限。最可能的结果是人口和工业生产能力这两方面发生颇为突然的、无法控制的衰退或下降。”[⑥] 所以，“迪特尔·比恩巴赫坚决主张自然保护，即使要做出牺牲，也不应该只考虑短期利益，而应该维护物种，保护好自然风光”[⑦]。今天，“望得见山、看得见水、记得住乡愁”“绿水青山就是金山银山”的理念已经深入人心，我们要像保护自己的眼睛一样保护生态环境，像对待生命一样对待生态环境，企业对此责无旁贷。

伦理学、生态学及经济学对经济、社会、人的发展与自然关系的关注及其基本思想奠定了人地和谐的新自然观理论基础。人地和谐的新自然观要求在经济社会发展过程中实现人地共生、人地和谐，减少对资源

---

① ［美］赫尔曼·E. 戴利．超越增长：可持续发展的经济学［M］. 诸大建，胡圣，等译．上海：上海译文出版社，2001：38.

② ［美］赫尔曼·E. 戴利．超越增长：可持续发展的经济学［M］. 诸大建，胡圣，等译．上海：上海译文出版社，2001：50.

③ ［美］赫尔曼·E. 戴利．超越增长：可持续发展的经济学［M］. 诸大建，胡圣，等译．上海：上海译文出版社，2001：52.

④ 如汤姆和杰利之间的“零——和交易”：汤姆+杰利=（汤姆+3）+（杰利-3），汤姆的利得恰恰是杰利的利损。当自然被加到这场交易游戏中之后，等式变为：汤姆+杰利+自然=（汤姆+4）+（杰利+2）+（自然-6）。汤姆和杰利的利得恰是自然的利损，自然遭受的损失（-6）可以有许多形式：土地的损失、地下水的污染、物种的灭绝只是许多可能性中的一小部分。在这些损失造成危害之前，它们几乎是无法测量或估计的。（Hardin G.，2001）

⑤ ［美］加勒特·哈丁．生活在极限之内：生态学、经济学和人口禁忌［M］. 戴星翼，张真，译．上海：上海译文出版社，2001：111.

⑥ ［美］D. 梅多斯，等．增长的极限［M］. 于树生，译．北京：商务印书馆，1984：12.

⑦ ［德］汉斯·萨克塞．生态哲学［M］. 文韬，佩云，译．北京：东方出版社，1991：54.

的消耗和环境的污染，尽量避免对其他物种造成伤害，以实现经济的稳态发展和人类的持续发展。对企业来说，其生产经营必然要从自然中提取原材料，并向环境中排放废物，企业对自然承担责任是新自然观的直接要求，也是企业社会责任的内涵之一。因此，人地和谐的新自然观也构成了企业社会责任教育在观念上的强劲驱动力。

4.3.3 以人为本：新发展观驱动力

人与物的关系问题构成发展观的基本问题。近代以来，人类的发展观经历了多个发展阶段和理论形态，主要实现了从经济、器物指标到社会、制度指标，再到人文指标与人本身的转变，即在发展的旨归上实现了由物到人即由客体向主体的转变，以人为本的发展理念也令人瞩目地走到了社会历史发展的前台。

从社会历史发展的矛盾运动来看，生产力中最活跃的因素是人，生产关系是人在生产劳动过程中结成的关系，生产方式的历史发展归根结底取决于人的发展。新发展观基于这样的视角，强调发展的核心是以人为本，把人的发展视为发展的动力、发展的标志和发展的目的。其一，经济社会发展的内在动力是人，是人的不断提高而又永无止境的物质文化需要，正是这种需要，推动着个体及整个人类社会不断地向前发展。其二，人的发展是经济社会发展最重要的标志。经济社会发展可以有诸多指标，但最终归结为对人的生存与发展的实际推动，以及对人的物质文化生活和人的基本权益的维护和提升。从现实来看，不少企业的劳动者“劳动时间长、劳动条件恶劣、工资低于劳动力再生产费用，……他们的人身、人格得不到正常的国民待遇，更没有社会保障待遇，常常被拖欠工资、扣发工资，等等”①。事实已经证明，“增长本身是不够的，事实上也许对社会有害”②。当经济社会发展较多地建立在这样的现实基础之上，发展就出现了畸形和异化。其三，人的发展是经济社会发展的目的。人是发展的手段，但这种手段是为了实现服务于人这样的目的而充当的手段，“在可持续发展观看来，经济增长不过是实现人的发展的

---

① 刘福垣．新发展观宣言：破除政治经济学 ABC 的迷雾［M］．北京：新华出版社，2004：188.

② ［美］塞缪尔·亨廷顿，等．现代化：理论与历史经验的再探讨［M］．上海：上海译文出版社，1993：68.

手段”[①]。而且，发展的最终目标必须是使个人的福利持续地得到改进，并使所有人都得到好处。[②] 所以，正如法国学者弗朗索瓦·佩鲁（F. Perroux）所说的：“市场是为人而设的，而不是相反；工业属于世界，而不是世界属于工业；如果资源的分配和劳动的产品要有一个合法的基础的话，即便在经济学方面，它也应该依据以人为中心的战略。”[③] 弗朗索瓦·佩鲁强调：普遍地重视人则是一个社会能够正常运行和保持稳定的关键之一。[④] 这也正如马克思所指出的：“在社会中，进行生产的个人，……，当然是出发点。”[⑤] 企业中的劳动者，这些“进行生产的个人”，应当是企业生产经营的出发点，这也是企业社会责任的基本意蕴。

上述一系列的观点表明，新发展观蕴涵着一种深刻的人文关怀和以人为本的意蕴，“在新发展观那里，人是最高的目的，……发展是人的发展，是人不断地自我实现与自我完善的过程”[⑥]。而企业社会责任最基本、最紧迫的方面正是要对企业员工的生存境况和基本权益的维护与促进。因此，新发展观“以人为本”的基本蕴涵构成了企业家企业社会责任观念教育坚实的人文底蕴和思想观念支持。

本章小结

企业家社会责任观念教育的动力主要表现为基于制度安排形成的驱动力、基于教育价值形成的驱动力与基于观念进步形成的驱动力。① 正式实体制度及其实施机制主要体现为社会主义基本制度、思想政治教育制度、企业家进修培训制度，制度精神内核主要指意识形态中政治法律思想、道德观念、艺术与哲学等要素，这些制度及要素形成制度动力

① 邱耕田．发展哲学导论［M］．北京：中国社会科学出版社，2001：65.

② 联合国新闻处．联合国手册：第八版增编（1966—1970）［M］．北京大学法律系编译组，译．北京：商务印书馆，1972：96.

③ ［法］弗朗索瓦·佩鲁．新发展观［M］．张宁，丰子义，译．北京：华夏出版社，1987：92.

④ ［法］弗朗索瓦·佩鲁．新发展观［M］．张宁，丰子义，译．北京：华夏出版社，1987：108.

⑤ 马克思，恩格斯．马克思恩格斯全集（第四十六卷上册）［M］．北京：人民出版社，1979：18.

⑥ 车玉玲．总体性与人的存在［M］．哈尔滨：黑龙江人民出版社，2001：193.

群，共同推动此项教育实践。② 企业家的成长价值表现为企业家精神需要的激发价值、企业家道德资本的提升价值与企业家社会资本的改善价值。企业的发展价值体现为通过构建正确的企业社会责任观念形成企业发展的道德基础，通过促进企业家社会关系的改善形成企业发展的良好社会关系基础，即企业发展价值是通过累积、提升和改善企业的道德资本、人力资本、社会资本及其构成状况来实现的。社会的和谐价值构成企业家企业社会责任观念教育的外部动力。从关系和谐的角度看，企业社会责任观念教育通过促进企业积极履行社会责任，有利于改善企业家与利益相关者之间的关系；从内涵和谐的角度理解，企业社会责任观念教育通过增进企业的法治意识、诚信观念等和谐因素的生长与发展，从而促进社会和谐。③ 基于人类实践无限拓展基础上所形成的崭新的竞争观、自然观和发展观构成了企业社会责任观念教育的重要观念推动力量。“竞于道德”的新竞争观与企业社会责任观念在道德和价值取向上不谋而合；“人地和谐”的新自然观要求在经济社会发展过程中实现人地共生、人地和谐，以实现经济的稳态发展和人类的持续发展；新发展观强调发展的核心是以人为本，企业社会责任最基本的方面正是要对企业员工的生存境况和基本权益的维护与促进。因此，新发展观“以人为本”的基本蕴涵构成了企业家社会责任观念教育坚实的人文底蕴和思想观念支持。

第 5 章　企业家社会责任教育的内容维度

在上文动力系统的推动下，企业家社会责任教育的有效推进还需要构建科学合理的教育内容，这些内容以企业社会责任为纽带，可以从多重维度上着手构建。依据“CSR 领域分布结构模型”（图 2-4）可知：企业发展的三维指向维度，即企业对人、社会、自然的责任教育；社会系统的三大领域维度，即企业的经济、政治、文化责任教育；企业社会责任履行的三重境界维度，即企业的必须之责——法律责任、应当之责——道德责任、自由之责——慈善责任教育。这些维度涉及企业社会责任内涵因子的主要方面，在内容上有交叉或贯通之处，但彼此之间又存在明显差异，它们相互连接、相互促进，共同构成企业家企业社会责任观念教育相对清晰而完整的内容结构体系，如图 5-1 所示。这些内容结构体系，从态度及其转变理论的视角理解，关键是要进行态度结构中认知要素的教育引导，以打破教育对象企业社会责任原初态度的平衡态，力求促成教育对象企业社会责任的原初态度向积极正确的新态度的转变，或巩固与强化教育对象对企业社会责任的积极的原初态度。

同时，由于企业社会责任观念教育目前尚未形成系统化的专业或学科教育，依据前文对嵌入理论的理解，在目前的教育状况下，这些内容通常以嵌入的方式存在于“他专业”“他学科”或“他信息载体”之中，诸如企业伦理、企业管理、思想道德等相关专业或学科的内容体系之中。从发展的趋势来看，这些内容最终将部分“脱嵌”而形成体系完备的专门的学科或专业，并在教育形式上形成“脱嵌”的学科或专业存在与“嵌入他者”的融合性存在相互并重的格局。本章仅从“何物嵌入”的角度尝试构建企业家社会责任观念教育嵌入“他者”的基本内容因子及其可能的维度分布。

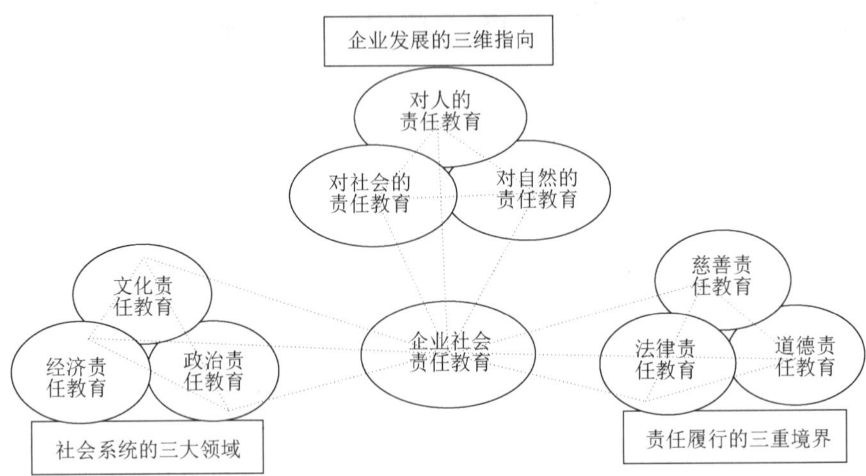

图 5-1 企业家 CSR 教育内容维度分布模型

5.1 企业发展的三维指向维度

企业的存续与发展必然与人、社会、自然发生错综复杂、千丝万缕的联系，企业家“企业社会责任观念教育”内容维度的构建首先是基于企业发展过程中这三维指向而展开的。

5.1.1 企业对人的责任①

企业是经济性相对凸显的社会性组织，这种社会性组织是人与人之间的连接，同时又以这种连接而形成的独特结构存在于由人与人连接而成的宏观社会中。因此，企业的存在首先必须是为人的存在，否则就会失去价值合理性，企业存在的这种“为人性”价值诉求要求企业必须承担起对人的责任。之于“人”，主要是指对企业有人力或财力的投入，以及在企业产品或服务生产、销售、消费过程中所直接或间接影响的人，包括企业员工、消费者、投资者、社区公众等群体，其中以企业员工为基本意蕴和主要指向；之于“对人的责任”，既是多方面的，又是多层次的，企业社会责任的最初关注主要指向企业员工的生存境况和基

① 郑大俊，金奇．当前小微企业劳动者的权益困境及其对策［J］．特区经济，2012(4)：230-232.

本权益，结合市场经济条件下企业社会责任的实际状况，关注和促进企业员工的安全健康权、休息休假权、劳动报酬权、教育发展权等基本权益是企业对人的责任的极为基础、极端重要而又极其紧迫的方面，下面也仅对此作简略探讨。

马克思主义创始人认为，现代的人权观念是“从人就他们是人而言的平等中，引申出的这样的要求：一切人，或者至少是一个国家的一切公民，或一个社会的一切成员，都应当有平等的政治地位和社会地位”[①]。企业中的劳动者当然不应是这种权利和地位的例外。丹尼尔·贝尔（D. Bell）也表明，从 16 世纪开始生成的西方现代社会所体现出来的“现代主义精神”的根本含义在于：社会的基本单位不再是群体、行会、部落或城邦，它们都逐渐让位给个人。[②]换言之，人们形成各种组织或社群通常是以实现或维护个人的基本权益为基本价值前提，企业也是这样。从劳动者作为人应该享受的基本人权的角度理解，尊重和维护劳动者的基本权益也是各国法律和一些国际公约的基本要求，如《中华人民共和国宪法》第二章第三十三条就明确规定“国家尊重和保障人权”，而联合国全球契约、国际劳工组织关于工作中基本原则和权利宣言以及 SA8000 标准等都明确提出要“消除一切形式的强迫或强制劳动”等保护劳动者基本权利的规定。企业作为一个社会组织，应当恪守法律，同时支持并尊重国际公认的人权，“要把职工真正看作是生产的‘主人’和‘人’，而不仅仅是劳动力，更不是老板用钱买来的工具或奴仆”[③]。

在企业与人的关系层面上，企业社会责任最基本的方面是企业的生产经营管理能以人为本，注重人文关怀，尊重并切实维护企业员工的如下基本权益，这些方面是企业对人的责任教育最基本和最主要的方面，也是当前国内企业社会责任实践比较薄弱和问题比较突出的方面。

---

① 马克思，恩格斯. 马克思恩格斯选集（第三卷）［M］. 北京：人民出版社，1995：444.

② ［美］丹尼尔·贝尔. 资本主义文化矛盾［M］. 赵一凡，蒲隆，白晓晋，译. 上海：生活·读书·新知三联书店，1989：61.

③ 王锦瑭，钟文范，李世洞. 美国现代大企业与美国社会［M］. 武汉：武汉大学出版社，1995：276.

1. 安全与健康权

安全即“不伤害”，是被广泛接受的企业必须履行的不言而喻的责任，劳动者在生产工作中，都有要求得到可靠的安全保障条件的权利，以确保生命和身体健康不受损害。① 如《中华人民共和国劳动法》第五十二、五十三、五十四条依次明确规定：用人单位必须建立、健全劳动安全卫生制度，严格执行国家劳动安全卫生规程和标准，对劳动者进行劳动安全卫生教育，防止劳动过程中的事故，减少职业危害；劳动安全卫生设施必须符合国家规定的标准；用人单位必须为劳动者提供符合国家规定的劳动安全卫生条件和必要的劳动防护用品②。这些规定明确了企业应对企业员工承担安全维护的基本责任。《中华人民共和国民法典》第一千零四条规定：自然人享有健康权。自然人的身心健康受法律保护。任何组织或者个人不得侵害他人的健康权。又如《联合国人权宣言》第二十三条规定：人人有权享受公正和合适的工作条件。《经济、社会及文化权利国际公约》第七条规定：最低限度给予所有工人安全和卫生的工作条件。SA8000 标准强调：公司应具备避免各种工业与特定危害的知识，为员工提供健康、安全的工作环境，采取足够的措施，最大限度地降低工作中的危害隐患，尽量防止意外或伤害的发生。为所有员工提供安全卫生的生活环境，包括干净的浴室、厕所、可饮用的水，洁净安全的宿舍，卫生的食品存储设备等。从这些要求和规定来看，企业首先必须和应当确保员工的安全，同时企业还应当保证员工工作环境不至于对身心健康构成直接的危害，因为健康是一项基本人权，公民享有生命健康权，世界各国宪法也都同时确认公民享有健康的权利。因此，为企业劳动者的安全和健康创建必要的条件、采取有效的措施，是企业必须承担的社会责任，企业离开员工的基本安全与健康权谈社会责任就会本末倒置，是不可取的，也是不可信的。

---

① 张湘霓，孙红．迈向自由平等的阶梯：人权漫话［M］．开封：河南大学出版社，2001：94.

② 环境与发展研究所．企业社会责任在中国［M］．北京：经济科学出版社，2004：68.

2. 休息权

休息权既是一项宪法权，又是一项基本人权。《中华人民共和国宪法》第四十三条明确规定“劳动者有休息的权利”，同时《中华人民共和国劳动法》第三十六条、三十八条和四十条进一步对劳动者的工作时间、节假日休息作出了具体规定。作为一项基本人权，《世界人权宣言》第二十四条明确规定：人人有享有休息和闲暇的权利，包括工作时间有合理限制和定期给薪休假的权利。《经济、社会及文化权利国际公约》第七条也规定：最低限度给予所有工人休息、闲暇和工作时间的合理限制，定期给薪休假以及公共假日报酬。但在实践中这些法律、规定或公约要求并没有得到很好的遵循，尤其是为数众多的中小企业，职工超时加班已成家常便饭，在一些劳动密集型企业更是如此。因此，劳动者休息权教育就显得尤为重要和紧迫。

劳动者休息权教育就是要使企业经营管理者逐渐增强对企业员工休息权的理解、认同和维护，真正认识到劳动者的休息权对企业发展、社会发展和人的发展的重要意义。其一，劳动者的休息权与企业发展。企业的发展在很大程度上依赖于企业员工积极性、主动性与创造性的发挥与释放，依赖于劳动者的工作效率，企业的持续发展不可能建立在员工长期打疲劳战甚至以损害健康为代价的基础之上，这就需要给劳动者适当的自由时间，使其获得基本和必要的休息并通过自由时间内的学习不断提高素质，从而为提高劳动效率奠定基础。同时，对休息权的维护也有利于增强员工对企业的认同感与归属感，促进互惠规范在企业组织与员工个人之间的扩展，这是企业社会资本形成和改善的重要因素，有助于提高劳动者的工作积极性与创造性，从而为企业的发展提供持续不竭的人力资源基础和社会资本基础。其二，劳动者的休息权与社会发展。劳动者的休息权与自由时间是社会文明程度的重要标志，工业文明时代以来的人类发展史在某种意义上可以说是劳动者从物质生产的时间束缚中不断获得解放，从而不断获得更多的休息权与自由时间的过程。同时，社会发展也有赖于劳动者在休息时间从事生产之外的消费活动以及生产义务之外的其他来自家庭的、社会的义务，从而使得社会生产得以循环持续和有序进行。其三，劳动者的休息权与人的发展。人是一切社会关系的总和，各种社会关系的生成与完善标示着人生内容的丰富程度与人的现实发展程度，生产劳动关系的生成与拓展当然需要时间消耗，但不能超限挤压个体维持生存所必需的衣食住行等基本时间。也就是说，个体其他社会关系的生成与拓展同样需要时间资源，需要时间的占用与消耗，也即需要时间成本，如亲近自然（人与自然的关系）、人际交往（人与人的关系）、休闲娱乐、学习提高等，这些都需要在劳动时间之外个体能有必要的自由时间予以保障。因此，自由时间的多寡对人的发展产生重要的制约作用。马克思在其时代曾不无忧虑地指出，资本控制下的劳动者的工作日侵占了“个人受教育的时间、发展智力的时间、履行社会职能的时间、进行社交活动的时间、自由运用体力和智力的时间”①。又说，“资本由于无限度地盲目追逐剩余劳动，像狼一般地贪求剩余劳动，不仅突破了工作日的道德极限，而且突破了工作日的纯粹身体的极限。它侵占人体成长、发育和维持健康所需要的时间，它掠夺工人呼吸新鲜空气和接触阳光所需要的时间”②。这些表述清晰地反映了马克思对自由时间之于劳动者极端重要性的高度重视。正是在这层意义上，马克思指出：“‘可以自由支配的时间’，也就是有真正的财富，这种时间不被直接生产劳动所吸收，而是用于娱乐和休息，从而自由活动和发展开辟广阔天地。”③从哲学层次上作深度理解，社会关系具有时空特性，或者说社会关系是一种时间、空间的存在。换言之，人生存与发展所依托的各种关系都具有时间、空间背景，都需要时空消耗或占用。历时态地审视，无论是个体的发展还是类的发展，都是劳动者从物质生产的时间束缚中不断获得解放，从而不断获得更多的休息权与自由时间的过程。共时态地看，个体生存发展过程中社会关系的拓展与构建正是特定时间、空间与特定人的结合过程。这一点从社会资本的角度更容易理解，即社会资本中的要素——社会网络关系的培育、改善与提高必然需要生产劳动之外的自由时间的消耗与占有，虽然作为正式组织的企业通过其正式规范可以形成企业组织的特定的社会资本，但企业中的

---

① 马克思，恩格斯．马克思恩格斯全集（第二十三卷）［M］．北京：人民出版社，1972：294.

② 马克思，恩格斯．马克思恩格斯全集（第二十三卷）［M］．北京：人民出版社，1972：294-295.

③ 马克思，恩格斯．马克思恩格斯全集（第二十六卷　第三册）［M］．北京：人民出版社，1974：281.

亚文化群、形式众多的自组织自由群体和各种社团同样是企业社会资本的重要来源，而企业内外亚文化群落中网络成员间关系的建构、联系的密切程度（频度）和强度、信任的培育与形成等都需要在工作之外的“休息时间”内才能完成。因此，“自由时间”的欠缺，会直接阻滞作为人的本质的社会关系以及作为社会资本的构建要素的社会网络关系的构建，从而直接阻碍个体和组织的发展。

3. *劳动报酬权*

劳动报酬权是保障劳动者生存和发展及其作为人或作为人类应有的价值与尊严的基本权利，获取劳动报酬是劳动者维持个人与家庭生活的基本途径，也是社会得以延续发展的基本条件。近现代以来，劳动报酬权已逐渐发展为一项宪法权，受到现代社会各国宪法与法律的保障，如《中华人民共和国宪法》在第二章“公民的基本权利和义务”中就确认劳动报酬权是公民的基本权利之一，公民有从事劳动并取得相应报酬的权利，国家在发展生产的基础上，提高劳动报酬和福利待遇。同时，《中华人民共和国劳动法》第五十条规定：“工资应当以货币形式按月支付给劳动者本人。不得克扣或者无故拖欠劳动者的工资。”对一些企业来说，拖欠、克扣、压低工资，在客观上不排除由于企业存在短期的经营困难，但在主观上完全取决于企业经营者的法律素养与道德品质。企业家社会责任观念教育就是要充分发挥引导功能，最大限度上提高企业经营者的思想认识，使之能真正认识到获得劳动报酬是劳动者生存、发展与劳动力再生产的基本条件。劳动报酬权是劳动者的基本人权，维护劳动者的劳动报酬权也是企业履行社会责任的底线。拖欠、克扣、压低工资不仅直接侵害了劳动者的合法权益，而且严重影响了劳动关系的和谐和社会的稳定，必然会招致政府、公众、媒体、消费者等的干预、鞭挞和唾弃，从而使企业家与企业的道德资本、社会资本丧失殆尽，因此无异于是一种短视的自杀行为。劳动报酬权困境反映了劳动者平等分享企业与经济发展成果的制度性缺失或痼疾，会对劳动者本人乃至社会公众产生巨大的消极心理暗示，甚至引发人们对劳动本身价值的质疑，并对“企业私信”与“社会公信”产生难以弥补的损害。

4. 教育发展权

企业员工既是企业人，又是社会人，在知识经济渐行渐近的客观现实背景下，个体不断地学习与受教育是其重要生存方式，也是确保个体在社会上获得更有利于自身生存与发展的重要途径与条件，因而教育发展权也是现时代下个体的一种优先的、基本的人权，一个人在今天如果失去不断接受教育的机会，无疑是剥夺了其在社会上进一步发展的可能性，甚至失去生存的基本资格。同时，在激烈的市场竞争中，企业的生存与持续发展也有赖于企业员工不断提升的知识技能与思想道德素质水平。因此，从企业人力资本的增值与开发的角度理解，企业也必须重视企业员工的教育发展权，应积极创造条件、增加投入、提供机会，保证企业员工基本的教育发展权得到尊重和维护。

综上所述，企业行为与人类的幸福和痛苦密不可分①。当然，企业对企业员工基本社会责任的承担远不止上述方面，与企业的各种经济的、文化的、社会的权利相对应，企业作为一个社会组织，有责任和义务依法或依循基本的伦理道德要求维护这些权益，企业的经营管理者必须或应当对这些权利的实现做出明确且适当的规定或制度上的有效安排。但从实践来看，劳动者的上述基本权利在一些企业中并没有得到充分的保障，企业家社会责任教育就是要切实提高企业经营者的法律道德素质与社会责任意识，使之能真正认识到尊重和维护企业员工的上述基本权利对于企业家、企业、社会和劳动者的重要意义，引导企业家通过积极而富有成效的企业决策或制度安排以推动企业履行社会责任的这些底线要求。显而易见，企业对人的责任教育是企业社会责任观念教育尤其要突出和强调的，这也是企业家社会责任观念教育内容建构的最基本、最重要的部分。

在某种意义上，人类的历史是一部劳动发展的历史，劳动在其中发挥着多方面的职能："劳动创造了社会财富，劳动改造和完善着社会，劳动满足着人的生存需要和发展需要。"②正是劳动无与伦比的重要作用，对劳动者的权利保护就成为社会历史发展进步的必然要求，企业对人的责任的上述诸多方面都是劳动保护的最基本内容和最基本的方面。从实

---

① 张学斌，赵冬花．企业伦理学［M］．哈尔滨：哈尔滨地图出版社，2006：71.

② 童星，汪和建，翟学伟．劳动社会学［M］．南京：南京大学出版社，1992：32-33.

践来看，“劳动保护的发展，一方面是工人为保障自己的权益而进行斗争的结果，另一方面也因为劳动保护可以为企业劳动生产率的提高做出贡献”①。企业对人的责任教育也是要尽可能校正企业经营者的基本价值取向，引导其能在一定程度上接纳和认同劳动保护的上述基本方面对劳动者个人、企业及社会产生的诸多积极意义。童星等曾在《劳动社会学》一书中将这些意义概括为：劳动保护是满足劳动者“安全需求”和“社会性需求”的重要保证，是社会生产发展的需要，是保障社会公共利益、维持社会秩序稳定的需要，是劳动组织承担社会责任的必然要求等。② 依据这样的理解，企业家社会责任教育通过建构尊重劳动者基本权益这一企业基本价值观，促进企业经营者重视对企业员工基本权益的维护，这同时也是社会劳动保护的题中之义和基本要求。

5.1.2　企业对社会的责任

“企业对社会的责任”中的“社会”是从“人、社会、自然”三者之中的“社会”这个方面或角度来理解的，它与企业对人、对自然的责任相平行而被置于广义的“企业社会责任”范畴之下，作为其中的一个组成部分或一个内涵构成因子。系统与栖居的环境之间通常是互益互惠的，否则将难以持续存在。“从逻辑的角度讲，企业既然作为一种组织形式存在于社会之中，那么它就如同任何存在于一定的系统之中的事物一样，只有对它所依存的环境有所贡献，它自身的存在才具有价值，企业也不例外。”③张学斌等认为：从企业的目的来看，“企业是社会资源的受托管理者。既然社会委托企业运用包括人员、资金、物资、信息、时间、空间、土地、空气、水在内的社会资源，企业就应该为创造更加美好的社会而合理运用资源”④。企业是社会有机体的一分子，作为有机体生存发展的手段而存在，要服务于有机体系统。⑤也正是在这一点上，托马斯·莫里根（T. Mulligan）指出：企业的道德使命就是运用所能获得的想象力和创造性，为人类世界更加美好而创造产品、服务和机会。⑥换

① 童星，汪和建，翟学伟．劳动社会学［M］．南京：南京大学出版社，1992：287.
② 童星，汪和建，翟学伟．劳动社会学［M］．南京：南京大学出版社，1992：286-288.
③ 田祖海．论现代企业社会责任［M］．武汉：湖北人民出版社，2007：120.
④ 张学斌，赵冬花．企业伦理学［M］．哈尔滨：哈尔滨地图出版社，2006：67.
⑤ 张学斌，赵冬花．企业伦理学［M］．哈尔滨：哈尔滨地图出版社，2006：67.
⑥ 张学斌，赵冬花．企业伦理学［M］．哈尔滨：哈尔滨地图出版社，2006：67.

言之，作为一个开放性的社会经济实体，企业的生产经营活动是在企业系统与社会系统之间进行物质、信息以及价值要素交换过程中实现的，“企业在从外界环境输入所必需的经济要素的同时，也输入了人与人的关系、情感、观念、公共准则、道德规范等；企业对外界环境的输出，除了经济性的产品，还包括市政建设、文化事业、生活方式、社会风气、福利事业等，这说明了企业的行为有着经济和社会性的双重表现”①。企业经济行为的经济性当然不言而喻，而企业经济行为的社会性一方面表现为企业的发展有赖于社会提供的必要制度条件、物质设施与社会服务等，另一方面表现为企业的生产经营活动承担着重要的社会功能。从个人的角度看，企业是个体社会化并形成特定社会角色的重要场所；从社会的角度看，企业通过分工合作可以提高社会效率，通过企业内部组织结构与规章制度安排可以提高社会整合程度，通过增进就业、提供培训、注重治安与绿化、提高福利、分担社会保障等活动可以承担一系列的社会性职能。②

企业系统与社会系统之间构成了双向的价值增益机制。具体而言，企业落户特定社区，对当地社会发展将产生积极而深远的影响，表现为企业可以促进地方城镇的发展、改善地方社会的社会结构、加速当地社会的社会流动、促进地方社会对外开放、推进当地社会价值观的变革、推动当地社会生活方式的变革、解决地方的劳动就业问题等。③这些方面，有些是企业落户当地自然而然带来的客观影响，有些则需要企业有意识而为之，企业的“意识自觉”、形成“社区一员”的角色认同、确立“企业—社区利益共同体”思想正是企业对社会的责任教育的目标指向。图 5-2 进一步表达了这样的意思，当企业承担社会责任时，企业系统与社区系统构成互惠互益的利益共同体，否则，共同体将破裂，双方均受其害，教育的作用就在于促成企业承担责任的意识自觉。

---

① 王德蓉，方向新，等．企业运行的新视野：企业社会学导论［M］．南宁：广西人民出版社，1990：16-18.

② 王德蓉，方向新，等．企业运行的新视野：企业社会学导论［M］．南宁：广西人民出版社，1990：22-24.

③ 江波，詹一之．简明企业社会学［M］．成都：四川大学出版社，1992：183-185.

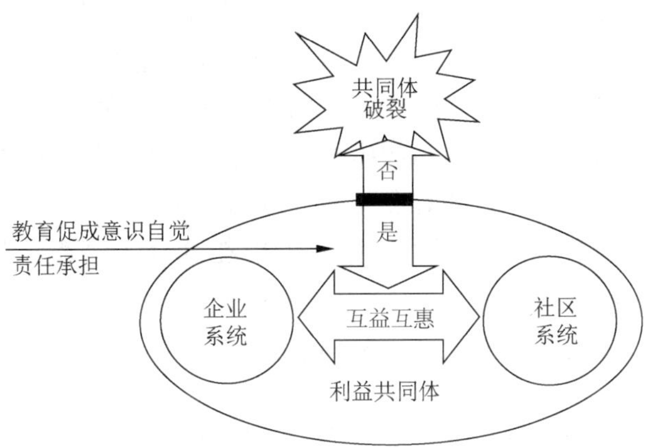

图 5-2　企业与社区的利益共同体及教育对意识自觉的促成

5.1.3　企业对自然的责任

人与自然是相互联系、相互作用的有机整体。马克思曾指出："当我们深思熟虑地考察自然界或人类历史或我们自己的精神活动的时候，首先呈现在我们眼前的，是一幅由种种联系和相互作用无穷无尽地交织起来的画面。"①在这幅画面中，"只有在人类与自然和睦相处的地方才会出现美好的生活"②。这些表述表达了自然对人类生存与发展不言而喻的意义，当我们在谈论自然对人类的价值时，其实是在述说自然的工具价值或功利价值，但自然万物还有"独立于人类的评价的价值，即内在价值（instrinsic value）"③。正如霍尔姆斯·罗尔斯顿（H. Rolston）在《哲学走向荒野》一书中所指出的："苔藓在阿巴拉契山的南段生长得极为繁茂，因为似乎别人都不怎么关心它们。但它们就在那里，不顾哲学家和神学家的话，也不给人带来什么好处，只是自己繁茂地生长着。的确，整个自然世界都是那样——森林和土壤、阳光和雨水、河流和山峰、循环的四季、野生花草和野生动物——所有这些从来就存在的自然

① 马克思，恩格斯. 马克思恩格斯选集（第三卷）［M］. 北京：人民出版社，1972：60.

② ［美］霍尔姆斯·罗尔斯顿. 环境伦理学：大自然的价值以及人对大自然的义务［M］. 杨通进，译. 北京：中国社会科学出版社，2000：53.

③ ［美］戴斯·贾丁斯. 环境伦理学［M］. 林官明，杨爱民，译. 北京：北京大学出版社，2002：149.

事物，支撑着其他一切。”[①]霍尔姆斯·罗尔斯顿在这里关注的正是自然的内在价值。所以，戴斯·贾丁斯（D. Jardins）也说，“当我们说环境因人类行为而退化时，我们要表达的是其内在价值的丧失或不被尊重”[②]，但长期以来，“把自然物体当作‘资源’即是把它们看作有工具价值（instrument value）的观点”一直占据上风，“当一个可度量的工具价值（如利润）与无形的难以定量的内在价值（如荒野之美）冲突时，工具价值就经常胜出”[③]。戴斯·贾丁斯这句不经意的话恰恰击中了企业的要害，对于以盈利为首要目标的企业来说，更多看到的恰恰是自然的工具价值。

大自然的双重价值决定了“人对大自然的义务”[④]，而大自然的工具价值则更加重了这种义务而不是相反减弱了这种责任。但长期以来，人类中心主义的价值学说一直认为，“环境责任说到底是一件要慎重的事情：我们为了自己的利益而保护环境”。随着价值主体的多元化与对价值主体平等权利诉求的关注，非人类中心主义的价值学说则校正了上述视角，“认为我们对自然界有直接的伦理学责任，有不依赖于对人类的后果的责任”[⑤]。因此，正如道德拓展主义论者所倡导的那样，权利应拓展到自然客体，如克里斯托弗·D. 斯通（C. D. Stone）认为，应当拓展即使不是道德上的也是法律上的权利给“森林、海洋、河流和其他所谓的‘自然客体’——实际上是给整个自然环境”[⑥]。遗憾的是，近代以来人类过多享受对自然的权利，难言对自然承担相应的责任，以致自然生态环境的迅速恶化使企业进一步发展遭遇巨大的瓶颈。毫无疑问，全球生态环境恶化的重要推手是现代工业企业，企业要维持自身的生存与

---

① ［美］霍尔姆斯·罗尔斯顿．哲学走向荒野［M］．刘耳，叶平，译．长春：吉林人民出版社，2000：9.

② ［美］戴斯·贾丁斯．环境伦理学［M］．林官明，杨爱民，译．北京：北京大学出版社，2002：151.

③ ［美］戴斯·贾丁斯．环境伦理学［M］．林官明，杨爱民，译．北京：北京大学出版社，2002：152.

④ ［美］罗尔斯顿．环境伦理学：大自然的价值以及人对大自然的义务［M］．杨通进，译．北京：中国社会科学出版社，2000：43.

⑤ ［美］戴斯·贾丁斯．环境伦理学［M］．林官明，杨爱民，译．北京：北京大学出版社，2002：106.

⑥ STONE C D. Should trees have standings? Towards legal rights for natural objects［M］. Los altos，CA：Kaufmann，1974：9.

发展，势必要不断地消耗物质资源，同时向环境不断地排放废弃物。工业化以来，科学技术突飞猛进，工业企业对自然的负面影响日益显露其狰狞的面目，自然资源过度消耗、工业污染急剧扩散已日益凸显为全球性问题。因此，蕾切尔·卡逊（R. Carson）指出："'控制自然'这个词是一个妄自尊大的想象产物，是当生物学和哲学还处于低级幼稚阶段时的产物。"①这实际批评了人类在对待自然时的傲慢与无度，并构成了现代环境运动的肇始。西尔多·罗斯雷克（T. Roszak）在20世纪70年代曾指出："我们终将认识到，自然环境是被剥削的无产阶级，是被每一个工业制度蹂躏的黑人。……大自然也必须拥有其自身的天赋权利"②。随着公众环境意识的逐步提高、民间环保组织的推动以及政府对环境保护的积极干预，可持续发展理念日益深入人心，由此企业的环境责任开始引起人们的高度关注。"从今天协调人与自然的关系的角度着眼，企业是非常重要的责任主体。"③所以霍尔姆斯·罗尔斯顿提出，企业要将道德判断扩展到企业经营的整体格局中加以评判，还要想到对子孙后代的责任，要尽量降低自己的生产行为给他人带来的风险。④但是，对于国内企业来说，尤其是为数众多的中小企业，由于环境意识相对薄弱、技术落后、资金有限，企业履行环境责任的状况远不能令人满意，高消耗、高排放、高污染的现象还相当严重，这种状况应当改变，也必须改变。

查尔斯·雷切早在1970年就写道："一场革命正在到来。它的最终目标是建立一个全新而持久的整体，……在人与自己、与他人、与社会、与自然、与土地之间建立一种新型的关系。"⑤ 作为这场革命的重要组成部分，企业对自然环境的责任教育是要引导企业家牢固树立企业对

---

① ［美］蕾切尔·卡逊．寂静的春天［M］．吕瑞兰，李长生，译．长春：吉林人民出版社，1997：263.

② ［美］纳什．大自然的权利：环境伦理学史［M］．杨通进，译．青岛：青岛出版社，1999：13．

③ 刘湘溶．人与自然的道德话语：环境伦理学的进展与反思［M］．长沙：湖南师范大学出版社，2004：139.

④ 刘湘溶．人与自然的道德话语：环境伦理学的进展与反思［M］．长沙：湖南师范大学出版社，2004：139.

⑤ ［美］纳什．大自然的权利：环境伦理学史［M］．杨通进，译．青岛：青岛出版社，1999：201.

自然的责任意识、培养对自然的敬畏情感、改变对自然的态度取向，从而自觉遵守环境法律与环境道德的要求。在某种意义上，企业对自然的责任教育是广义环境教育的组成部分。“环境教育有多种定义……其本质一目了然：帮助个人……理解他们的自然环境的主要特征，他们与自然环境的相互关系，管理自然环境的需要；培养个人责任感和对自己环境状况的积极关注，鼓励他们对环境表现出热情和乐趣。”① 这种教育应当使人们理解环境的复杂结构，促进人们对发展过程中环境重要性的认识，使人们充分认清现代世界中经济、政治、生态的相互依存关系。②从具体内容上理解，企业对自然的责任教育涉及环境保护相关法律教育和环境伦理教育：一方面，环境保护相关法律教育旨在培养企业环境法律意识，以促进企业依法从事生产经营活动，如亨利·D. 梭罗（H. D. Thoreau）在解释他自己于19世纪40年代对奴隶制和墨西哥战争的抵制时宣称的那样：“应当做的与其说是培养对法律的尊重，不如说是培养对权利的尊重。”③这种被尊重的权利，曾经主要指向人与组织，这里则指向了自然环境以及生存其中的非人生物。另一方面，环境伦理责任教育旨在形成环境价值共识，主要包括“对环境及其问题的意识、对环境状况及环境知识的理解、对待环境的价值观和态度、解决和预防环境问题的技能与对环境保护事业的热心参与等”④。概而言之，企业对自然的责任教育通过进行环境污染危害教育宣传、环境保护常识与意义教育宣传、环境情感的激发和培育、资源环境价值理念的教育传播，推动企业实施清洁生产，促进企业承担减少资源消耗和防止环境污染的责任，以维护人类唯一的自然生态家园。

---

① ［英］艾沃·F. 古德森．环境教育的诞生：英国学校课程社会史的个案研究［M］．贺晓星，仲鑫，译．上海：华东师范大学出版社，2001：125.

② ［法］A. 吉奥尔当，等．环境教育的教学原则与学习原则［M］．高如峰，俞桂湘，等译．北京：中国环境科学出版社，1991：29.

③ ［美］纳什．大自然的权利：环境伦理学史［M］．杨通进，译．青岛：青岛出版社，1999：202.

④ 卢风，刘湘溶．现代发展观与环境伦理［M］．保定：河北大学出版社，2004：309-310.

5.2　社会系统的三大领域维度

企业生存发展于社会系统之中，与社会系统要素——尤其是经济、政治、文化三大领域要素相互作用。因此，从企业作用于社会系统中的经济领域、政治领域与文化领域所产生的影响来说，企业的经济责任、政治责任与文化责任教育是企业家社会责任观念教育的重要维度。

5.2.1　企业经济责任

在企业社会责任同心圆中，企业经济责任处于最内圈，是企业的基本责任，“向社会提供满足人们需求的商品和劳务，促进经济增长，这是企业在社会分工中所应承担的有效发挥经济作用的明确责任”①。传统经济学曾把“利润最大化”作为企业不言而喻的天职，甚至把经济责任视为企业责任的全部。不难理解，作为社会的经济细胞，企业的经济性质要求企业首先要合理组织和利用各种资源，努力创造财富。“企业必须尽其力为股东‘谋取最大利润’，这是摆在第一位的企业经济或经营之‘责’”②，其他责任则是基于其上并以此为经济基础的。同时，获取经济利益也是企业自我发展的动力，任何企业从事生产经营活动都是为了实现一定的经济利益，这是企业经济活动的起点和终点。③从企业社会责任同心圆结构来看（图 2-2），企业对法律责任、道德责任和慈善责任的履行最终要回归到对经济责任的促进与推动。

“实现一定的经济利益”当然是企业经济责任的内核。对企业经济责任的考察涉及两个基本方面：一方面，企业如何实现经济责任。如图 5-3 所示，在经济责任与法律责任、道德责任、慈善责任之间，前者构成后者的物质基础，后者构成前者的补偿机制，也是构成前者价值实现的手段，其目的在很大程度上要回归到企业经济价值的实现。另一方面，企业经济责任受益主体的扩展趋势。其一，企业家与投资者。这更倾向于企业经济责任的原初意义，企业家与企业的投资者首先较多地从企业收益中获取更多的利益。其二，企业员工。企业员工会不同程度上

① 袁家方．企业社会责任［M］．北京：海洋出版社，1990：11.

② 李立清，李燕凌．企业社会责任研究［M］．北京：人民出版社，2005：26.

③ 刘祖云，等．企业社会学新论［M］．武汉：武汉工业大学出版社，1990：216.

从企业的发展过程中受益。其三，消费者与社区公众，如受益于企业的产品、提供的基础设施与改善的环境。其四，政府与社会公众，如经济政策的落实、税收的增加与整个社会福利水平的改善。企业经济责任教育主要侧重于强调后三个方面，如图 5-4 所示。

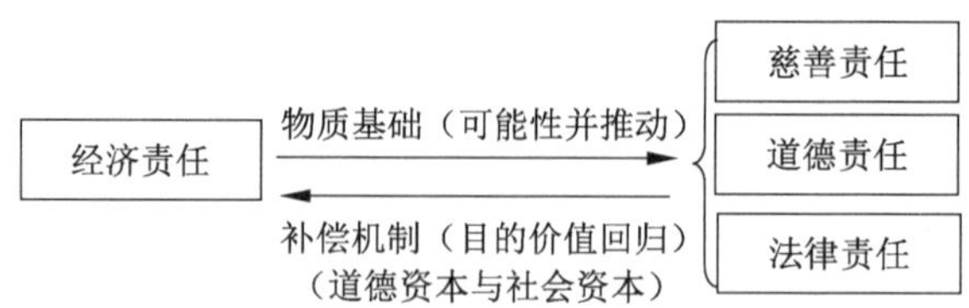

图 5-3　企业经济责任与非经济责任之间的关系

依据上述理解，这里所述及的企业经济责任及其教育侧重于企业经营者利益诉求与企业利润最大化之外的更广泛意义上的社会经济责任。企业作为“社会的公器”，其生产经营在实现企业经营者的利益追求的同时，还肩负着更广泛的社会经济责任，这主要体现为随着企业的发展，不断增加企业员工的工资、福利、待遇，不断提供质优价廉的产品与服务以实现消费者的利益，贯彻政府的经济政策决策，提供合法的税收，不断改善企业所在社区的物质基础设施等。因此，企业经济责任教育要侧重引导企业经营者正确处理好自己的经济利益与他人、社会的经济利益之间的关系，不断增进利益相关者以及社会整体的利益。具体而言：其一，培养不断提高企业利益相关者物质经济利益、实现其价值诉求的意识。由于企业的生存发展一刻也离不开投资者、企业员工、消费者等因素直接或间接的贡献，所以企业有责任不断增进投资者的利益、提高员工工资待遇、为消费者提供价廉物美的商品和优质服务。其二，培养为社会的稳定、发展与和谐不断创造与积累物质财富的意识。企业之所以能生存发展，是基于特定的社区和社会为企业所提供的基础设施、公共政策、治安环境等客观条件。同时，社会还承担着企业发展过程中可能带来的各种风险与危害，承担着企业发展的“外部不经济”，这就要求企业必须给予社区或社会必要的经济补偿，承担相应的经济责任，促进社区和当地社会的经济繁荣。这既是一种应当，也是一种必须。其三，引导企业树立依法纳税的意识，为经济社会发展和公众福利改善积累公共资金。税收体现着国家的政治经济职能，是国家履行社会管理职责、发展公共事业的需要，也是经济调控的重要手段。“企业依法纳税，履行纳税社会责任，是换取企业从事正常生产经营活动和促进社会稳定与社会发展的必要代价。”①同时，企业依法履行纳税义务不仅反映企业对法律的遵从关系，而且反映企业的社会公德和社会责任感。②这在一定程度上可以赢得政府管理部门与社会公众的信任，是企业形成良好声誉不可或缺的途径。

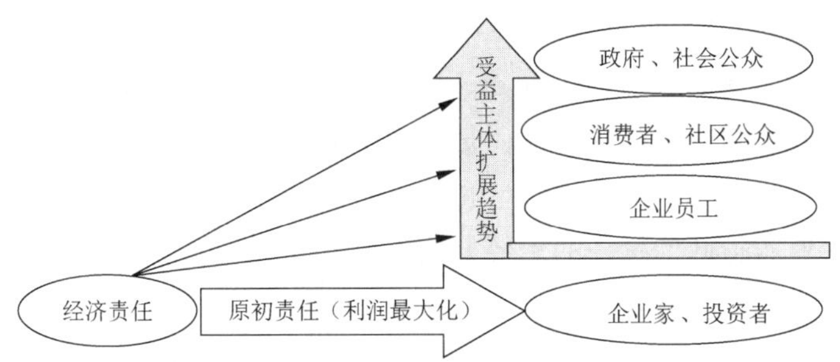

图 5-4　经济责任受益主体的原初指向与教育引导的扩展趋势

5.2.2　企业政治责任

教育通常都具有一定的价值倾向性，换言之，教育一般都具有重要的政治职能。“教育内容从其创造、编制到其传授、影响，不仅是一个教育过程，而且是一个社会过程，其中还是一个政治过程。不仅具有教育意义，而且具有复杂的社会意义，其中还具有重要的政治意义。”③企业家社会责任观念教育作为一项思想教育活动，并非完全与价值无涉。也就是说，企业家社会责任观念教育应当体现一定的价值倾向性和政治倾向性，应当体现自身的政治职能。

美国政治学家罗伯特·A. 达尔（R. A. Dahl）认为：“无论一个人是否喜欢，实际上都不能完全置身于某种政治体系之外，……政治是人类生存的一个不可避免的事实。每个人都在某一时期以某种方式卷入某种政治体系。”④依据这样的理解，在最广泛的意义上，既然每个人都或

---

① 袁家方 . 企业社会责任［M］. 北京：海洋出版社，1990：36.

② 袁家方 . 企业社会责任［M］. 北京：海洋出版社，1990：37.

③ 成有信，等 . 教育政治学［M］. 南京：江苏教育出版社，2000：313.

④［美］罗伯特·A. 达尔 . 现代政治分析［M］. 王沪宁，陈峰，译 . 上海：上海译文出版社，1987：5.

多或少地卷入某种政治体系，那么每个人都在其中扮演着相应的角色。[①]由于角色与责任总是相对应的，所以当人们在一种政治体系中扮演一定的政治角色时，也应当承担一定的政治责任。

企业是以盈利为主要目的的社会经济组织，关于“一般的社会经济组织是否存在政治责任”，诸多论者早就从不同的角度对此进行过探讨。来耀勤等认为，企业的政治责任体现为：发挥企业职工的主人翁作用；坚持把国家利益放在首位；坚定不移地贯彻执行党的各项路线、方针和政策；加强自身的思想建设等。[②]王德蓉等认为，企业中的党团工会等非经济的正式组织尤其是党组织，是企业的政治核心，在企业的政治行为方面起着主导和核心的作用。[③] 也即是说，企业积极推动党团组织的活动，是企业履行政治责任的重要方面。周知术认为，企业的政治责任主要体现为：贯彻执行党的路线、方针、政策；遵守国家的法律法规；坚持企业的社会主义方向；建设“四有”职工队伍。[④]刘祖云等认为，企业的政治责任体现为坚持社会主义方向、遵守国家的法律法规等。[⑤]陈荣耀认为，企业必须实现管理者与被管理者之间的和谐，实现同业之间的和谐，实现同事之间的和谐。实现和谐，就是实现了企业的政治责任。[⑥]概括这些论述，企业的政治责任主要体现为：发挥企业职工的主人翁作用；坚持把国家利益放在首位；坚定不移地贯彻执行党的路线、方针和政策；遵守国家的法律、法规和法令；加强企业思想建设，搞好企业思想政治工作；坚持用中国特色社会主义理论体系武装思想、指导行动；建设“四有”职工队伍等。

作为以盈利为主要目的的社会经济组织，企业之所以要承担政治责任，是因为：第一，由于人“实际上都不能完全置身于某种政治体系之外”而成为政治责任主体，则由政治责任主体组成的企业组织也相应具有一定的政治责任。第二，从理论上讲，法律、道德均服务于一定的政

---

① 张贤明．论政治责任：民主理论的一个视角［M］．长春：吉林大学出版社，2000：8.

② 来耀勤，范鹏．建设现代企业文化［M］．兰州：兰州大学出版社，1990：315-316.

③ 王德蓉，方向新，等．企业运行的新视野：企业社会学导论［M］．南宁：广西人民出版社，1990：19.

④ 周知术．中国改革新思路［M］．长春：吉林大学出版社，1990：176.

⑤ 刘祖云，等．企业社会学新论［M］．武汉：武汉工业大学出版社，1990：211-212.

⑥ 陈荣耀．比较文化与管理［M］．上海：上海社会科学院出版社，1999：97.

治上层建筑，企业对法律责任、道德责任的承担即直接或间接服务于生存其中的政治上层建筑，客观上标示着对政治责任的承担。同时，企业的发展所创造的财富也是构建特定的政治上层建筑的物质基础，在这一点上可以说，“经济建设就是最大的政治”。第三，从企业社会责任运演、发展的历史与实践来看，企业政治责任其实已经蕴含于社会责任之中。美国经济开发委员会 1971 年 6 月发表了一篇题为《商事公司的社会责任》的报告，其中列举了 58 种旨在促进社会进步的行为，并要求公司付诸实施，其中就包括经济增长与效率、公民权与机会均等、对政府的支持等。[①]经济增长与效率是构建和巩固政治上层建筑的经济基础；公民权与机会均等则是政治的重要价值诉求，是公民政治追求的题中之义；对政府的支持则是对企业政治责任的直接要求。因此，诸如遵守法律道德、支持政府、参与政治、维护公民权利等方面的教育都可以理解为政治责任教育的重要体现。

具体而言，企业政治责任教育在直接的层面上表现为教育和引导企业家注重企业发展正确的政治方向，“保证党和国家的路线、方针、政策、法令在企业得到有效的贯彻”[②]，能以适当的方式进行政治参与、建言献策，维护职工的政治权利和人身权利等；在间接的层面上，表现为教育和引导企业家切实贯彻和落实国家的经济政策，注重企业文化的先进性与政治方向性。但田祖海曾认为：“在对政府的责任问题上，东西方却有很大的不同，西方发达国家，是大社会、小政府；而中国目前的现实却是与之相反的。因此，在当前，我们不宜过多地强调对政府的社会责任。”[③]这种观点具有一定的道理，但需要指出的是，对政府的责任与企业的政治责任具有明显的不同，这里论及的企业政治责任主要是指企业作为企业公民所应承担的维护宪法法律、为特定的政治上层建筑创造和积累物质基础、尊重并有效维护企业员工的基本政治权利等方面的基本责任，企业的这些政治性责任是广义企业社会责任的基本组成部分。

5.2.3　企业文化责任

企业作为一种社会组织，是文化的重要载体。企业的文化责任是指

---

① 卢代富．企业社会责任的经济学与法学分析［M］．北京：法律出版社，2002：70-71.

② 王德蓉，方向新，等．企业运行的新视野：企业社会学导论［M］．南宁：广西人民出版社，1990：19.

③ 田祖海．论现代企业社会责任［M］．武汉：湖北人民出版社，2007：153.

企业发展企业文化，为企业员工营造精神文化家园，促进社会文化事业发展的责任。从宽泛的意义上理解，企业文化责任是企业社会责任的重要组成部分，这主要基于文化是社会的精神要素，任何社会没有文化就立不起来。企业文化在浅层次上体现为企业的行为方式或经营风格，在深层次上体现为企业的基本价值观，是企业最稳定的核心部分，构成了现代企业的精神支柱。企业文化主要通过精神力量和价值观引导，从深层次上规范企业的行为，服务于企业的目标实现，同时使市场竞争在一定程度上超越野蛮与无序。企业文化对企业人的影响是客观而深刻的，同时也是企业持续发展的精神驱动力，事实证明，“价值观念和信仰对公司绩效的影响是千真万确的”①。对于员工来说，企业文化影响着企业员工的精神世界、心理状况与价值倾向，影响着企业员工对企业与社会的基本态度，健康、和谐、先进的企业文化是构筑企业员工精神家园、满足员工精神需要的基本要求。从结构上理解，企业文化通常分为物质层、制度层、精神层、行为层。其中物质层是企业文化的外壳，精神层是企业文化的内核，企业家企业文化责任教育可以从这些方面着手。

首先，引导企业家善于构建企业的物质文化。物质文化是企业固化的物质设施、产品或标志，如工业企业的厂房、车间、庭院以及生产劳动设施、文体娱乐教育设施、信息载体设施、实体产品及其标志等。企业对文化的责任教育即是要引导企业家在企业物质设施的构建过程中善于融合、渗透和体现企业的文化个性与社会的文化要求。如企业独具特色的厂房、车间、庭院等，通常都沉淀和渗透着特定的文化理念和价值倾向；企业劳动设施的合理设计或配置，“可以为职工提供一个安全、整洁、舒适的工作环境”②；餐厅、宿舍、休息室等生活福利设施以及文体、教育、娱乐设施不仅仅是为了满足企业员工的基本需要，更重要的是，职工可以通过设施的状况来了解、体会企业的价值取向，从而决定自己的价值观。也即是说，企业的这些设施状况“反映出企业关心工

---

① ［美］特雷斯·E. 迪尔，阿伦·A. 肯尼迪．企业文化：现代企业的精神支柱［M］．唐铁军，叶永青，陈旭，译．上海：上海科学技术文献出版社，1989：7.

② 李兴群，李永春，邢家英，等．经营管理之本：企业物质文化论［M］．北京：中国商业出版社，1991：61.

人、爱护工人、尊重工人的程度”①。因此，企业的劳动设施、生活福利设施与文体教育娱乐设施从不同的角度体现着企业独特的文化理念与价值取向，表征着企业对文化责任的承担情况。企业的这些物质设施、产品与环境体现出独特的文化品位，如果能吸收和融合社会主流文化的需要，则是企业履行社会责任的直接要求和具体体现。

其次，引导企业家科学建构企业的制度文化。一般认为，企业管理最有效的方法是借助科学的制度，企业价值观只有嵌入企业制度尤其是管理制度、工作制度、激励制度、责任制度等之中，才能对员工的劳动方式、生活习惯、心理结构、行为方式、人际关系等产生有效和有益的影响。企业制度本身是文化的物化，是文化的集中体现。企业家在构建企业制度的过程中，应着意于渗透企业的文化理念与核心价值，从而形成与企业价值理念协调一致的企业制度文化。但企业制度能否体现企业独特的价值观，能否与社会核心价值实现兼容，则是需要企业家社会责任教育着意倡导的。也即是说，千差万别的企业会形成千差万别的企业制度，但企业制度却不一定都能形成制度文化。企业的文化责任教育就是要引导企业家在建构、设计企业制度时能渗透、结合主流的社会文化要求，并体现出独特的企业文化，把硬邦邦的外在企业制度提升为软性的能嵌入企业员工思想和行为的企业制度文化，并通过着力实现企业价值观、企业制度文化与社会主流价值观三者的融合，体现出对发展社会文化责任的理解与推动。

最后，引导企业家精心构筑企业的精神文化。通常讲的企业文化主要是指狭义上的企业精神文化，黄速建等明确提出：“企业精神文化是企业文化的核心层次”②，是形成企业物质文化、制度文化、行为文化的基础和原因。企业精神文化“体现在企业的物质标记中，也体现在企业行为和员工的行为方式和群体心理之中”③，是企业价值观的集中表现。由企业精神、企业价值观、企业哲学、企业道德和企业风气等要素构成

---

① 李兴群，李永春，邢家英，等．经营管理之本：企业物质文化论［M］．北京：中国商业出版社，1991：174.

② 黄速建，黄群慧．现代企业管理：变革的观点［M］．北京：经济管理出版社，2007：57.

③ 何崇恩，周黎民．公共关系原理［M］．武汉：华中理工大学出版社，1996：227.

的企业精神文化既是企业管理上的重要手段，又构成企业员工精神生活的重要依托和平台，同时也是社会文化传承与发展的重要实现机制。企业构建与发展有利于企业目标实现、员工精神生活改善与社会核心价值观传播的企业精神文化，是企业社会责任的重要内容和具体体现。

综上所述，企业社会责任观念教育引导企业家积极发展、精心构筑企业的物质文化、制度文化与精神文化，以具体、直观而明确的方式体现了企业对社会文化责任的理解与承担，清晰地反映着企业社会责任意识的水平，有利于推动企业社会责任意识水平的整体提高和企业社会责任的实践。其间的关系如图 5-5 所示。

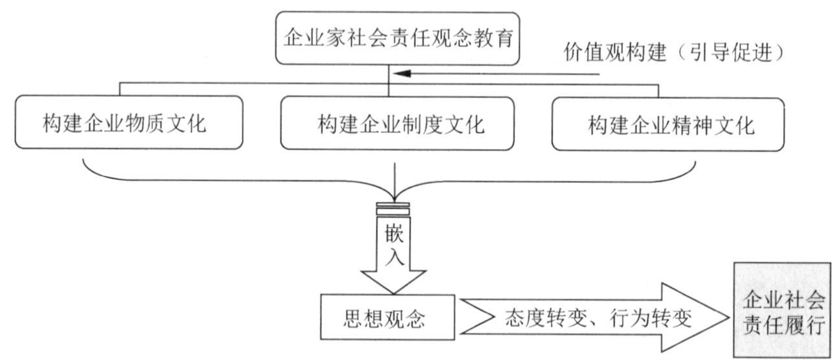

图 5-5　企业家社会责任观念教育—企业文化—企业社会责任实践关系

5.3　责任履行的三重境界维度

企业社会责任的履行存在三个层次，其中法律责任是必须严格履行的责任，也是企业社会责任的底线要求；道德责任是一种应当履行的责任，蕴含着对行为主体超越一般底线要求的道德期待；慈善责任则是企业可以自由选择是否履行的责任，这既取决于企业的经济实力，也取决于企业的价值观与道德水平。问卷调查的数据表明，企业经营者对企业的法律责任、道德责任与慈善责任的认同度或支持程度依次降低。

5.3.1　必须之责：企业法律责任

市场经济是法治经济，企业在市场经济环境下生存与发展，最基本的前提是必须遵循“游戏规则”，这主要体现为遵守相关法律法规，这是企业必须承担的责任。由于“法律责任的哲学基础毕竟是社会价值体系在法律中的投影，是立法者用其价值体系衡量各种社会现象的重要反映，……就足以表明法律责任的哲学基础所反映的价值体系中必然内含着一些人类共同的价值取向，……这些基本的价值要素大致可以归结为秩序、正义、自由和效率”①。依据这样的理解，企业法律责任教育应引导企业家对企业法律责任的价值诉求逐渐形成价值认同，促使其对企业社会责任的情感生成与态度转变，以推动企业自觉履行法律责任。

（1）法律责任是秩序价值的维护手段。对法律责任的履行首先是基于对秩序价值的维护，一定的秩序是人们正常生产生活和人类运演发展的基本前提。“在一定程度上我们甚至可以说，人类社会的历史虽然漫长而且纷繁复杂，但由于社会生活不断绵延的过程，实际上不过是人们在追求不同秩序的历史。”②到了市场经济的现代社会，人们对生产、生活、交往、交换等秩序的追求更是到了无以复加的地步，甚至可以说，没有秩序，物质生产与精神生产就无法顺利进行，就没有市场经济和现代文明。在一个社会中，秩序的确立需要借助适合特定社会及其发展水平的社会规范和规则，“同时，这些规范和规则被广泛遵守和执行。这些规范和规则直接体现着它们所代表、维护的社会秩序，遵守与维护这些规范、规则，即是遵守和维护有关的社会秩序”③。法律就是这种规范，是建立和维护秩序的重要手段。因此，法律责任强调对法律的遵守即是对秩序价值的维护，企业对法律责任的承担首先也是基于企业组织自身对生产交换秩序的客观需要。

（2）法律责任是自由价值的实现途径。企业作为人群共同体，其盈利活动需要一定的生产、管理、营销等的自由，但正如黑格尔曾认为的“自由是以必然为前提”④ 的，查尔斯·H. 库利（C. H. Cooley）也曾明确地指出：“自由只有通过社会秩序或在社会秩序中才能存在，而且只

① 杜飞进．论经济责任［M］．北京：人民日报出版社，1990：37-38.

② 黎玉琴．秩序与和谐的文化追求：超越个体理性和集体理性［M］．贵阳：贵州人民出版社，2006：40.

③ 黎玉琴．秩序与和谐的文化追求：超越个体理性和集体理性［M］．贵阳：贵州人民出版社，2006：44.

④ ［德］黑格尔．小逻辑［M］．贺麟，译．北京：商务印书馆，1981：323.

有当社会秩序得到健康的发展，自由才可能增长。”[①]这种通过对秩序必然性的认识、把握与遵循为前提而获得的自由是一种现实的和积极的自由，“人们越是把握秩序及其变动规律，也就越能获得行为的自主性，提高活动的自由度”[②]。同时，秩序不仅是自由的前提和基础，其本身也包含着自由，人们在一定的社会秩序中所体现的行为上的独立性和差异性即是在这种秩序框架内的自由。法律对秩序的建构同时就确证着自由的范围、限度和边界，正如马克思所指出的：“法律是肯定的、明确的、普遍的规范，在这些规范中自由的存在具有普遍的、理论的、不取决于个别人的任性的性质。法典就是人民自由的圣经。”[③]对于企业来说，企业生产经营自由也必须合理把握并遵循法律所建构的秩序，一旦超越法律所规约的秩序边界，企业就会失去生产、经营和获取利润的自由。

（3）法律责任是正义价值的体现方式。约翰·罗尔斯（J. Rawls）曾强调，“正义是社会制度的首要价值”[④]。在他看来，“社会正义原则的主要问题是社会的基本结构，是一种合作体系中的主要的社会制度安排”[⑤]。法律制度即是其中极其重要的制度安排，虽然“法律和制度可能在被平等地实施着的同时还包含着非正义”[⑥]，但“前后一致地实行它们也还是要比反复无常好一些”[⑦]，因为这种形式的（或规则性）正义（如规定权利的享受与责任的承担的等值关系）“排除了一些重要的非正义”[⑧]。这样，法律“一直被视为维护和促进正义的‘艺术’或工具”[⑨]。

---

① ［美］查尔斯·霍顿·库利．人类本性和社会秩序［M］．包凡一，王湲，译．北京：华夏出版社，1989：278.

② 邢建国，汪青松，吴鹏森．秩序论［M］．北京：人民教育出版社，1993：21.

③ 马克思，恩格斯．马克思恩格斯全集（第一卷）［M］．北京：人民出版社，1964：71.

④ ［美］约翰·罗尔斯．正义论［M］．何怀宏，何包钢，廖申白，译．北京：中国社会科学出版社，1988：1.

⑤ ［美］约翰·罗尔斯．正义论［M］．何怀宏，何包钢，廖申白，译．北京：中国社会科学出版社，1988：50.

⑥ ［美］约翰·罗尔斯．正义论［M］．何怀宏，何包钢，廖申白，译．北京：中国社会科学出版社，1988：54.

⑦ ［美］约翰·罗尔斯．正义论［M］．何怀宏，何包钢，廖申白，译．北京：中国社会科学出版社，1988：55.

⑧ ［美］约翰·罗尔斯．正义论［M］．何怀宏，何包钢，廖申白，译．北京：中国社会科学出版社，1988：55.

⑨ 杜飞进．论经济责任［M］．北京：人民日报出版社，1990：39.

因此，企业对法律责任的履行体现了对正义价值的推进和维护。

（4）法律责任是效率价值的推进机制。在法制起基础规约作用的市场经济环境中，“经济效率是法律制度的主要目标”①，法律通过对交换活动的维护、对交易冲突的调节、对经济制度创新与变革的确认等实现对效率的推进，即“法律制度有助于维持社会的秩序和稳定，使得经济主体在一定的透明的政治经济制度框架下自由地参与经济活动，进行投资、消费等，从而确保和维护人们的权益，减少资源分配的扭曲和无效，提高经济效率”②。企业对法律责任的承担是对整个经济系统效率的推进，也是满足自身提升效率的需要。

依据上述分析，“秩序、正义、自由和效率共同构成法律责任的哲学基础”③。企业法律责任教育首先在于使企业家明确法律责任的哲学基础，从而能从哲学理性的角度在法理上理解、认同和把握企业的法律责任。其次，从具体内容上讲，企业法律责任教育主要是进行与企业生产经营相关的法律法规教育，包括：公司、合同、知识产权等相关法教育；产品质量、广告宣传与消费者权益保护相关法教育；劳动法、企业生产经营与职工权益相关法教育；资源环境相关法教育；税法相关法教育等。企业法律责任教育通过这些相关法律知识与守法责任教育，以求提高企业经营者的法律意识，增强企业经营者对法律及其价值的内心认同，并逐渐形成对法律价值的内心信仰，发挥法律对企业行为规范的引导作用，从而促进企业严格履行法律责任，增强企业守法经营的自觉性，这对维护社会生产生活的基本秩序以及维护企业员工与企业利益相关者的合法权益等都具有重要的意义。

5.3.2　应当之责：企业道德责任

Paine 曾指出：法律不能激发人们追求卓越，它不是榜样行为的准则，甚至不是良好行为的准则。④ 同时，法律调节存在着诸多的欠缺，如“法律所要规范的行为有限、法律只能惩恶不能劝善、立法滞后、法

---

① 王稳．经济效率因素分析［M］．北京：经济科学出版社，2002：249.

② 王稳．经济效率因素分析［M］．北京：经济科学出版社，2002：248.

③ 杜飞进．论经济责任［M］．北京：人民日报出版社，1990：40.

④ PAINE L S. Managing for organizational integrity［J］. Harvard Business Review，1994，72（2）：106.

律有漏洞以及实施上有难度”[①]。当试图用法律来弥补市场机制的缺陷时，人们会发现，法律的这些局限性，使其无法承担起规范企业行为的全部职责，而伦理道德调节具有非强制性、普遍性、扬善性等特点，可以弥补法律调节的不足。[②]同时，伦理道德是人和社会生存与发展的精神支柱和价值导向，是行为的高尚境界和精神动力。[③]因此，教育应当引导人们超越对法律一般规则遵守的底线要求，致力于追求卓越与崇高，而对道德的践行及对道德责任的承担即是追求卓越与崇高的重要体现。马志尼曾认为：教育是为了提高道德修养，而教授则是为了提高智力。前者培养人们了解自己的责任，后者使人能够尽其责任。没有教授，教育往往起不了作用；没有教育，教授就会成为一根没有支点的杠杆。[④]企业家企业道德责任教育正是要提升企业家的道德修养，促使其了解自己的使命，推动企业能够尽其道德责任。

伯特兰·罗素（B. Russell）在《伦理学和政治学中的人类社会》一书中提到：在很大程度上，道德“使人们在行为中把他人之善置于同一己之善同等重要的地位”[⑤]。可以说，在漫长的人类发展过程中，伦理道德信念构成了人发展进步的精神力量，这种引导和推动人实现自我完善的精神力量是一种应然要求，人们是出于自愿“把他人之善置于同一己之善同等重要的地位”的，人们对行为的某种选择是出于自身内心的向善，道德向人们展现的是人行为的一种应当境界，所以道德责任是一种应然层面的责任。早期的企业社会责任在意涵上接近企业的道德责任，“卡罗尔将企业道德责任界定为未上升为法律但企业应予履行的义务”[⑥]。随着企业社会责任内涵的日渐丰富与外延的逐渐扩展，企业的道德责任逐渐从社会责任的一般提法中相对独立和分离出来。作为一种关系的存在，企业之所以要对关系相对方承担道德责任，是因为：① 企业在生产

---

① 张学斌，赵冬花．企业伦理学［M］．哈尔滨：哈尔滨地图出版社，2006：75-77.

② 张学斌，赵冬花．企业伦理学［M］．哈尔滨：哈尔滨地图出版社，2006：78-79.

③ 王小锡．道德的资本价值和资本的道德价值［J］．江西师范大学学报（哲学社会科学版），2011（6）：15-16.

④ ［意］马志尼．论人的责任［M］．吕志士，译．北京：商务印书馆，1995：116.

⑤ ［英］伯特兰·罗素．伦理学和政治学中的人类社会［M］．肖巍，译．北京：中国社会科学出版社，1992：136.

⑥ 卢代富．企业社会责任的经济学与法学分析［M］．北京：法律出版社，2002：90.

经营过程中形成了与相关者的客观利益关系，道德关系是这种客观利益关系的反映。由于利益相关者在利益上的平等权，这就要求企业应当充分考虑利益相关者的利益，道德责任关系也由此产生。② 企业是基于社会契约形成的经济组织，契约各方在缔结契约时，是基于对一些基本价值的共识、默认或认同，其中包括道德责任价值。③ 道德责任的产生是基于选择的可能性、选择能力与意志自由。选择的可能性是指外界提供的多种可选性对象，社会愈发展，展现在人们面前的选择可能性就愈丰富；个体的选择能力与意志自由则是道德责任产生的内在条件，“人既然可以在几种可能性中进行选择、权衡、取舍，那么他的这种选择就是他自己的，就证明他是同意所选择可能性的，他也就必然要为选择所造成的后果负责”[①]。费舍等在《责任与控制：一种道德责任理论》中也阐述了相似的意思：当出现亚里士多德式的条件，即一个人处于无知和强迫时，则一个人就可能不会负有道德责任。因此，对道德责任的积极分析常常包含两种条件：第一种是“知识条件”。即只有当一个人既知道与他的行动有关的某些特殊事实，也怀着某种适当的信念和意向进行行动时，他才能为此负责。[②]第二种是“与自由有关的条件”。“与自由有关的条件明确指出，这个人必须在某种适当的意义上控制他的行为，以便为此而负起道德上的责任。”[③]也即是说，一个人若要为某种行为负道德责任，则他必须是在自由状态下做此事的，而没有外在的非法强迫。所以恩格斯曾这样认为：如果不谈谈所谓的意志自由、人的责任、必然和自由的关系等问题，就不能很好地讨论道德和法的问题。[④] 正如费舍等认为的：只有人才能对他们所做的事负起道德上的责任。[⑤]因此，企业道德责任其实是企业组织中人（尤其是企业行为的决策者）的道德责任。企业是由具有选择能力和意志自由的人建立起来的，社会为企业

---

① 罗国杰．伦理学［M］．北京：人民出版社，1989：360.

② ［美］约翰·马丁·费舍，马克·拉维扎．责任与控制：一种道德责任理论［M］．杨韶刚，译．北京：华夏出版社，2002：8-9.

③ ［美］约翰·马丁·费舍，马克·拉维扎．责任与控制：一种道德责任理论［M］．杨韶刚，译．北京：华夏出版社，2002：9.

④ 马克思，恩格斯．马克思恩格斯选集（第三卷）［M］．北京：人民出版社，1972：152-153.

⑤ ［美］约翰·马丁·费舍，马克·拉维扎．责任与控制：一种道德责任理论［M］．杨韶刚，译．北京：华夏出版社，2002：1.

的行为选择创建了丰富多样的可能性，企业（尤其是企业管理者）必须为自己的行为选择（主要是企业决策行为）承担道德责任，诸如关爱员工、尊重消费者、诚信交易、参与公益活动等，这些都是企业道德责任的基本要求，也是企业道德责任教育的基本方面。

当然，从功利的角度理解，正如王小锡指出的：道德必须要产生经济社会效应。如果不能带来精神的和物质的效应或效益，伦理道德将会失去其存在的理由。① 邓小平也明确强调：如果只讲牺牲精神，不讲物质利益，那就是唯心论。② 马克思则辩证地指出：没有无义务的权利，也没有无权利的义务。③ 因此，企业在承担道德责任时，“道德回报”作为一种权利就成为其题中之意。道德回报虽然在伦理上存在着质疑，但并不能否认其在现实中客观存在的事实。显而易见，“道德回报体现道德权利与道德义务的统一，但道德回报不能等同于经济回报”④，精神回报、心理的满足感等也是道德回报的内容。当然，“给那些实行善举的行为主体以物质利益上的奖励和精神上的褒扬”是道德回报中“赏善”这一层面，而道德回报还有“罚恶”一面，即“对那些施行恶行的人物质利益上的处罚和精神上的贬损”⑤。恰如亚当·斯密在《道德情操论》中指出的：“对我们来说，一个行为，如果它是感激的恰当的和被人认可的对象，那么，该行为一定应受奖赏；而另一方面，一个行为，如果它是怨恨的恰当的和被人认可的对象，那么，该行为一定该受惩罚。奖赏，是回报、是补偿、是以德报德。惩罚，也是回报、是补偿，只是方式不同，它是以眼还眼、以牙还牙。”⑥因此，对于企业来说，企业承担道德责任，由于其道德形象的改善、道德资本的提升而获得的道德回报

---

① 王小锡．道德的资本价值和资本的道德价值［J］．江西师范大学学报（哲学社会科学版），2010（6）：15-16.

② 邓小平．邓小平文选（第二卷）［M］．北京：人民出版社，1994：146

③ 马克思，恩格斯．马克思恩格斯选集（第二卷）［M］．北京：人民出版社，1972：137.

④ 王炎平．论道德回报及其合理性［J］．湖北广播电视大学学报，2008，28（6）：56-57.

⑤ 易钢．道德回报理论初探［J］．华南农业大学学报（社会科学版），2004，3（4）：77-81.

⑥ ［英］亚当·斯密．道德情操论［M］．韩巍，译．北京：中国社会科学出版社，2008：72.

是不言而喻的，但如果道德责任缺失，则作为“道德回报”的“罚恶”机制也会随之而来。对于企业家社会责任教育来说，既应强调“赏善”，又要强调“罚恶”，既要引导企业关注利润层面的回报，又要引导企业对“精神回报”充满期待、敬重和敬畏，以最大限度地实现企业对社会责任的实践由功利目的上升到伦理自觉。

5.3.3　自由之责：企业慈善责任

慈善活动的主要形式是现款或物品赠予，这就需要慈善主体必须有一定的财富积累和物质基础。慈善活动可以激发个体或组织的向善诉求，因而有利于个体和整个社会的道德进步，从而为个体或组织的道德发展提供广泛且明确的行动方向。从这一点上理解，慈善责任是道德责任的一种具体表现，但又有别于道德责任。周秋光等认为：慈善无疑是社会一定利益的调节器，是和谐社会的重要力量。它既起着安老助孤、扶贫济困的作用；同时又起着梳理社会人际关系、缓解社会矛盾、稳定社会秩序的作用。①

慈善行为在很长的历史时期内，其行为主体主要是专门的慈善组织或个人，后来，随着企业组织的大量产生，企业的慈善行为日益受到了关注。从企业社会责任的层级结构来看，慈善责任位于企业社会责任金字塔的顶部，为企业自愿履行之责任。由于中国企业多数规模小、生存周期短，多数企业尚未形成明确的慈善价值共识，这种状况表明加强企业慈善责任教育的现实必要性。对企业来说，慈善捐赠不仅仅是付出，也能给企业切实带来利益。吴书松等认为：“虽然宗教情结、道德因素及社会责任感无疑是企业参与慈善活动的不可否认的精神动力，但是，光靠纯公益利他性动机来解释企业慈善，显然不具有足够的说服力。大量的经验理论与实证研究都表明，企业的慈善参与必然有其利益诉求，只不过这种利益的回报可能是间接或长期的。”②换言之，企业慈善行动具有促进社会发展和回报企业自身的双重功能：一方面，企业慈善行动可以扩大慈善事业的发展资源、促进社区发展，同时在整个社会系统中

---

① 周秋光，曾桂林．中国慈善简史［M］．北京：人民出版社，2006：7.

② 吴书松，刘汶蓉，李骏．企业参与慈善公益［C］//卢汉龙．慈善：关爱与和谐．上海：上海社会科学院出版社，2004：78.

倡导相互关爱的价值理念和价值规范。[①] 另一方面，企业慈善行动对企业自身来说：其一，可以提升企业社会形象，提高企业声誉，储集企业的道德资本，从而有利于改善企业竞争环境。如贝奇·B. 阿德勒（B. B. Adler）所说的，慈善地位还有另外一种经济收益，虽然未写入任何一种法律，但它却是真实而巨大的。这项收益有时被称作“光环效应”。[②] 其二，可以增强企业内部的凝聚力，即企业的慈善行为可以有效地传播企业的价值倾向，从而可以吸引和凝聚具有相似价值观的人。其三，企业的慈善行为可以改善企业的社会网络关系，增强消费者、社会公众、管理部门以及企业员工对企业的信任，这同时也是企业与社会公众之间互惠的一种体现，因而有利于提升企业的社会资本水平，促进企业的持久生存与发展。企业慈善责任教育通过培育企业家的企业慈善理念和慈善价值观，引导企业能从善意的道德层面出发，积德行善，同时能充分认识到慈善行为对企业与社会的双重积极价值，以促进企业慈善行为的积极性和持续性。

企业慈善行为的上述作用可以从寻租和竞争优势角度作进一步埋解。也即是说，企业对慈善责任的履行，可以增加企业的寻租筹码，提高企业竞争优势。在这一点上，钟宏武将 Porter 和 Kramer（2002）提出的慈善捐赠——竞争优势模型和寻租模型的价值回报机制称为企业慈善捐赠的直接增值模型。[③]

其一，寻租回报机制。捐赠寻租回报机制是指企业利用慈善捐赠为筹码向社会（主要是政府）寻租（诸如得到政府订单，优先获取土地、贷款等稀缺资源，甚至获得市场垄断经营权等），以增加收益或降低成本，企业的这种捐赠寻租可以区分为直接寻租和间接寻租（图 5-6）两种方式：前者是指企业直接运用慈善捐赠来游说决策者；后者是指通过捐赠来提升企业形象，增加企业影响力，从而左右关键决策者，增加游说成功率。[④]

---

① 吴书松，刘汶蓉，李骏. 企业参与慈善公益［C］//卢汉龙. 慈善：关爱与和谐. 上海：上海社会科学院出版社，2004：80-81.

② ［美］贝奇·布查特·阿德勒. 美国慈善法指南［M］. NPO 信息咨询中心，译. 北京：中国社会科学出版社，2002：14.

③ 钟宏武. 慈善捐赠与企业绩效［M］. 北京：经济管理出版社，2007：57.

④ 钟宏武. 慈善捐赠与企业绩效［M］. 北京：经济管理出版社，2007：65.

其二，竞争优势回报机制。企业置身于激烈竞争的市场环境之中，其竞争能力在很大程度上取决于竞争环境中的要素条件、需求条件、战略和竞争环境以及相关产业等诸多因素。① Porter 和 Kramer（2002）② 认为，经过精心选择，企业对那些既能带来社会效益、又能带来经济效益的“互利”慈善领域进行战略性投资，将对竞争环境中的诸多方面都产生十分重要的影响，从而有利于提升企业的竞争优势，实现社会公益和企业绩效的双赢。

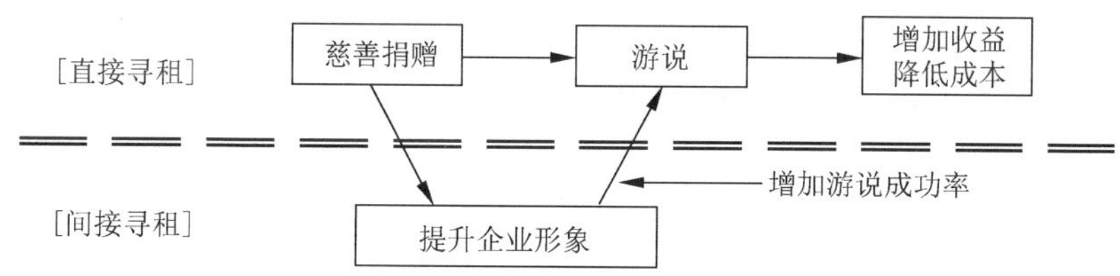

图5-6　捐赠寻租模型③

本章小结

企业家社会责任观念教育的内容主要包括：企业发展的三维指向维度，即企业对人、社会、自然的责任教育；社会系统的三大领域维度，即企业的经济、政治、文化责任教育；企业社会责任履行的三重境界维度，即企业的必须之责——法律责任、应当之责——道德责任、自由之责——慈善责任教育。企业的生成与发展必然与人、社会、自然发生错综复杂的关系，企业社会责任观念教育首先基于企业发展过程中这三维指向而展开。从企业作用于社会系统中的经济、政治与文化领域所产生的影响来说，企业经济责任、政治责任与文化责任教育是企业社会责任观念教育的重要维度。企业社会责任的履行存在三个层次，其中法律责任是必须严格履行的责任，也是企业社会责任的底线要求；道德责任是一种应当履行的责任，蕴含着对行为主体超越一般底线要求的道德期待；慈善责任则是企业可以自由选择是否履行的责任，这既取决于企业

① 钟宏武．企业捐赠作用的综合解析［J］．中国工业经济，2007（2）：1-10.

② PORTER M E，KRAMER M R. The competitive advantage of corporate philanthropy［J］. Harvard Business Review，2002，80（12）：56-68.

③ 钟宏武．企业捐赠作用的综合解析［J］．中国工业经济，2007（2）：1-10.

的经济实力，也取决于企业的价值观与道德水平。由于企业社会责任观念教育目前尚且没有形成系统化的专业或学科教育，所以这些内容通常是以嵌入的方式存在于“他专业”“他学科”或“他信息载体”之中的。从发展的趋势来看，这些内容最终将部分“脱嵌”而形成体系完备的专门的学科或专业，并在教育形式上形成“脱嵌”的学科或专业存在与“嵌入他者”的融合性存在相互并重的格局。

第 6 章　企业家社会责任教育的嵌入路径

探寻路径是教育实践必须解决的问题，毛泽东曾形象地指出："我们的任务是过河，但是没有桥或没有船就不能过。"① 从现实情况来看，企业家社会责任教育必须解决"桥"或"船"的问题，即必须发掘有效的教育路径。这样的路径应当充分借助现有传统教育路径，深入发掘新型教育路径，努力开发潜在教育路径，并力求实现教育路径的有效整合，形成立体化的教育路径网络（图 6-1），以实现预期的教育效果。需要指出的是，这些路径是企业家社会责任教育嵌入其中或可以有效借助的现实的途径或方式，而并非为其专门构建和设置，这些路径都有各自独特的基于其社会结构性存在的功能。对于千差万别的企业家来说，很难寻找一种通用的最佳教育路径。因此，对嵌入路径的发掘只是从群体的角度探寻各种可能性，并从理论研究的视角加以提炼与分类，这些路径并不需要费尽心机重新组织或耗费资源去刻意构建，而是业已现实地存在于社会系统与生活之中，有些则是社会结构性存在的组成部分或是业已嵌入现实社会机制的某种运行环节之中。

从本研究的前期调查以及前文关于理论基础的分析来看，大致可以得出如下几点基本结论：

其一，媒体宣传中的企业社会责任信息嵌入或渗透的教育方式具有最高的认同度。在回答可以采取哪些途径对企业家进行恰当的企业社会责任观念教育时，有高达 94.1%的企业家选择了"媒体宣传中的信息渗透"方式，这表明绝大部分企业经营者倾向于接受或支持这种途径，此外，"座谈交流中的要求建议""进修培训中的课程渗透""咨询服务中的信息暗示""宗教礼拜活动中的规劝建议"也都有较高的选择比例，如图 6-2 所示。

---

① 毛泽东．毛泽东选集（第一卷）［M］．北京：人民出版社，1991：139.

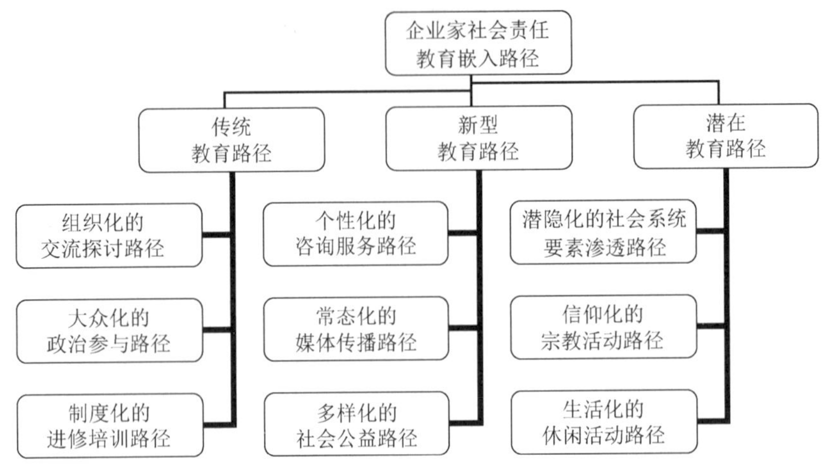

图 6-1　企业家社会责任观念教育的嵌入路径

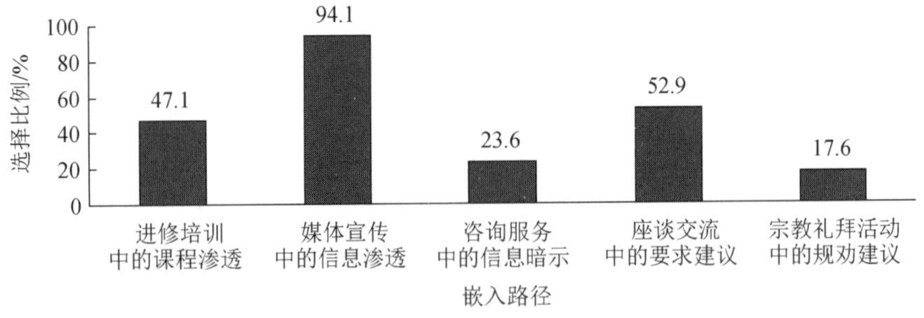

图 6-2　企业家对企业社会责任教育部分嵌入路径的选择比例

其二，教育形式呈现出各种以非正规教育、非正式教育等学校外的社会性教育为主和以学校正规教育为辅相结合的发展趋势。菲利普・H.库姆斯（P. H. Coombs）曾将教育的形式划分为正规教育、非正规教育和非正式教育：正规教育通常指学校教育；非正规教育包括各种职业和技能培训计划、各种非政府机构或组织等主办的学习活动；[①]而非正式教育主要指个体从诸如家庭、公共场所、大众媒体以及学习、工作和生活环境等方面获得的教育。一般而言，一个国家或地区“在教育供给方面

① ［美］菲利普・库姆斯. 世界教育危机［M］. 赵宝恒，李环，等译. 北京：人民教育出版社，2001：88.

最主要的形式是非正式学习”①。非正规教育和非正式教育即通常所指的学校之外的社会教育，这种教育今天已显得越来越重要，“以现代信息技术为主导的大众传播媒介和新型教育技术的发展，以及社会公共文化教育设施的完善，为满足社会教育发展的这种客观要求提供了物质技术条件，从而使得社会教育在现代社会中蓬勃发展起来，并居于与学校教育同等的重要地位”②。联合国教科文组织在《学会生存》一书中直截了当地写道：“与其他教育形式相比，学校的重要性……不是正在提高，而是正在降低。”③ 我们生活的世界，充斥着各种广告、标准，它们强烈地影响着我们的思想、感情、生活方式和价值观。依据这样的理解，企业家社会责任观念教育可以采取正规的学校教育与非正规教育、非正式教育相结合的形式，以整合和有效利用学校与社会的力量，最大限度发掘“多种学科和服务系统”的积极作用。麦克莱恩曾指出：“任何一个组织或行业都不可能独立地完成这一艰巨的教育任务……必须通过多种途径，依靠各类机构和组织来满足各种不同年龄的人对……教育的需要。”④理查德·P. 尼尔森（R. P. Nielsen）也曾形象地指出：“不同方法的合适与否或多或少依赖于所涉及的情况和对象。……现代组织里的成员也许不得不像希腊海神普罗蒂厄斯一样，随着情况的改变而改变自己的形状。”⑤也即是说，通过各种路径、多种力量的协调、整合与有效利用，“一种集勇气和智慧于一体的方法将在连续不断和变化无穷的过程中对伦理转化起到积极的推动作用”⑥。企业家社会责任观念教育正是需要“集勇气和智慧于一体的方法”，在立体路径网络的综合作用下，以期对企业家的企业社会责任意识构建与企业的“伦理转化”产生积极的推动作用。

---

① ［美］菲利普·库姆斯．世界教育危机［M］．赵宝恒，李环，等译．北京：人民教育出版社，2001：94.

② 王海山，王续琨．教育·科学·社会：当代社会的大教育观［M］．郑州：河南教育出版社，1991：33.

③ ［美］菲利普·库姆斯．世界教育危机［M］．赵宝恒，李环，等译．北京：人民教育出版社，2001：20.

④ ［美］J. 曼蒂，L. 奥杜姆．闲暇教育理论与实践［M］．叶京，潘敏，鲍建东，等译．北京：春秋出版社，1989：168.

⑤ ［美］理查德·P. 尼尔森．伦理策略：组织生活中认识和推行伦理之道［M］．伏宝会，陈育明，译．北京：中国劳动社会保障出版社，2005：2.

⑥ ［美］理查德·P. 尼尔森．伦理策略：组织生活中认识和推行伦理之道［M］．伏宝会，陈育明，译．北京：中国劳动社会保障出版社，2005：8.

其三，教育的具体路径或形式呈现出在多种社会性教育路径或社会网络结构中进行企业社会责任观念“嵌入性”教育的明显特征。前文分析了嵌入式的企业社会责任观念教育嵌入的基本内容及其维度分布，这里则从路径的角度，发掘和开发这些内容、理念、观念的教育传播嵌入哪些现实的社会结构或生活化的教育路径网络之中。具体来说，企业家社会责任观念教育嵌入其中的社会网络或社会结构可以大致从下述三个角度进行分析，企业家社会责任观念教育主要可以通过嵌入下述路径之中借以运行、展开和实施：就嵌入的可能性来说，这些路径是现实性的、社会结构性的客观存在，这些路径教育传播的价值理念和内容设置与企业社会责任观念相一致或者直接存在内容上的部分重叠；就嵌入的现实性来说，下列路径通常具有相对稳定的社会结构性存在，这些路径自身也是真实地嵌入在社会系统和社会结构之中，发挥着自己独特的社会功能；就嵌入的目的性来说，企业家社会责任观念教育嵌入下列路径，其目的是为此项教育的存在和发展寻求“合法性”或“合理性”支持，借助这些路径和结构实现建构企业社会责任观念、推动企业社会责任实践的现实目的和价值旨归。

其四，从态度转变理论的角度理解，下述路径中存在着直接的人际接触性交流沟通，这种人际接触互动尤其是个体对个体的接触互动为情感的植入或嵌入提供了生活化的基础。一般而言，知识信息可以借助纸质文本或电子媒体实现向接收者的快速传递，但接收者情感的生成或提升较多是基于生活化的人际沟通与交流。在直接的人际接触中，交流双方由于情感或多或少的卷入，使彼此有可能因“迁就”对方的情感或颜面而做出一定的妥协或让步，即或改变自我情感，或改变自我认知，或最终改变自我原初态度，以求达到与情感卷入者的相对一致，这在“中国式的人情化的社会”中表现得尤为明显。在这一点上，接收者可能的认知或情感以致态度的改变有时甚至不是拘泥于来自现实中明确的道德要求或法律规范，而是碍于深度交往中的人情牵制，从而使情感植入有可能逾越规则达到意想不到的教育效果，尤其是来自具有高权威（社会权力性权威或高独特禀赋性权威）一方的情感期待，有时会产生明显甚至是直接的影响。

6.1　传统教育路径的合理借助①

这里的传统教育路径是指在实践中业已规范存在并持续发挥作用的路径，主要包括管理部门与企业家个体或群体之间的交流探讨路径、企业家政治参与路径以及制度化安排的企业家进修培训路径等。

6.1.1　组织化的交流探讨路径

这里的组织主要是指正式的党团组织，对于企业家来说，主要是指党组织。企业家社会责任教育首先要抓住党员企业家这个群体，商人形象的企业家与先进标杆形象的党员这两种原本迥异的身份现在有了越来越多的重叠。对于党员企业家的企业社会责任观念教育，可以纳入所在地区基层党组织的组织生活中，或者建立党组织与党员企业家之间的定期联络机制，在这个过程中，有侧重、有针对性、有选择地与部分党员企业家进行直接的交流探讨。孙其昂认为："思想政治教育的基本方法是'交流'，即'思想交流'。思想政治教育是人与人之间的理解过程。这种理解是通过思想交流来实现的。……交流是一种相互平等、共同参与、双向互动、合作完成的过程。从苏格拉底到今天，人与人之间的交流是增进了解、实现共识的基本方法。"②通过定期集中、促膝谈心等组织化交流探讨的具体方式，促进企业家对企业社会责任形成共识，确保党员企业家在促进企业社会责任方面走在前面。

（1）建立党员企业家访谈交流制度。通过适时进行企业考察或调查、检查等方式，管理部门或基层党组织相关负责人与党员企业家进行个别访谈交流，在访谈交流中嵌入适当的企业社会责任观念教育。面对面个别谈心式的交流探讨方式，由于充满人情味，富有良好的教育效果。其思想观念教育发生在思想观念工作者与工作对象之间的现实交往过程中，双方不仅进行了信息、观念的交流，而且嵌入了真实的情感，建立了特定的微妙关系的连接，这种关系是形成个体和组织社会资本的

---

① 金奇．企业家社会责任教育：缘起与路径初探［J］．思想政治教育研究，2011，27（6）：69-71

② 孙其昂．论思想政治教育学基本理论研究［J］．思想政治教育研究，2010，26（5）：14-17.

重要因素，因为这种方式使双方有可能嵌入对方的网络体系之中。同时，教育心理学的理论认为，当受教者视教育者为“自己人”时，就会产生“自己人效应”，从而最大限度地接受来自对方的信息与观点。在面对面个别谈心式的交往互动过程中，双方相互传递和影响的不只是知识、观念，同时还展示着真实的思想、情感，甚至眼神中暗含的期待等。孙其昂认为，当社会互动发生在人与人之间面对面的对话过程中，对话主体均把对方的“话语”作为一个现时代“文本”看待，对话的愉快进行，有益于对文本的理解和吸收。①也即是说，面对面的交流探讨方式在交流者之间建立起一种微妙的情感和信任关系，正是基于这种情感和信任关系的推动，促进了双方高度关注对对方期待的积极回应，从而有利于实现预期的教育目的。而且，在坦诚的交流探讨过程中，“通过对话，我们可以从每一个对话者身上学习到伦理取向，并有助于他们乃至整个组织都沿着伦理方向发展”②。

（2）建立党员企业家定期过组织生活的制度。基层党组织通过定期召集辖区内的党员企业家切实参加组织活动，认真过组织生活，并进行企业社会责任观念教育。“党的组织生活制度是党组织对党员进行教育、管理和监督，促使党员发挥先锋模范作用的党内生活制度。”③对于党员的组织生活，党章中有“参加党的组织生活”的明确规定，这一规定表明，“一个党员必须参加党的一个组织并在其中工作，过组织生活，是非常明确和肯定的”④。党的组织生活具有思想教育的重要功能，组织生活是对组织成员进行教育的现实途径和主要方式，组织生活的教育功能体现为坚定组织成员正确的政治方向，提升组织成员道德文化修养和组织纪律观念，帮助组织成员在改造客观世界的过程中改造主观世界，把世界观的改造与自己的完善发展结合起来。⑤在组织生活过程中，通过学习与探讨党的方针、政策、文件，基层组织可以明确而坚定地结合、渗透和贯穿企业社会责任教育，尽可能提高党员企业家的思想道德觉悟，

---

① 孙其昂．社会学视野中的思想政治工作［M］．北京：中国物价出版社，2002：216.

② ［美］理查德·P. 尼尔森．伦理策略：组织生活中认识和推行伦理之道［M］．伏宝会，陈育明，译．北京：中国劳动社会保障出版社，2005：6.

③ 倪安和．党的组织生活［M］．上海：复旦大学出版社，1991：37.

④ 许萌．共产党员为什么必须参加党的组织生活［M］．上海：上海人民出版社，1956：2.

⑤ 倪安和．党的组织生活［M］．上海：复旦大学出版社，1991：57-62.

增强其企业社会责任意识，以促进企业自觉履行社会责任。

（3）建立基层党组织、党员榜样企业家与其他企业家之间的沟通交流制度，即树立党员企业家榜样，积极传播企业社会责任信息。事物的发展是不平衡的，毛泽东曾指出：“任何有群众的地方，大致都有比较积极的、中间状态的和比较落后的三部分人。故领导者必须善于团结少数积极分子作为领导的骨干，并凭借这些骨干去提高中间分子，争取落后分子。”① 这告诉我们，要重视发挥榜样的教育示范作用，正如江泽民所认为的：榜样的力量是无穷的。组织报告团，用现身说法的方法介绍先进模范人物的成长道路是一个好经验，是思想政治工作的一个好方法。我们要以先进人物为榜样，把我们的工作推向前进。②班杜拉（A. Bandura）也曾慨叹道：幸运的是，大多数人类行为是通过对榜样的观察而获得的。③因此，用同阶层中的优秀企业家作为教育的案例或者搭建交往平台，建立党组织、党员榜样企业家与一般企业家三方之间定期沟通交流机制，这既是对优秀企业家的鼓励，又是对其他企业家的引导和促进，同时可以加强党组织对企业家群体思想动态的把握，以便做好及时的教育引导工作，有效推进企业履行社会责任。

6.1.2　大众化的政治参与路径

改革开放以来，尤其是在市场经济环境下，中国企业家迎来了自身发展的“黄金时期”，随着其财富的增长、社会影响力的扩大、社会地位的提高与企业的发展壮大，这些因素有力地推动了企业家政治参与的脚步，越来越多的企业家成为或期望成为人大代表、政协委员、劳动模范、中国共产党党员等。调查显示，28.8%的私营企业主认为“争取当人大代表、政协委员”最为迫切。④企业家对政治参与热情的逐渐高涨，是基于多种动机，诸如“将本阶层独特利益诉求带入政治体系内”“使政治体制输出的政治产品，反映他们的要求，代表他们的利益”“希望占有或拥有部分政治体制中的政治资源”⑤；更好地实现经济利益；寻求

① 毛泽东．毛泽东选集（第三卷）［M］．北京：人民教育出版社，1991：898.

② 江泽民．江泽民论社会主义精神文明建设［M］．北京：中央文献出版社，1999：208.

③ ［美］A. 班杜拉．思想和行动的社会基础：社会认知论［M］．林颖，王小明，胡谊，等译．上海：华东师范大学出版社，2001：63.

④ 志灵．私营企业主参政热情背后的权利诉求［N］．中国青年报，2007-11-01.

⑤ 赵丽江．中国私营企业家的政治参与［M］．北京：中国经济出版社，2006：135-136.

政府关注与政策支持；谋求政治权力；追求个人价值的实现等。

企业家的政治参与存在着诸多形式：① 通过参加各种商会、协会、工商联会等实现政治参与，以求在这一过程中对政治、经济、社会生活中的重要问题进行协商或监督；② 谋求当选为人大代表、政协委员，以求参与各级人大或政协会议，建言献策，表达意愿和诉求；③ 谋求成为党员，以求加入党组织，为个体政治发展打开向上的空间；④ 与政府官员接触，培育或积淀社会资本，为个人或企业发展寻求支持或庇护。与政府及官员的公开或私下接触，是企业家深度嵌入政治网络、实现政治参与的普遍和经常的形式，通过这种接触，企业家可以“在不同程度上占有、分享中央及地方的部分政治资源，直接把自己的经济需求导入地方乃至中央的政治决策之中，影响地方及相关的政治决策”①。

上述这些政治参与的过程或形式，对企业家来说存在着诸多的要求和条件，这些要求、条件甚至限制对企业家思想政治素质与道德品质诸方面提出了一定的要求，其过程本身体现着对社会价值取向与发展目标的推动。个体政治参与的过程其实始终自觉或不自觉地来自政治系统的思想观念教育，对于企业家来说，这个过程可以结合企业家所在企业的具体社会责任，提高企业家的社会责任意识和思想道德觉悟，引导企业家树立正确的价值观，并积极把这些观念贯穿在企业生产经营管理的实际过程之中，培养不断增进员工福祉、报效社会公众的思想意识。这样，政治参与的过程融合着执政党的进步理念与社会主义核心价值观的全面影响，这些影响因素通过分析、提炼、改造并具体化，可以实现从自发的影响上升为教育决策机构进行自觉的影响的重要教育因素。对企业家群体来说，通过对企业家提出企业社会责任的具体要求，各种形式的政治参与都可以成为对企业家进行企业社会责任观念教育的重要途径，通过这些途径，引导企业家在政治参与的过程中积极推动企业承担社会责任、履行社会义务，在自我价值的实现过程中自觉地推动社会进步。

6.1.3 制度化的进修培训路径

如果说组织化的交流探讨与大众化的政治参与所涉及的企业家数量

① 赵丽江．中国私营企业家的政治参与［M］．北京：中国经济出版社，2006：182.

有限，那么制度化的进修培训则更具普遍性。对于企业家来说，不断地进修培训是适应市场环境千变万化、知识信息快速更新的客观需要，正是这种需要构成了企业家参与进修培训的内在动力。从实践的现状来看，部分高校、党校和相关职能部门组织的各种培训机构担当了企业家进修培训的主要任务，但制度化、例行化的进修培训机制尚未建立起来，企业家的进修培训目前还只是个体自发的选择。另外，进修培训的内容对企业社会责任的吸收与整合也比较欠缺，这就需要决策部门进行统一的筹划和部署。

（1）进修培训机制的筹划与构建，即尝试构建针对大多数企业家的进修培训机制，力求使企业家进修培训制度化、例行化。一般来说，在教育培训机制设计过程中，决策部门应形成企业家企业社会责任教育指导性的意见和要求，并尝试依据企业所在地的区域归属确定出明确的企业家进修培训的制度化安排，形成以党校、高校、行业协会等为主要依托的定期的、例行化的进修培训机制。

（2）课程的内容渗透或专题设置，即确保企业社会责任教育嵌入企业家进修培训的课程体系中，表现为在内容的选择上力求切合企业家的需要和所关注的问题，切合重大的现实背景，围绕企业社会责任，围绕企业家的财富观、价值观、社会责任观等，精心设计教育培训的主题，并使企业社会责任成为教育者与学习者的必选内容。

（3）确保企业社会责任内容模块的教育实施。从实践来看，目前企业家进修培训中企业社会责任相关内容设置在一些教育实践中常略而不提，教育者对企业社会责任内容也避而不说或避重就轻，这严重削弱了其影响力和教育效果，甚至在学员中产生有意回避、可有可无的消极印象。因此，这就要求教育实施者在进修培训的实施过程中，应确保课程中渗透或嵌入的企业社会责任内容模块有效地在学员中传播、释解、述说和讨论，即确保教育设计在实施过程中能不折不扣地落到实处，并以特定的评价方式对教育效果和学习效果予以双重评价，以不断提高和强化企业社会责任在企业家学员中的理论认知程度、情感接受程度与价值认同程度。

6.2 新型教育路径的充分开掘

咨询服务活动、媒体传播活动及社会公益活动等是可以充分开掘的新型教育路径，企业家社会责任观念教育可以嵌入其中，实现在一定程度上提升企业家的企业社会责任意识、改善其企业社会责任积极态度、推动其企业社会责任实践的目的。

6.2.1 个性化的咨询服务路径

企业家与企业在成长与发展的过程中，会不断遇到来自自身与企业的诸多困惑和问题，诸如财富与道德、事业与家庭、身体与心理、政策与法律、个人与社会、自我与员工等多方面的关系。如何处理这些关系，从而达到身心和谐、内外协调，直接关系到企业家与企业自身的发展状况，对这些问题的处理在很多时候需要借助外部专门的服务咨询机构，如心理咨询服务机构、法律咨询服务机构、企业管理咨询服务机构等，这些机构所从事的咨询服务活动是企业家社会责任观念教育可以开发、借助、实现有效嵌入的现实路径。

首先，企业管理咨询服务活动路径的借助。企业管理咨询服务是市场经济的产物，早在19世纪30年代，美国就出现了管理咨询服务，当时的许多中小企业经营者往往就是企业所有者，不少企业主由于个人管理理论与实践经验的欠缺，在激烈的竞争中常处于困境，基于企业摆脱困境和改善管理的现实需要，管理技术咨询机构应运而生，并迅速形成巨大的产业。今天，欧美发达国家的企业管理与企业家咨询服务机构已比较成熟完备，如全球著名的波士顿咨询集团、麦肯锡管理咨询公司、罗兰·贝格国际管理咨询公司、贝恩咨询公司等。20世纪90年代初期以来，伴随着国内雨后春笋般出现的企业，对管理咨询服务的需要迅速增加，管理咨询机构也快速崛起，到90年代末期，国内也出现了一些较受企业关注的本土咨询机构，如汉普管理咨询、远卓战略咨询、正略钧策企业管理咨询等。企业管理咨询服务，既有“术”的层面即管理技术层面的咨询指导，也有企业文化、企业哲学、企业伦理等“道”层面的指导与服务，而且，“术”与“道”往往是不可分的，尤其是企业哲学与企业伦理方面的咨询服务，其中就实实在在地蕴含着对企业社会责任的伦理要求，蕴含着企业价值与社会价值的相互整合与吸收。正是由于这样的道理，企业管理咨询服务活动可以在很大程度上承担“道德建构与思想教育的角色”，发挥思想道德引导的部分功能，这就为借助企业管理咨询路径对企业家施以适当的企业社会责任观念教育提供了现实可能。

其次，健康与心理咨询服务活动路径的借助。根据世界卫生组织的统计，企业家由于其职业和地位的特殊性，常常是心理疾病的高发人群，这一群体比较容易出现抑郁、焦虑、偏执等心理疾病倾向。抽样调查的统计显示，中国半数以上的中青年企业家存在不同程度的心理健康问题。作为企业的灵魂人物，企业家一旦心理健康出现问题，很难想象他的企业还能健康，也难以期望他的企业在社会责任承担方面有较好的表现。正是由于企业家群体心理疾患的与日俱增，健康与心理咨询服务与引导就显得尤为迫切，这对企业家的健康成长、企业的健康和谐发展都至关重要。健康与心理问题不只是一个生理与心理的问题，也密切关涉个体的人生观、价值观、财富观等，而这些问题都是咨询工作关注并着手给予切实解决的问题。在健康与心理咨询服务过程中，可以隐性地渗透思想观念的引导，这是健康与心理咨询取得良好效果的必然要求，因为不解决人生观、价值观、财富观等深层次的问题，心理问题就无法得到真正解决，也就是说，心理的问题说到底也是思想的问题、观念的问题、价值的问题。虽然一般认为“价值改造不是心理咨询的基本目的”，“心理咨询不规定、亦不干预来访者的价值内容”①。但“斯金纳认为在咨询和治疗中幻想没有价值影响或完全保持价值中立是不切实际的。在治疗中，确定什么样的行为予以强化或消除，实质上就体现了某种价值选择”②。因此，在价值干预问题上，咨询者没有必要遮遮掩掩，与其空谈应不应该干预的问题，不如探讨应该如何干预的问题。③在企业家的咨询服务中，可以适当地嵌入企业社会责任观念引导，通过结合企业家个体独特的情况和需要，分析企业家的心理状况，提供个性化的咨询服务。对企业家来说，许多心理问题的根源在于对个人自我利益的过

① 江光荣．心理咨询与治疗［M］．合肥：安徽人民出版社，1995：94.

② 江光荣．心理咨询与治疗［M］．合肥：安徽人民出版社，1995：92.

③ 江光荣．心理咨询与治疗［M］．合肥：安徽人民出版社，1995：92.

分关注，而企业社会责任观念教育可以引导企业家将个体关注焦点从自我向他人转变，从对物质利益的过分关注转向对精神价值的关注，这种关注焦点的调整和关注角度的转换可以在一定程度上减轻企业家由于对个人利益和物质利益的过分关注引起的心理问题。因此，在健康与心理咨询过程中，咨询人员其实有意或无意地一身二任，扮演着心理咨询与思想引导的双重角色，通过尝试将企业家个体的心理问题、精神需要与企业社会责任观念结合起来，对其进行价值观念、社会责任观念的引导，以求在深层次上推动心理问题的有效解决，同时通过对心理问题的解决促进企业家对社会责任问题的推动与解决。

无论是管理咨询抑或是心理咨询，各类咨询服务机构与咨询人员之所以在咨询服务过程中可以直接或间接地、自觉或不自觉地承担起思想工作者的职责与使命，是因为这不是一种外在的要求，而是保证咨询服务效果的内在需要。任何咨询服务活动，如果不解决思想认识问题，咨询工作就无法真正产生持续的积极效果。可以肯定地说，咨询工作和其他任何工作一样，在其过程中都要结合思想工作来进行的，通过这种结合，可以在一定程度上促使企业管理者正确处理好思想背后的个人利益与员工利益、社会利益之间的关系，从而为推动企业社会责任问题的解决奠定坚实的思想基础。

6.2.2　常态化的媒体传播路径

媒体是现代社会的产物。“在现代社会里，人们获取知识有两个最重要的来源，那就是学校与媒介。如果说学校给人们以接受正规教育的机会，那么媒介则在日常生活中对人们进行潜移默化，它所传播的各种信息也同样影响着人们对外部世界的认识和看法。”[①]媒体一经产生，就对信息传播、思想交流、生活方式、教育方式等产生深刻的影响。迈克尔·G. 罗斯金（M. G. Roskin）认为：“大众传媒构成了第四种重要的社会化力量……现代社会（特别是它的政府）高度依赖于它们，即便是那些简单的功能。大众传媒构成人们获取外在于日常生活经验、外在于其理解力的信息的革命。”[②]今天，人类已进入多种传播方式相互交织、新

---

① 邵瑞. 中国媒介教育［M］. 北京：中国传媒大学出版社，2006：11.

② ［美］迈克尔·罗斯金，罗伯特·科德，詹姆斯·梅代罗斯，等. 政治科学［M］. 6版. 林震，王峰，范贤睿，等译. 北京：华夏出版社，2001：145.

旧媒体相互叠加的媒体时代，人已然成为媒体的存在物，以报刊、广播、电视等为主的传统媒体与以互联网、手机、公共场所视频等为主的新媒体已使媒体教育无处不在成为可能。联合国教科文组织在其出版的《世界电化教育概况》一书中富有远见地指出：在行将出现的新格局中，学生像消费者那样分散，一些教师和技术员却像生产者那样集中。[①]解决这一矛盾的一种有效途径即是媒体教育，由于“新的多种媒体技术家专业正在产生”[②]，使“现代教育媒体成为‘物化’的‘教师’”[③]，加之教育家与媒体技术家的结合，使得真正的媒体教育提上日程成为现实。

就特点来说，企业家在空间分布上呈现出明显的分散性、对媒体信息传播表现出高度的依赖性，以及基于声誉资本与广告宣传发布而表现出的对媒体关注的高度敏感性等，这些特点使企业与企业家不得不高度重视与媒体的关系，这也是企业外部社会资本关系体系中的极端重要的一维，因而媒体宣传中的企业社会责任观念嵌入教育就有了自身独特的优势，也着实会对企业家的企业社会责任的认知、情感、行为意向乃至态度与行为产生重要的影响或引导。从前文态度转变的认知理论来看，媒体教育传播中的企业社会责任观念嵌入会在一定程度上塑造或改变社会公众的企业社会责任认知、情感、行为意向，如果企业家在同一问题上与社会公众或主流价值出现较大的认知差异，则会引起企业家态度结构体系中的要素发生某种或量的或质的程度上的变化，从而为消除或减缓内心的不适与焦虑，有可能启动心理自组织平衡机制。

企业家社会责任观念教育嵌入媒体传播路径可以从两个层面来理解：其一，间接的方式，即媒体通过信息与价值传播，在宏观上整合社会的价值与价值观，引导并建构着社会现实，从而对企业家及社会公众的企业社会责任观念产生一定方向性的引导与建构。在这层意义上，媒体所传播的信息对接收者具有引导教育功能，这种教育功能包括知识性传播与价值性传播两个方面，即媒体不仅是信息的发布者，而且是信息的把关人，不仅告知受众现实世界正在发生着什么，还引导接收者思考

---

① 联合国教科文组织出版部．世界电化教育概况（利用教育技术进行科学教育的新动向）[M]．傅统先，译．上海：上海教育出版社，1979：200.

② 联合国教科文组织出版部．世界电化教育概况（利用教育技术进行科学教育的新动向）[M]．傅统先，译．上海：上海教育出版社，1979：200.

③ 魏奇，钟志贤．教育传播学［M］．南昌：江西教育出版社，1992：125.

世界应该是什么样子，这是一般意义上的价值建构，即“大众媒介不仅对人们的生活产生影响，同时它还反映并建构着现实”①。这种建构主要体现为对人们思想观念的影响从而对其行为方式产生引导。在今天这样一个媒体时代，一事件一经媒体报道，就“会有效地吸引公众注意并激发公众行为”②。在这一点上，媒体（实则是公众）对企业家乃至企业甚至掌握着生杀予夺的巨大影响力与震慑力。其二，直接的方式，即在媒体传播中直接嵌入企业社会责任思想理论观念。如与企业家密切相关的主流媒体通过设计企业家专栏、企业社会责任专栏等精品栏目，一方面可以充分发挥其正面的教育引导、心理暗示作用，以对企业家产生积极的教育影响；另一方面可以发挥其强大的舆论监督功能，即通过依法披露企业社会责任履行情况，树立榜样，鞭挞后进。这样，媒体通过引导和建构社会舆论氛围，发挥社会舆论与公众监督的强大力量，以求不断校正企业家与企业的价值取向与行为方向，以促进企业家在企业社会责任“为”与“不为”之间谨慎斟酌、三思而后行。因此，媒体在满足企业家获取信息、愉悦身心的同时，可以承担起传播企业社会责任思想理论观念与社会主流价值观的功能，即在一定程度上以适当的方式扮演企业家社会责任观念教育、引导与建构的角色。由此，媒体传播与媒体教育构成了企业家社会责任观念教育不可或缺的重要路径，这种路径如影随形地与企业家的日常工作、生活与娱乐紧密结合，可以产生潜移默化的观念引导与行为建构的积极作用。

需要指出的是，无论是直接的方式还是间接的方式，媒体传播中的企业社会责任观念嵌入教育均需要具备一定的主客观条件。其客观条件是基于现代媒体的广泛普及，成为人们日常生活中不可或缺的重要组成部分，使人们在耳濡目染中自觉或不自觉地受其影响，如果信息贴近相关人的职业实际与生活实际，关切其自身利益，则对其影响是显著的；其主观条件是媒体信息的把关人对信息的教育化处理，正如美国学者约翰·奈斯比特（J. Naisbitt）所说的：失去控制和无组织的信息在信息社

---

① 邵瑞．中国媒介教育［M］．北京：中国传媒大学出版社，2006：11.

② ［美］戴斯·贾丁斯．环境伦理学［M］．3 版．林官明，杨爱民，译．北京：北京大学出版社，2002：238.

会里并不构成资源，相反，它会成为信息工作者的敌人。①由于信息的纷繁芜杂、良莠不齐、真伪混杂，如果不加处理，往往难以发挥其积极的教育作用，甚至可能产生消极的影响，这就需要对信息进行适当的教育化处理，使信息承载特定的价值倾向与教育功能。如菲尔·哈丁（P. Harding）所说的："我们需要对大量的媒体图像、声音和文本进行分析和背景研究，否则他们将使我们大家都不知所措。"② 现如今，中国正处于文化大繁荣与媒体大发展相互交织、相互促进的重要时期，媒体编辑把关人承担着党和国家赋予的政治责任和时代赋予的社会责任，必须始终坚持正确的政治导向、舆论导向与价值导向，有效发挥宣传教育和引导公众的作用。也就是说，媒体编辑把关人有责任对传播的信息进行适当的教育化处理，以使信息在传播过程中能发挥积极的、建设性的引导和传播作用。作为企业的管理者，无论是了解企业微观系统的信息，还是及时准确把握社会宏观系统信息，对媒体的高度依赖是显而易见的，这从内在方面为借助媒体路径嵌入企业社会责任观念教育提供了现实可能，而媒体与此项教育一经结合，企业社会责任观念所传播的积极的思想信息就会源源不断地流向受众，从而对企业家产生潜移默化、润物无声的效果。

6.2.3　多样化的社会公益路径

公益事业的发展状况是社会文明程度的重要指标，就中国来说，公益事业的发展目前尚处于起步阶段。1999 年 9 月起施行的《中华人民共和国公益事业捐赠法》规定，公益事业是指非营利的下列事项：救助灾害、救济贫困、扶助残疾人等困难的社会群体和个人的活动；教育、科学、文化、卫生、体育事业；环境保护、社会公共设施建设；促进社会发展和进步的其他社会公共和福利事业。

公益慈善事业参与的主体主要为自然人、法人或者其他组织，在一些发达国家，企业对公益事业的捐助占有较大比重。当前，国内企业与企业家也日益成为公益事业参与的活跃主体。从调查的情况看，其形式

① ［美］约翰·奈斯比特．大趋势：改变我们生活的十个新方向［M］．梅艳，译．北京：中国社会科学出版社，1984：23.

② 菲尔·哈丁．数字媒介的未来与媒体监管［C］//胡正荣．中国传播论坛（2001）：变动中的全球广播电视．北京：北京广播学院出版社，2003：22.

亦多种多样，如捐款捐物、出资成立各种社会公益基金、捐资助学助困、出资建立各种公益设施、为下岗无业人员提供就业机会、出资改善社区基础设施与环境等。公益事业在一定程度上可以引导企业家把眼光从单纯对企业管理、企业利润的关注较多地投向对社会事业的关注，其活动本身是企业履行社会责任的具体表现，体现着企业家社会责任观念教育的基本价值理念，发挥着实际的企业社会责任观念教育功能。

从道德资本和社会资本的角度理解，企业从事社会公益活动可以理解为一种互惠交换活动。波兰尼认为：人类的产品交换有三种不同的范式，即互惠式交换、再分配式交换和市场交换。①这些交换范式存在于社会系统的不同的微系统境域中。“一般认为，人类经济系统的交换活动以市场交换的形式为最佳模式。而在人类的社会交往和社会事业的发展中则应当采取互惠和再分配的交换。”②依据波兰尼的这一理解，企业从事社会公益活动可以理解为一种互惠交换，企业及其经营者付出的是钱财、物品和人力，得到的或许是荣誉、理解、内心的满足，而促成互惠交换成功的主要机制是交换者之间的信任和道德信念③。也就是说，这种互惠交换得以发生以及发生的规模与持久性，取决于企业家的道德信念，这种道德信念正是企业家社会责任观念教育的题中之意。

值得注意的是，企业参加社会公益事业，交换的动机除了在精神方面赢得荣誉、理解、价值实现的内心满足感以外，也可能出于谋取社会资本、缓解公众压力、树立品牌形象、获取实质性的经济收益等纯粹功利性的目的，如果企业把这种互惠式的精神交换完全降格为庸俗化的、利润化的市场交换，以获取物质回报作为主要的甚至是唯一的目标，就会使企业参与公益活动的行为扭曲了其价值诉求，因为把公益活动等同于市场意义上的交换，则公益活动就不是基于企业经营者价值观层面的认知与觉悟，这就使企业参与公益活动可能只是一时一事而为之，当期待的交换目标没有实现时，公益活动也会因此而中止或被彻底抛弃。也

---

① 杨庭硕．相际经营原理：跨民族经济活动的理论与实践［M］．贵阳：贵州民族出版社，1995：32.

② 卢汉龙．上海企业捐赠社会公益研究报告［C］//马伊里，杨团．公司与社会公益．北京：华夏出版社，2002：38-39.

③ 卢汉龙．上海企业捐赠社会公益研究报告［C］//马伊里，杨团．公司与社会公益．北京：华夏出版社，2002：38-39.

就是说，当企业经营者不能真正认同个人与他人、个人与组织、个人与社会利益的一致性，不能从内心深处、从价值观的层面认识到参加公益事业的必要性时，也就可能出现参加公益事业的行为与自身的价值观的背离现象，即出现认知、价值观（含责任观念）、行为的不一致现象，这种不一致所导致的焦虑、不安、紧张等会引起个体思想和心理结构要素的改变。这种改变通常在三个方向上发生：认知改变、价值观改变或行为改变。企业社会责任观念教育主要通过正确认知和价值观的引导以推进积极态度的形成，从而促进社会责任行动的发生，以使价值观与行动重新趋于一致。“行为与价值观的背离”将难以使投身公益事业成为一种自觉的持久行为，如果企业家出于一种扭曲的价值观而消极被动地参加公益活动，甚至想方设法把参加公益事业的成本转嫁在企业员工或消费者的头上，长此以往，最终既不利于个体的态度转变与思想的提升，也不利于公益事业的健康持续发展，更与企业社会责任观念背道而驰。因此，要避免这种现象的发生，就要在社会公益活动中嵌入思想观念、价值观念、责任观念的教育引导，力求消除行为与动机、行为与价值观的二律背反现象。这样，公益事业不只是公益活动的行为本身与活动的客观结果，不只是财物的筹措与积累的简单过程，而应赋予其深刻的价值内涵与教育功能，以引导和促进参与者的价值观、财富观等的改善与完善，使思想与行为、行为与价值观达成一致。对于企业家来说，教育中尤其要注重渗透关爱员工、尊重维护并不断改善员工基本权益的思想意识，以超越为了提升所谓的个人形象或企业形象，为了谋求道德资本和社会资本，仅仅把眼光盯在企业外的社会公益活动上，从而使参与公益活动由企业经济上的“战略工具”“交换工具”上升为企业家的价值观驱动与“道德自觉”。

6.3　潜在教育路径的开发利用

企业家成长和发展于特定的社会系统中，社会系统中的制度设计、文化氛围与政策环境必然会对生存其中的企业家产生潜移默化的影响。同时，从企业家日常活动来看，各种文化休闲活动活跃着他们的身影，一些宗教活动场所也不乏他们的面孔，这些活动通常与企业家的日常生活、思想观念、信仰等直接相关，来自这些活动中的思想和观念对企业家的思想和行为往往能产生更直接、更深刻的影响。企业家社会责任教育可以嵌入这些途径或活动，充分发挥其中的积极教育引导因素，引导企业家对企业社会责任形成稳定的态度与价值认同，这一过程可以通过如图 6-3 所示的“蝴蝶模型”来表示。

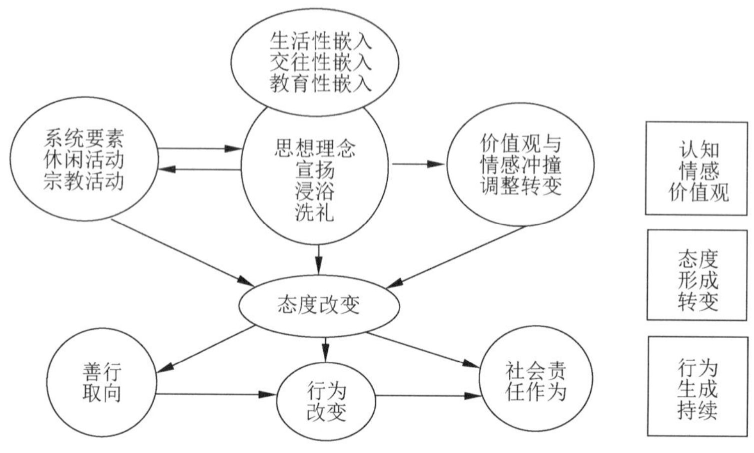

图 6-3　潜在教育路径的“蝴蝶模型”

6.3.1　潜隐化的社会系统要素渗透路径

个体的思想意识不仅取决于直接的教育影响，更取决于置身其中的特定的社会关系与社会环境系统的影响，甚至主要取决于社会环境的影响。今天，中国的企业家，置身于特定的时空经纬之中，经济全球化、科技革命的世界背景与改革开放、发展社会主义市场经济、推动现代化建设、构建和谐社会的国内背景相互交织，社会系统中的教育因素必然会对企业家的企业社会责任意识产生极其深刻的影响，企业家社会责任观念教育应当充分借助社会系统要素的作用，通过在其中渗透或嵌入企业社会责任思想意识、价值观念，发挥其潜移默化的教育引导作用。

就宏观角度而言，社会系统要素主要包括社会制度、社会文化、社会经济、社会环境等。社会系统的这些要素，具有潜移默化的教育引导功能。具体来说，“一是规范功能，二是导向功能，三是教化功能，四是示范功能，五是激励功能”①。思想教育决策者应想方设法在社会系统

① 孙其昂．社会学视野中的思想政治工作［M］．北京：中国物价出版社，2002：46.

要素中有意识、有针对性地嵌入积极正确的企业社会责任思想观念，从而实现润物无声的教育引导的目的。

（1）社会制度的设计与潜隐嵌入。社会制度一般可以从宏观社会形态层面上的社会制度、中观社会体制层面上的社会制度、微观社会组织层面上的规章制度三个层次上理解。根据孙其昂的理解，社会制度的构成要素主要包括基础理论、规则系统、组织系统、设备系统与内化制度的人五个方面。①这些要素交织成社会之网，内蕴一个社会特定时期的价值系统，传递着特定的教育信息，从而对置身其中的个体产生规范、强制、教化与引导作用。因此，良好的制度往往是一个无声的、有效的思想教育工作者。对于今天的中国企业家来说，置身于中国特色社会主义现实制度之中，制度的各种构成要素都会对其产生直接或间接的影响，企业社会责任观念所内蕴的价值与这些制度的基本价值取向是一致的，这有助于在这些具体制度中嵌入相对明确的企业社会责任观念，决策者对制度的选择与设计已经体现出对教育理念的甄别与定向。

（2）社会文化的优化与潜隐嵌入。人是文化的创造者，又是文化的产物，在某种意义上，文化是什么样的，人即是什么样的。文化的重要作用是不言而喻的，毛泽东曾强调，任何社会没有文化就建立不起来。从狭义上理解，文化一般是指有关人们生产生活的思想理论、道德风尚、文学艺术、教育科学等精神方面的内容。文化是无时不在、无处不在的，个体只要生产生活于现代社会之中，就无时无处不受到文化的影响和塑造，“文化就是通过知识体系、符号系统、行为方式等将社会的‘意义’内化于人，规范人的行为，使人成为社会的人”②。一个社会在长期的历史演进过程中，不仅形成特定的文化特色，而且形成与众不同的、社会秩序得以维持、社会形态借以运演发展的核心价值体系，文化的传承与传播的过程说到底是社会的核心价值体系纵向与横向传播的过程，但这个过程也不免时有鱼龙混杂、泥沙俱下的情况。这样，文化的过滤、优化就显得尤为重要。企业家社会责任观念教育嵌入社会文化的路径，就是结合企业家阶层的实际情况、思想倾向、企业文化与企业社会责任，发挥社会文化潜移默化的教育作用。文化决策管理部门、教育

① 孙其昂．社会学视野中的思想政治工作［M］．北京：中国物价出版社，2002：46-48.

② 孙其昂．社会学视野中的思想政治工作［M］．北京：中国物价出版社，2002：55.

机构、各级传媒等应加强沟通协调并达成一致，通过对先进文化、和谐文化、核心价值体系及正确荣辱观等的广泛传播，从而推动形成健康和谐、积极向上、富有责任感的社会文化氛围，以达到对企业家及社会公众的影响、感染与教育的目的。

（3）公共政策的嵌入引导。公共政策往往蕴含特定而明确的价值倾向，公共政策的决策与制定应考虑到在公众中可能发生的影响与反应，应进行价值评估与伦理评估，公共政策的公益性、公平性、正义性以及对企业社会责任观念的引导是极其基本的社会教育因素，会对企业家的社会态度与企业社会责任态度的倾向性产生深刻的规约与影响，如企业公益捐赠的税收减免政策，对企业来说，这不仅是一种激励，更是一种教育，因为政府的税收减免蕴含了政府对企业社会责任的基本态度和价值定向。

社会系统要素的教育影响是一种综合性影响，彼此之间盘根错节、相互交织、相互作用并形成合力，“当大众舆论、公共设施、社会文化、社会风气等因素所表现出来的价值目标一致时，就能强化受教育者对该目标的认同、接受和内化”①。因此，将企业社会责任观念作为重要的思想教育因素融合渗透到社会系统要素中，是企业家社会责任观念教育借助社会环境实现教育目标的重要路径。

6.3.2　信仰化的宗教活动路径

宗教是人对于自身与世界终极关怀的一种表达方式，发挥着社会交往、道德教化、文化传播、心理疏导等功能，对于个体和社会来说，其作用是双重的。针对个体生存发展的积极意义而言，宗教的作用主要表现为对人的生存、发展和自我实现以及人与自然、人与人、人与社会关系的调节与改善。中国是个多宗教的国家，改革开放以来，“社会变革中人们的价值取向趋于多元，宗教作为一种价值体系，成为一部分人的重要选项”②，民间的信教人数也由此迅速攀升。从现实情况来看，在企业家阶层中，同样存在着为数众多的、较稳定的信教群体，而且信教的比例也在快速上升。面对激烈的市场竞争，在事业和社会生活遭遇压力

---

① 万美容．思想政治教育方法发展研究［M］．北京：中国社会科学出版社，2007：89.

② 王作安．今日中国宗教情况——宗教容忍、宗教自由和宗教实践［J］．中国宗教，2008（10）：14-16.

和困境时，为求得心理平衡或慰藉，一些企业家有时会到宗教世界里寻找情感的归宿和精神的安慰，从而祈求神灵的庇护和精神寄托，表现出强烈的求富、求安、求寄托、求帮助、求往生、求永生、求祖先、求子孙等愿望。①正是由于宗教寄托了信教者如此多的愿望，所以它在一些人的心中具有举足轻重的地位。"事实上，中国各宗教在指导个人和家庭生活、构建社会道德和价值方面，正在扮演积极的角色"②。宗教的积极角色为借助此路径对有宗教情结的企业家进行一定的企业社会责任观念教育提供了可能。

作为一种独特的社会文化，宗教具有文化所特有的教化作用，宗教里面包含积极的、有意义的东西，可以加以挖掘和整理，使其在现实中发挥积极作用。也即是说，宗教作为一种价值体系，作为一种独特的社会文化，具有显而易见的积极的思想教育价值。可以说，宗教自产生以来，就一直发挥着自己独特的社会作用。也正是基于这一点，"利用普遍的宗教团体和广泛的宗教活动进行思想政治教育（特别是道德教育）是西方各国政府进行思想控制的重要手段。……宗教成为人们从思想灵魂到行为习惯的无时不在的精神督导"③。这样，在日常的宗教活动中，通过充分发掘宗教思想理念中的积极因素、教育因素，有利于引导企业家个体弃恶扬善、积极关注他人、乐善好施、尊崇敬畏自然、热衷公益慈善等，以达到平抑个体内心的利益与欲望冲动，实现心灵的平静与精神生活质量的提升。宗教的这些思想理念对于虔诚的信仰者而言，对其观念的改善、态度的改变、行为的约束是不可低估的，而对于有宗教情结的企业家而言，宗教所产生的虔诚、心灵感动、精神升华、敬畏和神圣感对个体的思想、行为会产生重要的甚至是实质性的影响。众所周知，西方企业界乐善好施、积极参与社会公益慈善活动、热衷于实践企业社会责任，这不能说与常态化的宗教礼拜活动对企业家的积极影响没有关系。

---

① 吴道全，张华．对新时期信教群众增多趋势的认识与引导［J］．世界宗教文化，2006（4）：8-11.

② 王作安．今日中国宗教情况——宗教容忍、宗教自由和宗教实践［J］．中国宗教，2008（10）：14-16.

③ 万美容．思想政治教育方法发展研究［M］．北京：中国社会科学出版社，2007：100.

6.3.3 生活化的休闲[①]活动路径

美国休闲学研究的著名学者杰弗瑞·戈比曾经认为，在即将到来的新世界中，休闲将不断地演变为人类生活的中心内容。[②]休闲需要“有闲”，需要有自由时间，对大部分人来说，生活中工作之余的部分时间便成了自由时间。[③]在自由、闲暇或休闲时间内，人们可以做他们喜爱做的事情。马克思的理论体系蕴含了丰富的休闲（leisure）思想，包括为“无闲阶级”争取自主、自由的权利和时间，改善这一阶级的生存境况与生活质量、构建自由人联合体等。在马克思的语境中，较多提及的是“自由时间”“闲暇时间”等表述方式，马克思甚至预言未来的理想社会，财富的尺度决不再是劳动时间，而是可以自由支配的时间。[④]又说，有“可以自由支配的时间”，也就是有真正的财富，这种时间不被直接生产劳动所吸收，而是用于娱乐和休息，从而为自由活动和发展开辟广阔天地。[⑤]

今天，闲暇时间内的休闲风潮正从西方蔓延到崇尚勤劳、强调“生无所息”的中国。改革开放以来，随着生活水平的提高，中国人的休闲意识也在迅速觉醒，以至于人们“对休闲与工作的关系的认识也发生了很大的改变，强调休闲是生活的主要乐趣，取代了统治休闲认知领域长达数百年的观点——工作和劳动是生活的中心。在一些西方社会中还出现了休闲与工作界限越来越模糊的现象，休闲正在成为人生的终极目标”[⑥]。Roberts 在《现代社会中的休闲》一书中也表达了相似的意思，他认为“休闲兴趣和休闲活动正在成为人们整体生活方式的核心”[⑦]。

从某种意义上讲，“在很大程度上现代休闲实际也是企业家们的

---

① 金奇．现代休闲的困境及其超越［J］．社会科学家，2012（4）：45-48.

② ［美］杰弗瑞·戈比．21 世纪的休闲与休闲服务［M］．张春波，陈定家，刘风华，译．云南：云南人民出版社，2000：2.

③ ［美］杰弗瑞·戈比．21 世纪的休闲与休闲服务［M］．张春波，陈定家，刘风华，译．云南：云南人民出版社，2000：10.

④ 马克思，恩格斯．马克思恩格斯全集（第四十六卷下册）．［M］．北京：人民出版社，1980：222.

⑤ 马克思，恩格斯．马克思恩格斯全集（第二十六卷　第三册）．［M］．北京：人民出版社，1974：281.

⑥ 叶文，王越平，马谊妮．城市休闲旅游　理论·案例［M］．天津：南开大学出版社，2006：15.

⑦ 柳伯力．休闲视角中的体育旅游［M］．成都：电子科技大学出版社，2007：29.

‘发明’，正是他们发现了究竟什么是人们在闲暇时间里想做并且愿意出钱去做的事情”①。企业家们发明了休闲，他们作为一个社会的先富群体和有闲群体，率先享受了社会生产力发展创造的物质财富与自由时间，他们甚至引领着休闲的时尚和方向。企业家对休闲不同凡响的热衷与时间上的大量投入为借助休闲活动及休闲教育相关活动嵌入企业社会责任观念教育提供了一定的便利和可能。在休闲活动中嵌入相关教育，就是“把休闲作为一种教育的情境，通过休闲进行教育”②。在休闲活动或休闲教育活动情境中，渗透和弘扬对朴素生活理想的选择体验、对责任伦理的理解接受以及对“他者世界”意义的尊重和关注，从而激起企业家的崇高感、超越感与美好情感。首先，引导企业家认识到，“生活方式是可以选择的，它既可以是朴素而高质量的，也可以是奢华、昂贵和炫耀的，这取决于选择”③。通过选择一种“朴素而高质量的”生活，超越或降低对物质主义、消费主义与财富的无度欲求，从而在企业的经营管理中能关注企业员工、消费者等的基本权益，以至于愿意拿出一部分财富用于改善企业员工的福利待遇或通过从事公益活动使其他群体因之受益。其次，引导企业家体悟休闲的真蕴，“休闲不仅寻找快乐，也在寻找生命的意义”④。不仅寻求自我生命的意义、生活的意义，也寻求和反思他人生存生活的价值与意义。具体来说，在休闲情境中对企业家嵌入企业社会责任观念教育，激发起企业家的崇高感，就是要引导企业家生发出对企业员工、社区公众、消费者等的美好情感与责任意识，也是要用伦理道德的力量力求遏制、消减资本的逐利冲动，促使企业家恪守法律规定，遵循伦理规范的要求，在自我休闲中能够关注劳动者的自由时间与休闲、休息的基本权利，从而把“休息时间”“自由时间”“休闲时间”还给劳动者。最后，引导企业家关注“他者”休闲，增强对

① ［美］杰弗瑞·戈比．21 世纪的休闲与休闲服务［M］．张春波，陈定家，刘风华，译．云南：云南人民出版社，2000：12.

② 叶文，王越平，马谊妮．城市休闲旅游　理论·案例［M］．天津：南开大学出版社，2006：61.

③ 叶文，王越平，马谊妮．城市休闲旅游　理论·案例［M］．天津：南开大学出版社，2006：69.

④ 叶文，王越平，马谊妮．城市休闲旅游　理论·案例［M］．天津：南开大学出版社，2006：12.

“他者”的责任意识。马惠娣曾认为：休闲的价值不在于提供物质财富或实用工具与技术，而是为人类构建一个意义的世界，守护一个精神的家园，使人类的心灵有所安顿、有所皈依。[①]也就是说，休闲活动所深刻激起的对生命、生存与生活的深度感悟、真切敬畏与情感的强烈触动及其蕴含的对意义世界和人的精神家园的终极关怀，可以在一定程度上引导企业家将关注的视野从“物的世界”投向“人的世界”尤其是自己之外的“他者世界”，并增强对“他者世界”的真实情感与责任意识。正如约翰·杜威所指出的，教育应该给予教育对象进入他们当代世界的某些在理智上和道德上的钥匙，使其在进入社会时，在理智上和道德上明白自己的职责。[②]依据这样的理解，休闲活动（包括休闲教育）是嵌入社会责任观念教育的重要现实路径，在休闲活动中对于意义世界的探索与发现将有助于企业家对企业社会责任观念的理解、接受与积极态度的建构。

本章小结

企业家社会责任观念教育目前主要是通过嵌入社会网络或社会结构的方式运行、展开和实施的。在实践中，多种教育形式呈现出以非正规教育、非正式教育等学校外的社会性教育与学校正规教育相结合的发展趋势；教育的具体路径或形式呈现出在多种社会性教育路径或社会网络结构中进行企业社会责任“嵌入式”教育的明显特征。这些嵌入式的教育路径可以粗略地概括为传统教育路径、新型教育路径和潜在教育路径。

传统教育路径是指在实践中业已规范存在并持续发挥作用的路径，主要包括企业家进修培训路径、企业家政治参与路径以及管理部门与企业家个体或群体之间的交流探讨路径等。企业家自身与企业发展的内在需要构成了企业家参与进修培训的内在动力；对于党员企业家的企业社会责任观念教育，可以纳入所在地区基层党组织的组织生活中；对于政

① 叶文，王越平，马谊妮．城市休闲旅游　理论·案例［M］．天津：南开大学出版社，2006：69.

② ［美］约翰·杜威．人的问题［M］．傅统先，邱椿，译．上海：上海人民出版社，1965：72.

治参与的企业家来说，这一过程本身融合着执政党的进步理念与社会主义核心价值观的全面影响。

咨询服务、媒体教育与社会系统要素是可以充分开掘的新型教育路径，企业社会责任观念教育可以嵌入其中。企业管理、政策法律、健康与心理等咨询服务活动既有“知”与“术”的供给，又可进行“道”和“德”的嵌入引导。媒体教育功能包括知识性传播与价值性传播两个方面，在媒体信息传播过程中嵌入企业社会责任思想理念，一方面可以充分发挥其正面的教育引导、心理暗示作用，另一方面可以发挥其强大的舆论监督功能。公益活动不只是财物筹措的简单过程，而应赋予深刻的价值内涵与教育功能。

社会系统要素、宗教活动、休闲活动是企业家社会责任观念教育可以充分开发的潜在路径。潜隐化的社会系统要素嵌入路径涉及社会制度的设计与潜隐嵌入、社会文化的优化与潜隐嵌入、公共政策的嵌入引导等诸多方面；宗教思想中倡导的弃恶扬善、积极关注他人、乐善好施、尊崇敬畏自然、热衷公益慈善，可以在一定程度上平抑企业家个体内心的利益与欲望冲动，发挥引导和教育的功能；休闲活动所蕴含的对意义和人的精神家园的终极关怀，一定程度上能增强企业家对“他者”世界的责任意识，因而也是嵌入企业社会责任观念教育的可供开发的可行性路径。

第 7 章　企业家社会责任教育的功能发挥

企业家社会责任教育的功能是该项教育实现社会性存在和获得持续发展的“合法性基础”，功能发挥的程度关系到教育的效果与教育价值的回归。由于哲学世界观与教育价值观的差异，企业家社会责任教育的具体功能可以从本体论、工具论、系统论等角度作出不同的理解和表述，这些不同角度与层次功能的实现受到企业家个体自身因素、教育系统内部因素、外部社会因素等的影响与制约。功能发挥的个体内在机制体现为从认知构建到情感唤起、从价值驱动到价值观推动、从态度转变到行动转变。个体系统要素与结构的和谐性、教育系统要素与结构的合理性、社会系统要素与结构的协调性，以及对共识性规律、实践性规律、持续性规律的理解与把握，将有助于促进教育功能的实现。

7.1　主要功能审视

功能有时会与作用、效用、结果等在一定程度上交叉使用，不排除它们在意涵上存在某种共性，但在严格意义上均存在差异。一般而言，功能可以理解为事物或方法所发挥的有利的作用①，是有特定结构的事物或系统在内部和外部的联系和关系中表现出来的特性和能力。②因此，正如李辽宁认为的，在评价和考察功能时，既要研究事物本身，又要研究包括该事物在内的宏观系统及其结构联系。③教育的功能是教育对社会和个体发展固有的、客观存在的功用。④由于哲学世界观与教育价值观的

① 张耀灿，等．思想政治教育学前沿［M］．北京：人民教育出版社，2006：156.

② 金炳华．马克思主义哲学大辞典［M］．上海：上海辞书出版社，2003.

③ 张耀灿，等．思想政治教育学前沿［M］．北京：人民教育出版社，2006：160.

④ 梁渭雄，孔棣华．现代教育哲学［M］．广州：广东高等教育出版社，1997：40-41.

差异，企业家社会责任观念教育的主要功能可以从本体论、工具论、系统论等视角作多角度的理解，这些功能就是教育的落脚点，体现了教育的价值回归，构成了教育存在的“合法性”与“合理性”基础。

7.1.1　本体论视角的功能观

在西方哲学史中，本体论通常指关于存在及其本质和规律的学说；在古希腊罗马哲学中，本体论的研究主要是探究世界的本原或基质；而在中国古代哲学中，本体论又叫作“本根论”。①本体论究其实质是唯心主义，但本体论“是人类用于理解和把握世界及其事物的一种特有的哲学思维方式、一种理论视野和一种解释原则”②。本体论的历久弥新对具体科学的研究提供了诸多启示：其一，由于本体具有“本原”“本真”“普遍本质”“基础”等方面的含义，因此，本体论着意于探寻“事物内部的根本属性、质的规定性和本原”③，这为具体科学研究提供了重要的方法论路向。其二，本体论研究的使命在终极关怀上是“为人寻求安身立命的依据，提供精神信仰的寄托”④，即人们把视野投向对外在物的关注，其旨归和落脚点仍然是人自身，是为人的存在与发展正本清源。

基于本体论的视角，首先，教育的功能根源于教育的“普遍本质”、根源于教育质的规定性。具体而言，教育的“普遍本质”一是要实现劳动力的再生产，即实现可能的劳动力转化为现实劳动力，为物质资料的再生产创造劳动力前提；二是要实现“人”与“社会人”的再生产，即实现一定社会规范、行为准则在个体身上的内化。前者侧重于劳动能力方面，后者侧重于思想品质方面。在后一层面上，教育倾向表现为德育、思想教育等。依据前文的分析，企业家社会责任观念教育是灌输与培养企业社会责任观念的思想教育活动，是思想教育、德育的特殊形式或具体形式，在本质上是要推动特定社会规范和行为准则在特定人身上的内化，是实现社会期望的社会人（即认同企业社会责任意识的企业家）的再生产的过程。因此，企业家社会责任观念教育的功能主要倾向于培养和提升教育对象积极的企业社会责任意识，形成企业社会责任的

---

① 俞宣孟．本体论研究［M］．上海：上海人民出版社，1999：20.

② 刘远传．社会本体论［M］．武汉：武汉大学出版社，1999：3-4.

③ 刘远传．社会本体论［M］．武汉：武汉大学出版社，1999：2.

④ 刘远传．社会本体论［M］．武汉：武汉大学出版社，1999：3-4.

正确态度，为推动企业社会责任的履行构建深厚的思想观念与道德基础，教育的功能正由此生发。其次，教育的功能必须回到人的终极关怀上，而人的终极关怀即是人自身，是人的生存、人的发展、人的意义，在这层意义上，教育不是“为物”“为它”的存在，而是要为人的生存与发展建构能力、意义与精神家园。具体而言，企业家社会责任观念教育的本体关注所指向的人同时包括个体（企业家）、组织群体（企业员工）和类群体（社会公众），即在功能上体现出如下三个层次：

（1）企业家个体的意义建构与生存促进，这是此项教育明确的“个体发展功能”。企业家社会责任观念何以构成企业家生存发展的促进因素？认同并履行企业社会责任是社会的需要，是社会进步的趋势，也是企业适应社会生存规则的基本表现。企业若不能满足这样的社会需要，则可能只会生存一时，而不能生存长久；若企业不能生存，则企业家的生存与发展也就无从谈起。这虽然是生存发展的压力机制形成了一种强制性要求，但却从一个角度验证了教育的个体生存发展功能。从积极的意义上讲，企业家社会责任观念教育在深层次上是要为企业家建构个体生存发展的意义世界。作为社会上的先富群体，企业家在物质财富有了一定积累以后，他以什么样的行为方式来表达财富追求乃至生存的意义就成为这根“思想的芦苇”尤其需要深层次思考的问题。中国社会正处于社会转型的重大历史时期，市场经济的深入发展与工业化的加速发展，“以空前的规模并且在心理层次上把人异化为经济动物和肉体机器人，人的存在日趋商品化”①。加之社会生活的急剧变动，瞬息万变的社会风险，生活方式、价值观念、利益形式、知识信息的千变万化，主流与非主流、真与假、传统与现代的复杂交织，人生命运的变幻莫测，由此，意义世界的迷失在一些人面前一下子凸显出来。但“人无法忍受无意义的生活”②，人必须不断寻求和建构意义，而教育就是意义建构的不可或缺的重要途径。企业家在物质财富的追求过程中，必然会牵涉对精神世界、意义世界的关注。同时，人又是追求无限的有限存在，作为生物的个体，人的物质需要毕竟是有限的，人不可能在物质世界中寻求到人对无限的终极关怀，而意义世界、精神世界恰恰打开了一个领域、一

① 秦光涛．意义世界［M］．长春：吉林教育出版社，1998：37.
② 秦光涛．意义世界［M］．长春：吉林教育出版社，1998：36.

个无限的空间，对精神世界的不断提升、对意义世界的不断求证与实践，正好给人以有限之肉体存在而实现无限之精神和意义追求提供了一个舞台。这样，对意义和人的终极关怀，可以在一定程度上校正市场经济条件下“经济人”特征尤其明显的企业家对物质、商品、财富的关注程度，使其能适当地将关注的视野投向“人的世界”尤其是自己之外的“他者世界”，从而能为他人、为社会担当起一定的责任。对企业家而言，就是能充分发挥其推进企业积极履行对企业内外相关的人的责任，这是企业家也是企业存在于社会的意义的基本方面。

（2）企业内外利益相关者尤其是企业员工的生存关照与发展促进，这是此项教育极端重要的“群体发展功能”。对企业家精神世界、意义世界的建构其直接的目的指向是引导企业家从对“物”的关注转向对“人”的关注、从对“自我”生存意义的关注转向对“他者”生存状态和生存意义的同等关注，其直接的实现方式就是从对企业社会责任的观念认同走向推动企业社会责任的实践行动，通过推进企业社会责任实践以增进或改善责任对象的工作状况和生存境况，从而体现促进群体发展的功能。从教育系统来说，把教育系统之外的与教育对象密切相关的人群的生存与发展状况纳入教育目的系统关注的突出位置，凸显了企业家企业社会责任观念教育的特有功能。

（3）社会公众的生存关注与发展推动，这是企业家社会责任观念教育重要的“类发展功能”。企业家社会责任观念教育通过培养企业家的企业社会责任意识、建构企业家的意义世界以推动企业积极履行社会责任，而企业的社会责任行为与社会公众的生存状况息息相关：作为社区的存在，企业对社区的社会结构、就业状况、社会流动、开放程度等全方位的影响是不言而喻的；企业的产品与服务又直接影响消费者的生活品质甚至是生存安全；企业创造的物质财富与精神财富、所提供的产品与服务又直接影响到社会公众的整体福利水平；企业对资源环境的影响则直接关涉人类的生存环境，制约着人类的可持续发展。企业家社会责任观念教育关注这些问题，并试图以教育引导和促成改变的特有方式让这些问题得以解决或得到一定程度的改善，体现了对社会公众乃至整个人类群体生存的积极促进与发展的有效推动的功能。

7.1.2　工具论视角的功能观

工具论的视角倾向于社会取向的视角，主要是从社会整体的需要或政治、经济、文化的角度来审视教育，认为教育是满足和实现这些方面需要和目的的工具，这种工具主要用于实现对特定社会的生产力与生产关系、经济基础与上层建筑的促进、完善、服务与巩固等基本功能。从唯物史观的角度理解，教育的存在和发展受制于社会的基本矛盾，“教育既具有生产力的属性，执行生产功能或经济功能，又具有社会生产关系的属性、执行上层建筑功能”①。这就决定了我国教育应成为巩固和完善社会主义制度的工具。②具体而言，企业家社会责任观念教育必须服从和服务于中国特色社会主义建设的总体目标和总体要求，肩负促进生产力发展、促进生产关系完善和巩固的双重功能。而就其功能的社会领域分布来说，具体体现在以下三个方面：

（1）企业家社会责任观念教育的经济功能。企业家社会责任观念教育的广泛实施和深入推进，其通过引导和促进企业社会责任实践而对社会整体的经济功能是显而易见的：其一，企业家对企业社会责任的认同与推进蕴含着对企业经济责任的承担和履行；其二，有利于调动和激发企业员工的主动性、积极性和创造性，为经济发展提升主体动力；其三，有利于节约资源、保护环境，促进经济持续发展；其四，有利于企业与相关各方关系的改善，从而为企业向社会提供更好的产品和服务创造积极的条件。概括地说，企业社会责任观念教育的经济功能体现为生产力和生产关系两个方面。从生产力角度看，企业社会责任观念教育主要通过影响生产力中劳动者的劳动态度及对待劳动资料、劳动对象的态度的方式来影响生产力。人的因素既包括能力因素，也包括态度和情感因素，企业社会责任观念教育主要作用于后者，并通过对这一因素的激发以及对能力因素的提升，实现对生产力发展的现实推动，即由精神生产力转化为物质生产力，体现并发挥自己的经济功能。这样，在生产力的角度上，企业家社会责任观念教育实际上发挥了经济发展的促进功能。从生产关系角度看，生产关系是人们在物质资料生产过程中形成的相互关系，亦称“社会生产关系”“经济关系”，其本质是其背后的经济关系或利益关系。企业家社会责任观念教育正是通过对企业家企业社会责任意识的培养，实现对企业内外“人与人”关系的调节，而其实质是

---

① 申振．现代教育哲学［M］．西宁：青海人民出版社，1995：47.

② 申振．现代教育哲学［M］．西宁：青海人民出版社，1995：54.

对“人与人”之间物质利益、经济利益的调节，这种调节有利于构建经济发展健康稳定的人际关系环境。这样，在生产关系的角度上，企业家社会责任观念教育实际上发挥了经济关系的调节功能。具体如图 7-1 所示。

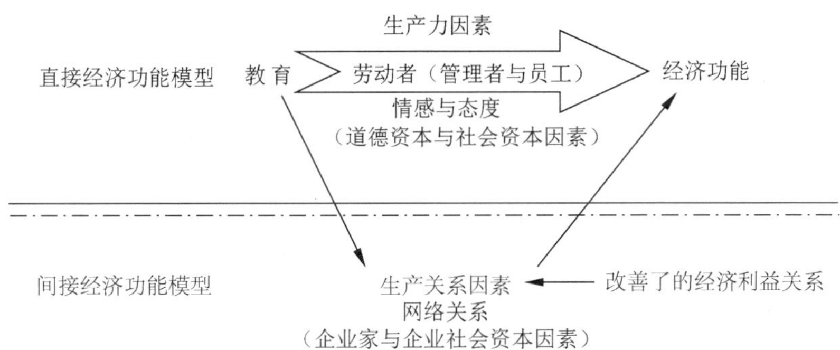

图 7-1　企业家社会责任观念教育直接与间接经济功能的生成模型

（2）企业家社会责任观念教育的政治功能。这主要体现在如下方面：其一，企业家社会责任观念教育是涉及公民权利和义务的教育，表现为引导企业承担必要的义务和责任，维护企业员工、消费者、社区公众的基本权利等，这是传播特定社会的政治意识形态、政治理论知识和政治观念的具体途径；其二，企业家社会责任观念教育涉及法律和道德教育，这是传播特定社会的法律意识和道德观念、维护和巩固政治上层建筑的重要途径；其三，企业家社会责任观念教育通过引导和调节企业内外的多维关系，对构建和谐企业、和谐社会将产生积极的推动，这是维护和促进特定社会政治秩序的重要方式和具体体现；其四，企业家社会责任观念教育引导企业家改善劳动者工作环境和工资待遇水平、承担合法的税收义务、执行政府的经济政策等则是体现其政治功能的具体形式。

概言之，企业社会责任观念教育向教育对象系统输入权利义务、法律道德、经济政策、关系秩序等教育内容因子，其输出的效用具有维护和支持现实政治系统的政治功能，如图 7-2 所示。

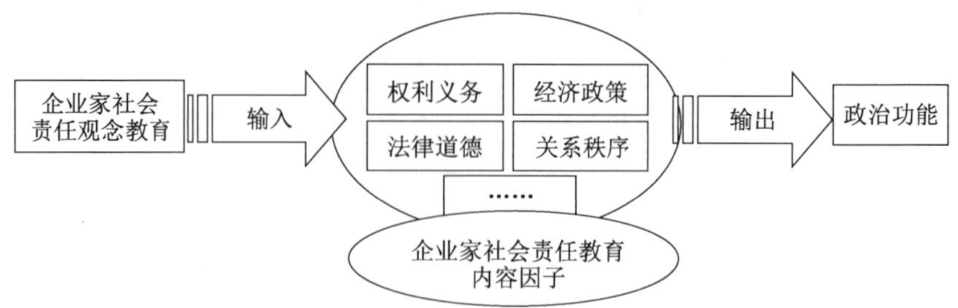

图 7-2　企业家社会责任观念教育政治功能的生成机理

（3）企业家社会责任观念教育的文化功能。教育的文化功能是指教育在文化的传承、传播、选择与创造的过程中所发挥的作用，其基本蕴涵包括两层意思：其一，教育通过对文化中最有价值的成分的吸收，促进文化的纵向继承与横向传播；其二，教育通过对人的培养去创造新的文化。

在教育、人、文化三者之间的关系上，“教育传递文化并通过人的培养去创造文化，而文化也影响教育，并通过人去改变教育”①。其一，教育与文化具有相同的目标，教育的本体意义是要实现人的社会化与个性化，文化也是要实现“化人”的目的。② 其二，教育是文化与人双向建构的机制与途径，教育不止于是一个“知识获得过程”，德国著名的教育学家斯普朗格认为“教育是文化过程”，同时，“教育绝非单纯的文化传递，教育之为教育，正在于它是人的心灵的唤醒，这是教育的核心所在”③。也就是说，教育以文化为内容和载体，实现文化及价值体系在人之间的传递与建构，这既包括横向的共时态的传播，也包括纵向的历时态的传递与建构。

依据这样的理解，企业家企业社会责任观念教育的文化功能表现为两个层次：首先，社会文化对企业社会责任观念教育产生影响或提出明确的文化要求，具体体现为传统文化、西方文化（尤其是企业文化）的影响，先进文化、和谐文化、中国特色社会主义文化的要求，从而对企

① 王坤庆．教育哲学：一种哲学价值论视角的研究［M］．武汉：华中师范大学出版社，2006：236.

② 高治军．教育文化论［M］．郑州：河南人民出版社，2008：23.

③ 高治军．教育文化论［M］．郑州：河南人民出版社，2008：23-24.

业社会责任观念教育内容、教育过程及教育结果产生影响，这种影响通过企业家吸收、整合与创造，形成独具特色的企业文化，并发挥文化的吸收、传承与创造功能。企业文化虽然可能千差万别、各具特色，但在总体上必须与社会文化，尤其是与经过过滤与选择的、由教育所传递的社会主流文化及其价值体系保持基本的一致，从而直接或间接实现文化的传承、创新和化人功能。其次，经教育影响而形成的企业文化通过对企业的生存方式、生产方式以及企业内外相关人的劳动方式、交往方式、生活方式进行控制与引导，从而在更广泛的层面、更深入的意义上实现文化的传播、渗透、融合及其教化与育人功能，并以个体或群体（企业组织）独特的生产生活与行为方式实现对社会文化进而对后续教育发生持续影响。在这两个方面，教育构成文化与人双向建构的途径和机制。一方面，文化尤其是企业文化、责任文化和社会主流文化通过教育途径实现对企业家企业文化意识、企业责任文化意识的建构。从文化的内容体系来看，它主要包括语言符号体系、方式方法体系、知识经验与理论体系及价值观念体系。企业社会责任观念教育主要是进行责任意识、价值体系的教育引导与建构。另一方面，企业家又通过与社会主流文化相一致或至少不相冲突但又具有自身特色的理念和价值传播形成企业文化，并以此影响以企业员工为主的企业利益相关人的思想和行为。其间的关系如图 7-3 所示。

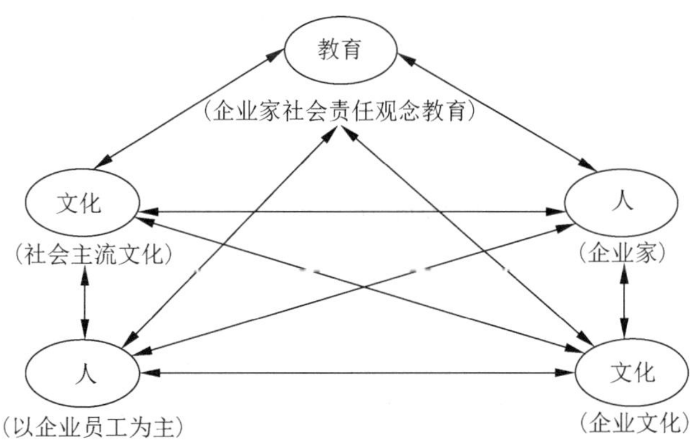

图 7-3　教育—文化—人之间相互建构网络关系

概括地说，教育的政治、经济、文化功能“可视为教育最主要的外显功能，即教育与其外部现象发生联系时所表现出来的积极作用”[①]。当然，教育服务于经济、政治、文化的社会性工具功能依然是要实现人更好地生存与发展，并旨归于教育的本体关注。虽然，“在现代社会条件下，教育的社会功能愈来愈突出”[②]，但这并不意味着教育的本体关注会因此消减、削弱，而是意味着教育的本体功能获得了新的诠释与实现路径，得到了新的加强。

7.1.3 系统论视角的功能观

系统论的创立者贝塔兰菲指出：“一般系统论有它的‘超科学’或哲学性的方面”[③]，“我们要更好地改造世界，不得不在一切知识领域中运用‘整体’或‘系统’思想来处理复杂问题”[④]。他认为：“社会科学是社会系统的科学。因此必须运用一般系统科学的方法。”[⑤] 习近平曾多次强调“要坚持系统思维”[⑥]，“增强工作的系统性”[⑦]。从系统的角度来考察企业家社会责任观念教育的功能发挥，主要可以从个体系统、组织系统和社会系统的层面来理解，这些功能又受制于其所居社会系统中的位置及系统本身的结构性特征。从嵌入理论来看，企业家嵌入企业组织之中，企业组织嵌入社会之中，这包括地方性的社会与整体性的社会，其中的资源、环境、文化、教育、政策系统等都会单独或综合作为或明或暗、直接或间接的影响源作用于其中的企业家个体系统和企业组织系统，而教育系统则是自觉主体施以目标明确的教育影响，并同时指向且作用于对象个体、组织群体和地方或整体社会，如图 7-4 所示。

---

① 王坤庆．教育哲学：一种哲学价值论视角的研究［M］．武汉：华中师范大学出版社，2006：236.

② 王坤庆．教育哲学：一种哲学价值论视角的研究［M］．武汉：华中师范大学出版社，2006：237.

③ ［奥］路德维希·冯·贝塔兰菲．一般系统论［M］．秋同，袁嘉新，译．北京：社会科学文献出版社，1987：前言 10.

④ 蒋笃运．德育系统论［M］．郑州：郑州大学出版社，2007：3.

⑤ ［奥］路德维希·冯·贝塔兰菲．一般系统论［M］．秋同，袁嘉新，译．北京：社会科学文献出版社，1987：163.

⑥ 习近平．习近平谈治国理政（第三卷）［M］．北京：外文出版社，2020：543.

⑦ 习近平．坚持历史唯物主义不断开辟当代中国马克思主义发展新境界［J］．求是，2020（2）：4-11.

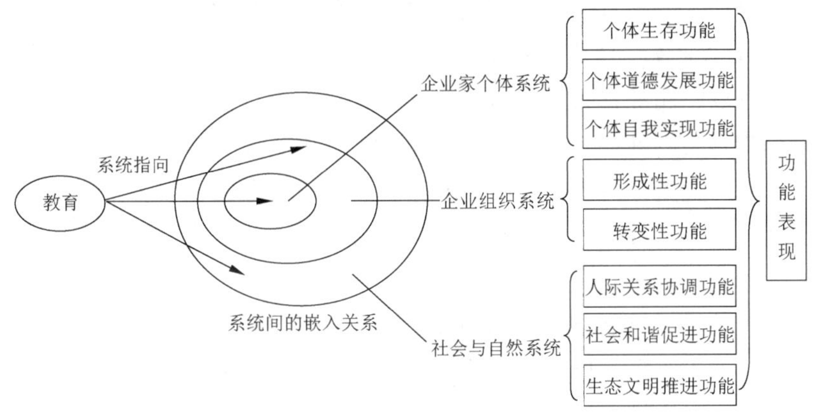

图 7-4　企业家社会责任观念教育系统指向与功能表现

1. 微观个体角度

微观角度主要从教育的企业家指向考察：这里从功能的角度与前文基于价值和本体的角度，既有共性，又存在着明显的差异，旨在进一步强调企业家社会责任观念教育对直接的教育对象的多重意义。

（1）企业家个体生存功能。人是社会性的存在，人的生存必须顺应和服从社会的生存规则，这些规则作为一种社会的约束机制，主要体现为特定社会的法律道德、风俗习惯乃至各种制度等，这是社会进步的表现，也是使人超越“霍布斯丛林”实现文明化生存的基础和保障。以消费者、企业员工、投资者、社区公众等为主的利益相关者对企业家和企业都具有实质性伤害甚至是生杀予夺的能力。在一个企业社会责任观念具有较高发展水平的社会中，企业家或企业的“越轨”（或“越规”）必然会招致惩罚和伤害行为的发生，如图 7-5 所示。从广义上讲，遵守法律道德、风俗习惯、规章政策、各种制度等是企业社会责任的题中之意，企业家社会责任观念教育着意于对教育对象进行社会规则体系的教育引导，是对教育对象生存的积极促进。也就是说，企业家社会责任观念教育是道德教育的重要形式，而“道德教育对个体生存的贡献是要赋予每一个个体以科学的价值观、道德原则和行为规范。这些观念、原则、规范看起来似乎是约束个体的异己的东西，然而正是这些异己的东西才能够使个体在社会性（即现实性）的生活中生存下去”①。

（2）企业家个体道德发展功能。个体道德的发展是人的发展无限性的重要维度，企业社会责任道德观念的教育传播，有助于提高教育对象的道德推理与判断能力、道德思维能力与价值反省能力②，有助于促进教育对象道德主体意识的觉醒、道德需要的满足和道德境界的提升，有助于促进个体从社会道德必然性的“束缚”中获得提升，以求达到“从心所欲不逾规”的道德自由之境。

（3）企业家个体自我实现功能。自我实现是个体追求的崇高境界，在马斯洛的人类需求层次中，尊重与自我实现是人的高级需要，而人的受尊重与自我实现离开道德的完善是不可想象的，同时人的道德需要的广度、高度及其满足的程度也是人的主体性的确证。企业家社会责任观念教育通过精神道德空间的拓展、精神道德价值新领域的构建，促进企业家在推动企业社会责任履行的实践中获得精神上的愉悦体验和道德上的自我实现。

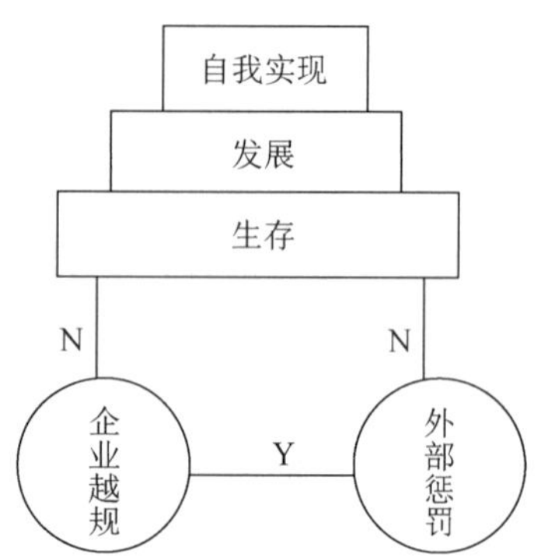

图 7-5　企业越规、外部惩罚与企业家发展的关系

2. 中观组织角度

这里的中观组织即指企业组织，企业家社会责任观念教育作为一项专门教育，具有专门教育所具有的养成性和转变性两个基本功能。企业家作为企业文化、企业价值观、企业哲学等的建构者，企业社会责任观念教育所实现的企业家企业社会责任观念的形成与转变，在一定程度上

① 王仕民. 德育功能论［M］. 广州：中山大学出版社，2005：171.

② 王仕民. 德育功能论［M］. 广州：中山大学出版社，2005：172.

是对企业组织相关观念的培育，或促进其向社会预期的方向转变。

（1）积极态度的形成性功能，即形成企业社会责任的基本意识或积极态度。对企业社会责任观念与履行企业社会责任的方式方法等缺乏理论认识和充分了解的企业来说，企业社会责任观念教育有助于促使企业社会责任意识或积极态度的形成。

（2）消极态度的转变性功能，即转变对企业社会责任观念的不恰当甚至是错误的、有悖于社会要求的理解或态度，形成与社会要求基本一致的企业社会责任观念、价值判断或态度取向。对虽有一定企业社会责任意识但却存在明显认识偏颇的企业来说，企业社会责任观念教育主要是实现对不恰当的甚至是不正确的认识进行转变，以形成正确积极的企业社会责任观念、基本态度和行为意向。

3. 宏观社会角度

从“人—社会—自然”的宏观系统角度理解，企业家企业社会责任观念教育具有人际关系协调、社会和谐促进与生态文明推进的功能。

（1）人际关系协调功能。在企业与人的关系层面，企业社会责任的观念的建构与行为实践有助于改善企业家与企业员工以及企业与消费者、社区公众等之间的关系，增进彼此之间的理解、信任与支持。

（2）社会和谐促进功能。在企业与社会的关系层面，企业社会责任观念教育的建构对企业社会责任行为实践的推动究其实质是社会权益与企业利益的协调与再分配过程，企业内外义务的合理分担与利益的合理分配是促进企业和谐的物质基础，而企业的和谐又是社会和谐的微观基础。

（3）生态文明推进功能。在企业与自然的关系上，企业社会责任观念教育正如玛格丽特·莫斯卡等曾对环境教育所指出的，“应当能使人明白环境的复杂性，能够使人们意识到他们的活动造成的后果，能够使他们获得一种警觉、技能、知识、观念和动力，并承担义务使他们的行为符合社会的需要去追求发展，并采用与发展相协调的各种方法”①。也即是说，企业社会责任观念教育通过培养企业的环境责任感与对环境状

① ［肯］玛格丽特·莫斯卡，阿斯莫特·博·瑞格．环境教育：为中等学校社会科学教师及主管人员的在职培训模式［M］．吴海燕，马晓玲，译．北京：中国环境科学出版社，1992：11.

况积极关注的热情和兴趣，通过培育企业对自然环境权利与自然环境内在价值的尊重等，推动企业实施清洁生产，促进企业承担减少资源消耗和防止环境污染的责任，从而实现对生态文明建设的积极推进。

7.2 功能发挥的机制①

企业家社会责任观念教育上述功能的发挥存在着复杂而精妙的微观个体心理机制，综合前文的理论分析，这些机制的协调一致将促使此项教育功能最大限度地发挥。

7.2.1 从认知构建到情感唤起

企业社会责任的多维内容通过多种路径的嵌入，在实现从传递者到接收者的传播终端后，将促使接收者的认知结构和态度结构出现某种变动或冲突，即可能与接收者的原初认知、原初态度或参照构架出现差异或完全不一致的情形，这种不一致在一定程度上有可能启动接收者内在的“平衡与和谐”的自组织心理调节机制，以力求获得新的平衡与一致。但认知的这种输入常受到情感的强烈牵制。如前所述，在行动前的预备态度中，由于情感通常居于主导地位，“往往是个体对态度对象的情感变了，认知也随之改变；而如果个体明确认识到自己原先的态度不正确，但情感难以割舍，则仍然坚持原先态度”②。这样，在态度转变过程中，情感因素在一定程度上牵制着认知的形成和变化，并由此影响态度乃至行动的形成或改变。因此，在企业家社会责任观念教育活动中，教育者“还必须努力促使个体发生情感变化，由赞成转变为反对，或由反对转变为赞成，才能最终实现态度转变，达到思想教育的目的”③。

英国学者威廉·麦独孤（W. McDougall）认为，“感情（sentiments）是围绕客体观念组织化了的情绪意向（dispositions）系统”④，并指出这些情绪意向主要包括爱、恨、尊重等。诸如“喜欢——厌恶、赞成——

① 金奇，陆亚玲，钱国平．社会主义核心价值观传播效果增进机制探微［J］．扬州教育学院学报，2015（4）：28-30.

② 刘颂．管理心理学的理论与实践［M］．南京：南京出版社，1992：173.

③ 刘颂．管理心理学的理论与实践［M］．南京：南京出版社，1992：174-175.

④ ［英］威廉·麦独孤．社会心理学导论［M］．俞国良，雷雳，张登印，译．杭州：浙江教育出版社，1997：125.

反对、尊重——轻蔑、同情——冷漠、友好——仇视”[①] 等情绪意向折射出个体的需要与价值观，而责任感作为价值观的构件与反映，“是保持正确态度，取得成功和优异成绩所必需的基本特征”[②]。责任感也必然对个体的情感反应产生明显而积极的规约与指引，企业家的企业社会责任感具体指向自然、社会与人，情感也基于自然、社会与人这个中心而辐射展开，并牵制着对企业社会责任的认知与行为意向，如图 7-6 所示。

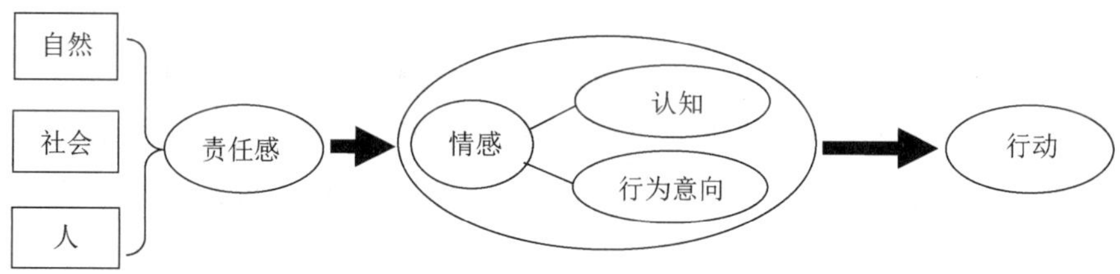

图 7-6　基于责任感而生发推动的情感对认知、态度与行动的牵制

这样，基于责任感而生发推动的情感对教育个体的认知、态度与行动将产生牵制与促进，在“责任感—情感—认知—态度—行动”逻辑链条中，责任感缺失，情感唤起中断，整个逻辑链条也因此中断。情感的激发与唤起从心理机制上讲，是基于情感反应满足个体需要、价值、价值观的可能性及其程度，从而引起个体对情感对象的好恶反应。

7.2.2　从价值驱动到价值观推动

如上所述，情感的唤起在一定程度上是基于个体需要、价值、价值观等。一般而言，企业家社会责任观念教育对企业经营者企业社会责任认知的建构、情感的培育、态度的转变与行动的推动通常在两个层次的机制上发生作用。

1. 价值机制

价值机制可简单地理解为互惠交换机制，在这一层次上，企业家对企业社会责任的推动主要是基于自身与企业的需要，是对价值或现实意义的考量，考量的基本方面一是社会资本，二是道德资本，而资本是可以带来增值的价值。企业家对社会责任教育的参与和对企业社会责任的

---

① 刘颂．管理心理学的理论与实践［M］．南京：南京出版社，1992：173.

② ［美］汤姆·贝，大卫·马克弗森．改变你的态度：创造成功和快乐的新视角［M］．聂建中，译．太原：书海出版社，2003：78.

推动可以为企业家和企业带来名副其实的双重资本，实现道德资本与社会资本的拓展、改善或集聚，这不仅是企业发展所必需的，也是企业生存所必需的。

2. 价值观机制

价值机制能使企业家看见或认同企业家社会责任教育的意义与现实价值，能在一定程度上满足其生存与发展的需要。但从层次上分析，在这种交换机制激发下的行动在道德境界上是不够高的，更不是教育所追求的理想目标，即教育所要达成的目标是建构超越或高于价值机制的价值观机制，通过正确价值观的引导、促成与构建，实现对教育的参与和对企业社会责任行动的有效推动。对于企业家与企业来说，这种价值观的轴心正是社会责任感，这种责任感又将深刻影响情感，进而促使企业社会责任积极态度的生成，如图 7-7 所示。需要注意的是，道德资本的生成与累积既可以理解为一种互惠交换机制，是一种价值的实现，也可以理解为一种价值观机制。在这一层面上，施惠者以情感的愉悦与道德上的满足感等精神体验为道德回报的主要体现，这同时也反映了企业家企业社会责任决策的境界层次。

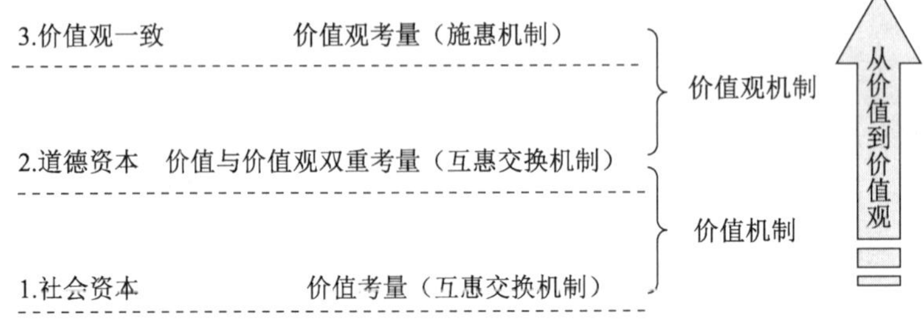

图 7-7　教育促成企业社会责任行动从价值机制到价值观机制的转变与提升

7.2.3　从态度转变到行动转变

企业家社会责任观念教育一方面通过满足需要、提升价值、构建价值观，促成对象个体责任感的生成与确立；另一方面通过传递认知、培育情感、引导行为意向，促成对象个体原初态度结构的改善。同时，责任感的确立在内在心理机制上将有助于积极态度的形成，在这一点上，责任感居于价值观的高度俯视、调控并驾驭态度的“兴衰”更替，而积极的态度又会强化责任感。

责任感与态度的生成及其相互强化在行动前为行动铺垫了观念与态度基础，这种预先观念与态度在价值观的感召与现实价值的吸引（个体内部需要、价值、心理、观念机制）、社会制度的规约与各种压力机制（外部社会情境）的综合作用下，行动将成为明智而又必需的选择。而行动一旦发生，在“责任感—态度—行动”之间又会形成双向促进与强化的关系，并使持续行动成为可能，如图 7-8 所示。

需要指出的是，其一，由于责任感、态度与行动之间存在着社会情境的外部影响，当预先观念和态度与社会情境无明显冲突时，这种观念和态度向行动的转化才更容易发生，因此两者之间并非一一对应的关系，这同时也表明了企业社会责任教育向公众拓展的必要性，即社会情境的整体改善需要更广泛的相关社会教育作为基础。其二，企业家责任感的构建与态度的转变可以理解为社会责任教育所实现的表层功能或原初功能，而企业社会责任行动的发生可以理解为社会责任教育的深层功能或衍生功能。同时，原初功能的实现主要取决于教育过程与教育情境所形成的整体效果，当教育情境与参照构架一致时，有利于价值观（含责任感）和态度的构建或改变；而衍生功能的实现严重受制于外部社会情境，当教育情境与社会情境一致时，责任行为更容易发生。

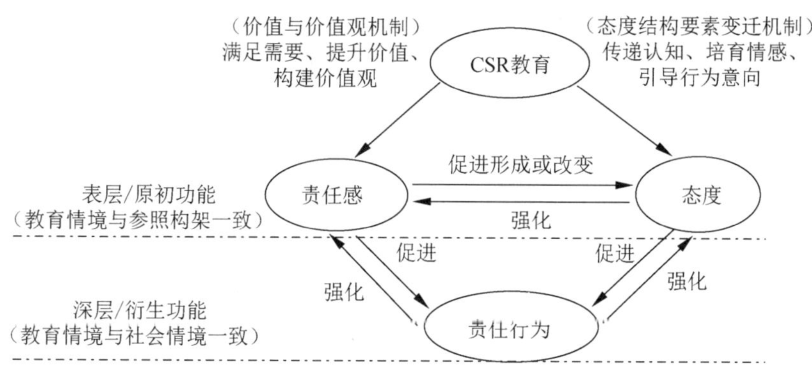

图 7-8　从态度转变到行动转变的实现机制

7.2.4　从观念建构到价值认同、情感支持和实践行动的互动

企业家社会责任观念教育是一个多层次的思想提升过程，从实践来看，一般会在四重境域上展开，即知识层次上的理解性教育、价值层次上的认同性教育、情感层次上的培育性教育与实践层次上的落实性教

育，四个层次由浅入深、有序推进，有利于促成学习者的知识理解、价值认同、情感支持与实践行动，形成“知识—价值—情感—实践”的互动，从而实现预期的教育效果，促进企业家企业社会责任观念最终转化为企业社会责任的持续实践行动。

1. 观念建构

从层次上讲，企业家社会责任观念教育首先要进行认知性教育，使教育对象“有所知”。即在认知层次的教育阶段上，使企业家对企业社会责任观念的运演与发展、企业社会责任的主要内容等相关知识理论能有系统而全面的理解。对于企业家来说，企业社会责任知识层面上的理解性、系统性学习是建构企业社会责任积极观念的必要前提，没有这样的前提，正确的思想意识就无法形成。但企业社会责任理论知识的学习却不是形成思想意识的充分条件，换言之，知识不等于思想，因为影响人们思想的因素错综复杂，除了知识之外，还包括人们的情感、经历、信仰、现实利益等诸多方面。也就是说，虽然知识是可以被灌输、被传播的，也是可以在一定教育对象中普及的，但理论知识通常只是一个壳或一个容器而已。或者说，知识只是一种载体，对于企业社会责任理论知识来说尤其是这样，这种载体所承载的思想或思想价值能否真正到达受众头脑深处，成为受众自身根深蒂固的“思想”，不是一个简单普及的过程，因为个体的社会性行为多半源自个体的真实思想，而不太可能是拘泥于书本中习得的教条。企业社会责任观念是知识性的存在，但更重要的是，它也是思想性、价值性的存在。因此，能超越一般知识传播性教育的是更高层次的“价值认同教育”。

2. 价值认同

教育的第二个层次是引导企业家对企业社会责任形成价值认同。在企业社会责任知识的“狂轰滥炸”下，最终积淀到思维深处的东西就剩下那么一点点思想，而思想中最有价值的部分是可以形成“价值认同”的内容。如何认同企业社会责任观念所体现和渗透的思想和价值取向，并视之为自己真正信仰的价值体系的一部分，这是教育者值得深思的深层次问题。决策者、教育者是基于价值层面上的执着认同而推动企业社会责任观念教育，还是自己言不达意、口是心非、将信将疑，或视之为可有可无，甚至是弃之不惜？在实践中，一些教育者根据自己的喜好或者是刻意迎合少数企业经营者的需要而对企业社会责任观念教育的内容进行随意的裁减和取舍的做法令人担忧。所以，广义上的教育传播者自己的真实信仰、真实态度、真实情感将直接决定其是否能够引导企业家将学习推进到思想和价值认同层次上。如果坐在台上的滔滔不绝者自己底气不足，缺乏一种发自内心的、真诚的、摄人心魄的信仰，那充其量只是理论上或者学术上的门面装饰，看起来也花枝招展，但实质上只不过是停留在知识层面上的理论探讨，这将难以形成教育对象发自肺腑的价值认同，这种教育本身的存在价值也会因此受挫。

3. 情感支持

情感是产生行动的重要推动因素，尤其是在面对困难行动时，也就是说，缺乏情感的参与，行动将难以展开或持续。更为重要的是，所有的责任及其对责任的承担都是基于对责任所指对象的爱的情感，没有对责任对象的爱的情感，责任就会成为冷冰冰的异己之物，对于没有情感介入的责任，多数人唯恐避之不及，也难以真正接受。情感是一种鼓舞和动员力量，在特定情况下，它可以使人的整个身心资源都发动起来并义无反顾地投入某种行动之中。对责任的情感使人对责任产生一种敬重之心、热爱之情，从而主动地承担责任的各种要求，而“没有道德情感的作用，道德意识可能成为空谈，不容易产生相应的行动，甚至成为虚伪的言词。只有带上情绪色彩的道德认识才为信念的形成打下基础”①。亚当·斯密在《道德情感论》一书中向人们传达了“以自利为基础的市场机制必须用以他利为基础的道德情感来协调”② 这一重要的思想。对企业家来说，“行为的慈善倾向还结合着产生行为的感情的恰当性”③，如果一切激情和一切活动都埋没在发财之中，企业社会责任将难以成为持续的自觉行为。所以，在这一点上，企业家企业社会责任观念教育应着力引导企业家对企业员工、消费者、投资者、社区公众乃至大自然的爱的情感，从而竭力超越单纯从功利主义的价值角度来考量企业社会责任的实践行动，即超越从单纯的利益得失角度来审视、决策和取舍在企

① 车文博．心理学［M］．北京：中国青年出版社，1986：226.

② ［英］亚当·斯密．道德情感论［M］．谢祖钧，译．西安：陕西人民出版社，2004：前言 5。

③ ［英］亚当·斯密．道德情感论［M］．谢祖钧，译．西安：陕西人民出版社，2004：81.

业社会责任上的态度和行为。

4. 实践行动

从企业社会责任的一般理论知识教育到价值认同与情感激发教育，再到实践行动的推动，是教育向纵深推进的需要与标志。如果说理论知识是思想观念的载体，那么思想观念就是价值的载体，但思想观念所蕴含的价值的实现必须借助通常是有代价的实践来推动。对企业来说，企业履行社会责任所支付的成本通常就是这种“代价”，这种“代价”将赢得企业社会网络关系的改善、企业社会形象的改善，赢得企业员工、消费者、投资者、政府等的信任，从而为集聚企业道德资本和社会资本创造条件，并由此而收获回报的价值。因此，在有了企业社会责任知识储备、价值认同及对责任对象的热爱情感的前提下，必须着力引导企业家有效推动企业社会责任实践，以形成企业社会责任行动与企业道德资本和社会资本增值的良性互动，同时也使企业社会责任实践由一种外在要求转化为企业存续与发展的内在需要，从而推动企业社会责任持续的实践行动。

综合上述，全面的企业社会责任观念认知、深刻的企业社会责任价值认同、强烈的企业社会责任情感支持和持续的企业社会责任实践行动，四个方面有机统一、相互促进，是企业家企业社会责任观念教育所要努力达到的目标诉求，其间的关系如图 7-9 所示。

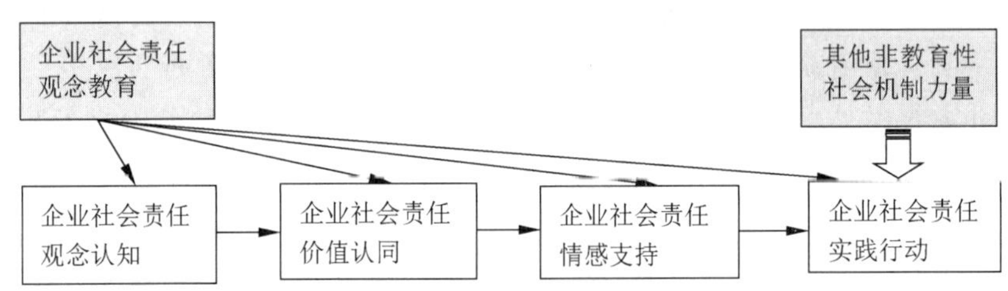

图 7-9　企业社会责任实践行动的教育与非教育性影响的合力机制

值得注意的是，推动企业社会责任实践还需要采取教育之外的方式方法，在社会发展过程中，教育是不可或缺的方案，但不是社会问题解决的唯一方案。

7.3　功能发挥的制约结构

结构是一个普通的哲学范畴，可以理解为系统内各组成要素之间在空间和时间方面的有机联系与相互作用的方式和顺序。[①]一般来说，由若干要素构成的系统及特定结构，通常都具有其独特的功能作用，“其功能的大小，除了受外界环境等因素影响外，主要决定于组成系统的各要素及其组合方式——结构”[②]。因此，“要使系统发挥出最大的功能作用，既要发挥各要素的最佳效能，又要优化系统结构，使各要素都处在最佳的工作状态，同时，还要考虑环境因素的影响，使之整体优化”[③]。企业家社会责任观念教育是系统的存在，其功能的发挥是客观的，但功能发挥的程度会受到系统内外多种因素的制约，主要包括教育者、受教育者、教育内容、教育途径、教育价值、教育方法等，这些要素及其组合所形成的结构，以及与外部系统连接及其外部系统结构共同构成制约功能发挥的系统结构，当这些因素及其结构适应教育的需要并且指向同一目的时，才能实现最佳的功能发挥。具体来说主要体现为如下三种结构。

7.3.1　宏观社会结构：社会系统要素与结构的协调性

依据前文的嵌入理论，企业家社会责任观念教育子系统所嵌入的母系统是宏观的社会系统及其结构，作为一种具体的思想教育活动，正如孙其昂在《社会学视野中的思想政治工作》一书中指出的：“思想政治工作系统是一种结构中存在的系统。……是更大系统及社会系统中的系统。这种存在状态，也是‘关系中存在’的状态。”[④]企业家社会责任观念教育作为一种社会“结构中存在的系统”，由于“部分的意义是社会集体的产物，而且它独立于部分先在地存在的。认识部分的意义必须认识整体的意义，后者作为‘潜规则’总是制约着部分的运动和意义”。[⑤]因此，社会的系统要素及其结构对其影响和制约是客观的。具体而言，

① 陈秉公. 思想政治教育学原理［M］. 北京：高等教育出版社，2006：124.

② 蒋笃运. 德育系统论［M］. 2版. 郑州：郑州大学出版社，2007：4.

③ 蒋笃运. 德育系统论［M］. 2版. 郑州：郑州大学出版社，2007：4-5.

④ 孙其昂. 社会学视野中的思想政治工作［M］. 北京：中国物价出版社，2002：6.

⑤ 孙其昂. 社会学视野中的思想政治工作［M］. 北京：中国物价出版社，2002：5-6.

对企业家社会责任观念教育功能发挥产生规约的社会结构可分为两类，一是静态的结构及其变迁，二是动态的结构及其变迁。前者主要包括特定的社会政治结构、社会经济结构、社会文化结构以及这些结构间相互连接而形成的社会整体结构，即社会制度结构模式；后者主要包括社会生产、社会生活、社会活动、社会交往、社会参与等结构及其相互连接形成的社会整体行为结构模式。值得注意的是，所有这些结构其实是特定的观念结构的外显或制度化，因而都蕴含了一定的观念结构。企业家社会责任观念教育现实地嵌于上述社会结构之中，这些结构作为“潜规则”规约着企业家社会责任观念教育活动及其功能发挥与实现程度。当这些社会系统要素及其结构相互冲突时，教育所产生的效果将会被冲淡、被抵消，甚至会产生阻挠和负面规约；当这些社会系统要素及其结构相互协调一致时，教育积极的功能发挥才能成为现实。

7.3.2 中观教育结构：教育系统要素与结构的合理性

企业家社会责任观念教育的中观教育结构是指该项教育系统内部教育主体、受教育主体、教育环体与教育介体要素与要素自身结构以及这些要素之间的有机连接所形成的结构。一般而言，结构是时间和空间的存在，通常具有时空特性，即具有空间上的广延性和时间上的连续性，并由此构成错综复杂的立体网状结构。在空间上，这种结构由各教育要素在其中的位置和地位构成，表现为教育者在结构中构成主导位置，受教育者在其中构成“被建构”“自建构”位置，教育环境在其中构成规约性或支撑性背景结构，教育介体在其中构成中介性、连接性结构；在时间上，这种结构形成阶段性、连续性的纵向结构，教育的阶段性与连续性如果与教育对象的思想品德发展的阶段性与连续性一致，则可以促使“教育的影响力因历时性的不断积累而越来越大，推动思想教育过程产生‘三次转化’和‘两次飞跃’”①，从而有效地推动教育的目标与功能的实现。

---

① 陈秉公．思想政治教育学原理［M］．北京：高等教育出版社，2006：132.

在此书中，陈秉公指出：“三次转化”，即思想教育的基本矛盾转化为社会发展需要的思想品德和心理与教育者教育观念的矛盾；转化为教育者的教育观念与受教育者的认识的矛盾；转化为受教育者自身思想品德认识与行为习惯的矛盾，即知与行的矛盾。“两次飞跃”，即第一次飞跃——社会发展所需要的思想品德和心理素质转化为受教育者的认识；第二次飞跃——受教育者将这种认识转化为行为实践，并形成行为习惯。

从类型上看，结合梁渭雄、孔棣华等关于教育结构的一般类型①的分析，可以从如下方面理解企业家社会责任观念教育结构：① 教育的形式结构：主要包括学校教育、媒体教育、社会组织教育、社会团体教育等形式。② 教育的层次结构：即依据 CSR 教育内容的深浅程度差异而形成的不同层次的教育。③ 教育的类型结构：如全日制教育（面向潜在或现职企业家：如工商管理学生、企业高管）、短期培训等。④ 教育的布局结构：即教育的地理分布结构，如乡镇、市县等相关教育机构及其实施机制。⑤ 教育的管理结构：即教育领导系统与管理网络的构成状况及其结构特征。⑥ 教育的学科结构：即 CSR 教育学科自身的知识结构，主要是指学科的内容结构，其中包括概念、内容、规律、路径、方法等。依据结构主义的观点，知识是有结构的，学科本身的知识结构会对教育对象的认知结构、思想结构和行为结构产生影响。同时，各种具体结构既是教育系统整体结构的组成部分，又各自具有自身的内在结构，如教育目标要素结构就是由意识目标、知识目标、态度目标、技能目标、行为目标构成的特定的结构，如图 7-10 所示。

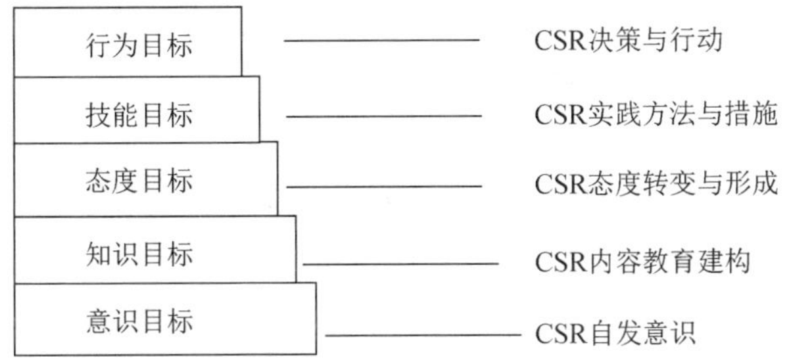

图 7-10　企业家社会责任观念教育目标要素结构

由于结构对功能的影响与制约作用，优化企业家社会责任观念教育结构，使教育系统要素和结构趋于完善与合理，将有利于教育功能的发挥。梁渭雄、孔棣华认为，教育结构的优化包括整体优化和层次优化。其一，企业家社会责任观念教育结构的整体优化。整体优化涉及此项教育的要素、目标、内容、过程、路径等诸多方面，以逐渐构建“内和谐、外适应结构”。②即依据企业家个人需要和社会需要的双重变化与发

① 梁渭雄，孔棣华. 现代教育哲学［M］. 广州：广东高等教育出版社，1997：157.

② 梁渭雄，孔棣华. 现代教育哲学［M］. 广州：广东高等教育出版社，1997：182

展，在适应外部需求及需求结构变化的过程中推动此项教育系统内部要素与结构的完善与和谐，同时又以系统内部结构的和谐来提升对外部结构的适应能力和适应水平。其二，企业家社会责任观念教育结构的层次优化。[①]教育结构的层次优化可以理解为此项教育实施机构或部门的层级分布优化，如基层党校、省市级党校、中央党校，地方院校、省市级院校、全国性院校，地方媒体、省市级媒体、中央媒体，基础党委、市县党委、省级党委，等等，完善和优化这些机构或部门对企业家社会责任观念教育任务的分配与实施。教育结构的层次优化还可以理解为企业社会责任教育目标、内容结构的层次设置优化，即依据不同企业、不同地区企业社会责任的整体状况设定层次有别的教育目标及内容，以使企业社会责任观念与特定地区经济发展的总体水平及人们的思想道德发展总体状况保持相对的协调一致。

此外，依据孙其昂对思想政治教育工作系统子系统[②]的分析，其主要内蕴理论系统、价值系统、制度系统、主体系统、手段系统、活动系统、环境系统、管理系统，而企业社会责任观念教育系统的子系统也可作相似的理解，这些子系统所构成的结构模式将直接影响教育功能的发挥，当这些子系统要素协调、结构合理时，将有助于促进教育功能的正向发挥。

7.3.3 微观个体结构：个体系统要素与结构的和谐性

对企业家社会责任观念教育功能发挥产生内在制约的是教育对象个体的内在结构，尤其是以思想道德为核心的个体的精神系统结构。王仕民曾将影响德育功能的微观个体结构分为三个层次，即个体思想道德心理结构、个体思想道德素质形成过程结构与个体思想道德素质的发展结构。[③]这种划分具有一定的普遍意义，借鉴这样的理解，企业家社会责任观念教育的对象个体的思想道德内在结构可分为静态心理结构和动态过程（包括形成与发展过程）结构。

1. 静态心理结构

静态心理结构，即教育对象个体思想道德心理结构。个体思想道德

---

① 梁渭雄，孔棣华．现代教育哲学［M］．广州：广东高等教育出版社，1997：184.

② 孙其昂．社会学视野中的思想政治工作［M］．北京：中国物价出版社，2002：23-24.

③ 王仕民．德育功能论［M］．广州：中山大学出版社，2005：163-171.

心理因素既包括低层次的一般心理，也包括其中的不断获得提升的思想、道德、政治因素等。在这些因素中，都同时包含着意识和潜意识的成分。当心理、思想、道德、政治等因素从潜意识到意识和谐一致时，则形成的结构有利于教育功能的持续性、最大化发挥，从而形成相对稳定的行为实践的心理结构支持模式；当个体静态心理结构因素相互冲突时，则教育功能发挥削弱、受挫或难以正常发挥。因此，企业家社会责任观念教育要注重引导并促成企业家个体思想道德心理因素与结构的和谐一致，如图 7-11 所示。

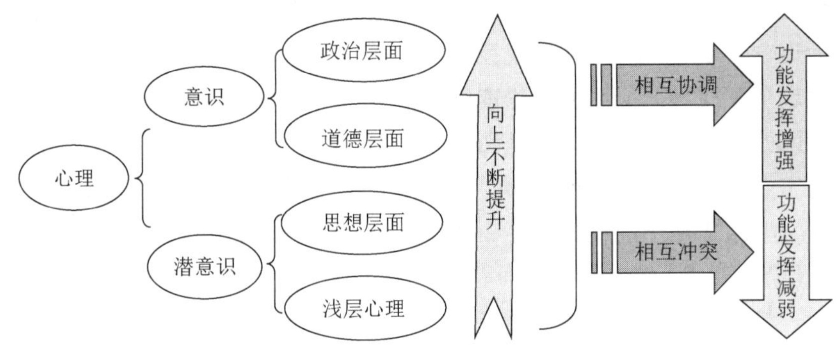

图 7-11　个体静态心理结构因素与教育功能发挥的关系

2. 动态过程结构

动态过程结构，是指个体思想道德素质在培养、形成和发展过程中的心理结构，一般由道德需要、道德情感、道德信仰、道德意志、道德行为等构成。个体思想道德素质形成过程中的知、情、信、意、行的培养过程与存在状态构成的品德结构对教育功能的发挥产生重要的内在制约。[①]因此，企业家企业社会责任观念教育从道德责任观念的形成与发展过程来看，需要同时注重企业社会责任的需要、情感、信仰、意志与行为的培养。

（1）道德需要的激发。对个体而言，道德需要是德育何以可能的基础[②]，也是道德行为得以发生的前提和心理基础。王仕民认为，道德需要是体现人的自我实现、自我完善、自我价值和尊严的一种方式，作为

① 王仕民．德育功能论［M］．广州：中山大学出版社，2005：166.
② 王仕民．德育功能论［M］．广州：中山大学出版社，2005：166.

一种高级的社会需要，它不是从社会中去获得、索取、占有、使用、享受某种物质或精神产品来满足自己，恰恰相反，道德需要是通过对社会或他人的给予、奉献、牺牲来满足自己。①众所周知，需要是产生行动的内在动力机制，企业家社会责任观念教育对企业社会责任实践行动的推动及其可持续程度取决于教育对象个体作为高级需要的企业社会责任道德需要的引导、激发与调动程度。从伦理层面上讲，企业家社会责任观念教育现实功能的发挥在很大程度上取决于企业经营者的真实的道德需要；而从现实来看，道德又总是关涉利益的，也就是说，道德需要实现和满足的过程既具有利他性又具有利己性。依据前文的分析，道德会转化为道德资本，同时又是构成社会资本不可或缺的要素，这样，道德需要就超越了纯粹的形而上的伦理诉求，有了自己得以生根的现实利益基础。因此，道德需要就不只是面向未来的应然需要，而同时又是立足当前的实然需要。虽然这种“道德需要”的背后带着光环的“神圣道德”“纯粹道德”或“纯洁道德”可能浸染上资本或功利诉求的“世俗道德”“资本道德”，但没有这种需要就难以最终转化为利他的自觉的实践行动，教育的功能发挥也将难以真正持久地实现。

（2）道德情感的培育。列宁曾深刻地指出：“没有‘人的感情’，就从来没有也不可能有人对于真理的追求。”②从这一点上讲，没有对人、社会与自然的道德情感，就不可能有对企业社会责任道德观念的真正认同与坚守，也不可能有对企业社会责任实践的执着与推动。列宁又说：“我们不赞成的只有一点，那就是强制的成分。我们不赞成用棍子把人赶上天堂。”③虽然诸如企业社会责任信息披露、媒体监督、政府监管等外部的压力机制是推动企业社会责任实践的重要手段，是把人赶上天堂的“棍子”，但这些“棍子”机制最终要转化为企业管理者对企业社会责任的情感认同或情感参与，转化为对人、社会与自然的热爱情感，没有情感的责任是无法持久的，甚至会被视为异己之物而被抛弃。

（3）道德信仰的引导。丹尼尔·贝尔（D. Bell）曾指出：现代主义

① 王仕民．德育功能论［M］．广州：中山大学出版社，2005：167.

② 列宁．列宁全集（第20卷）［M］．北京：人民出版社，1958：255.

③ 列宁．列宁全集（第20卷）［M］．北京：人民出版社，1958：58-59.

的真正问题是信仰问题。[①]信仰居于精神境域的制高点，俯览整合着精神要素，引领着人的精神世界和行为实践。“信仰是人的最基本、最深刻的精神活动，体现着人对价值理想的建构或最高价值的承诺，融系着人对精神家园和终极关怀的寻觅，因而它在根本上影响着人的精神生活和社会活动，凝聚或整合着人的世界观、价值观、人生观。”[②]作为一种信仰形式，道德信仰为某种“道德体系提供一种依据或支撑（不论是来自超验的或是来自经验的），回答‘人为什么要有这种道德?’这一至关重要的问题”[③]。企业社会责任观念侧重于一种道德观念，这种道德观念折射着对人、社会及自然的价值审视，蕴含并建构着对人的终极关怀的信仰，同时从具体现实的角度唤起人的世界观、价值观与人生观的共鸣、认同与深度参与，从而使企业社会责任实践活动获得这种“最深刻的精神活动”的有力支撑。

（4）道德意志的锻炼。道德意志是人们在道德信念支撑与道德情感的强烈推动下，克服主客观的各种困难和障碍，将业已内化的社会道德规范与道德准则外化为持续、稳定、一致的道德行为的主观心理状态和精神力量。唐凯麟认为，道德意志总是指向高尚的目标，并动员自己全部品德力量来实现这一目标。[④]一般来说，道德意志蕴含了“内在趋善的强烈意愿”和“克服困难的强大动力”两个基本方面。[⑤]当个体处于各种现实的困难和利益的诱惑时，道德意志往往就会凸显其强大的精神动员力量，从而使个体能坚定地超越自我利益的牵制所形成的主观上的自我障碍，并体验到精神超越之后的自由感和愉悦感。在企业社会责任实践整体水平有待提高所形成的宏观环境的客观牵制下，一些企业能克服经营困难、资金短缺等现实的困难而一如既往地恪守企业社会责任，缺乏企业决策者道德意志的支撑是不可想象的，而且，企业决策者的企业社会责任道德意志也只有在持续地推动实践行动的过程中才能得到检验、锻炼和加强。

---

① ［美］丹尼尔·贝尔．资本主义文化矛盾［M］．赵一凡，蒲隆，任晓晋，译．上海：生活·读书·新知三联书店，1989：74.

② 魏长领．道德信仰与自我超越［M］．郑州：河南人民出版社，2004：1.

③ 魏长领．道德信仰与自我超越［M］．郑州：河南人民出版社，2004：1.

④ 唐凯麟．伦理学［M］．北京：高等教育出版社，2001：253.

⑤ 易小明，祝青．道德意志概念论析［J］．哲学研究，2010（10）：111-115.

（5）道德行为的推动。企业家社会责任观念教育的最终目标是实现企业社会责任观念的外化，即促进企业社会责任实践行动的发生，这种外化是把已经内化了的思想观念、道德信念等自主地转化为行为的过程。当知、情、信、意、行的培养过程与存在状态构成的品德结构和谐一致时，将有利于此项教育功能的持续性、最大化发挥，从而形成稳定的行为实践的过程结构支持模式。因此，企业家企业社会责任观念教育必须注重引导和促成个体思想道德素质形成过程结构因素的和谐统一与相互促进，如图 7-12 所示。

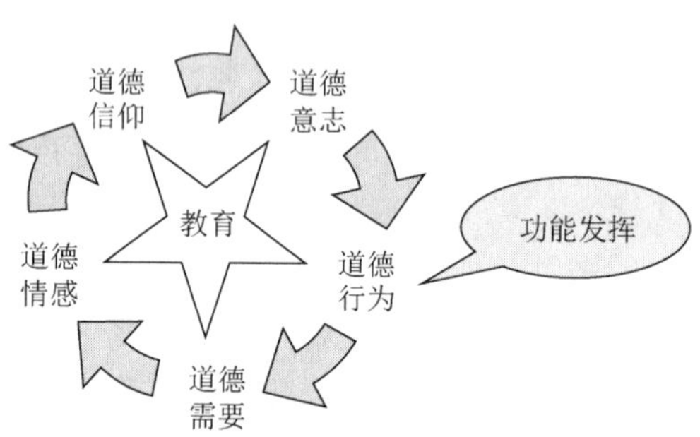

图 7-12　企业家个体道德动态过程结构因素相互加强与教育功能发挥的关系

7.4　功能发挥的基本规律

规律是事物发展过程中的本质联系和必然趋势。列宁指出：“规律的概念是人对于世界过程的统一和联系、相互依赖和整体性的认识的一个阶段。”[①]苏沃洛夫认为：“在规律中，表现出来的始终是某种关系。”[②]列宁也强调：“规律就是关系。……本质的关系或本质之间的关系。”[③]维亚凯列夫则认为：“规律是普遍性的形式，因而也是物质客体的结构的某种不变式。因此，规律概念是同结构概念密切联系着的。”[④]考察规律

① 列宁．列宁全集（第三十八卷）［M］．北京：人民出版社，1959：158.

② ［苏］列·尼·苏沃洛夫．唯物辩证法［M］．宋一秀，易杰雄，译．哈尔滨：黑龙江人民出版社，1984：49.

③ 列宁．列宁全集（第三十八卷）［M］．北京：人民出版社，1959：161.

④ ［苏］Ф.Ф. 维亚凯列夫．客观辩证法［M］．北京：东方出版社，1986：219.

时，应当通过“规律”和“结构”这两个范畴的相互联系的棱镜进行考察。①一般来说，对发展的审视是以结构本身的变化为前提的，而功能发挥的规律则是“以虽然是动态的、但是相对不变的结构的存在为前提”的②。由内外多种因素及其结构决定的企业家社会责任观念教育的功能发挥也有着特定的规律，主要体现为共识性规律、实践性规律和持续性规律，这些规律反映了企业家社会责任观念教育自身内部各要素之间以及与其他社会现象之间的内在联系或要求，是由教育基本要素之间的联系、教育系统与外部社会系统的结构及其基本矛盾等共同决定的。

7.4.1　共识性规律：形成企业社会责任观念的共识

企业家社会责任观念教育要形成企业家稳定的企业社会责任观念，发挥推动企业社会责任实践的功能，需要形成企业社会责任的广泛共识，广泛的共识才能形成相对一致的行动，这种共识是由教育系统、企业系统和社会系统内外因素及其结构的相关性决定的。

1. 教育系统内部共识

教育系统内部共识主要包括教育决策主体、承运主体、实施主体、接受主体形成企业社会责任观念共识。

（1）教育决策主体共识：包括思想政治教育决策主体、企业管理教育决策主体等，主要是各级党委、政府相关决策管理部门、教育相关决策部门等的共识。没有决策机构和相关部门的深刻认同与统一部署，教育本身在社会结构中的位置就有可能受到削弱，功能的发挥也会大打折扣。

（2）教育承运主体共识：作为思想教育活动的具体形式和特殊领域，企业家企业社会责任观念教育的承运主体在一定程度上可以理解为广义的思想教育（包括企业伦理等相关教育）的承运主体，而“思想政治教育的承运主体具有广泛的社会性。除了党的宣传教育工作部门外，政府的思想文化工作部门，报刊广播电视等大众传播工具，教育、出版等社会文化教育单位，以及各类社会团体和群众组织也均应自觉承担思

---

① ［苏］Φ. Φ. 维亚凯列夫．客观辩证法［M］. 北京：东方出版社，1986：219.

② ［苏］Φ. Φ. 维亚凯列夫．客观辩证法［M］. 北京：东方出版社，1986：219.

想政治教育承运主体的职责”①。正是由于思想政治教育承运主体的广泛社会性，从而使多路径、多渠道、多方式的企业家企业社会责任观念教育实施成为现实可能，而这些承运主体在企业社会责任观念方面的共识水平也将极大地影响这项教育功能发挥的水平。

（3）教育实施主体共识：主要为思想教育工作人员或企业社会责任相关教育人员，尤其是正式组织的导向人物和非正式群体、民间组织的轴心人物。教育实施主体在教育过程中对企业社会责任观念的基本态度、真实情感以及对教育内容、目标等的实施程度将直接反映出教育实施主体的价值取向，从而对教育接受主体产生积极或消极的影响。从本研究调查的情况来看，在实践中，尤其在一些工商管理的教育实践中，存在着教育者忽视或弱化企业社会责任观念教育的情况，这将消减教育的效果，影响教育功能的有效发挥。

（4）教育接受主体共识：主要是指企业家、企业经营管理者。企业家是企业社会责任的最终决策者和推动者，作为接收主体，企业家对企业社会责任观念的认同程度直接决定着教育的功能发挥程度。概言之，教育系统内部的观念共识是产生积极而有效的教育效果的前提，是实现教育目标和发挥教育功能的保障，当教育系统内部存在着明显的企业社会责任观念分歧，无法形成统一的合力时，则教育功能的发挥就无从谈起。

2. 企业系统内部共识

企业系统内部共识，即教育对象经营管理的企业系统内部的企业社会责任观念共识。企业家虽然是企业的核心人物和决策者，是企业社会责任的主要推动者，但企业社会责任的实施和履行却需要企业内所有成员的协同与合作，即需要形成企业内部系统对企业社会责任的基本共识，尤其如企业的经济责任、环境责任的履行更是如此。因此，形成企业系统内部社会责任共识是促进教育功能发挥即推动责任承担的重要内在机制。具体来说，促使企业内部企业社会责任观念共识的形成或提升，主要可以通过如下途径。

（1）企业文化氛围的营造。企业文化的核心是企业精神、企业道德

① 陆庆壬．人的发展和社会发展：思想政治教育学基础理论研究［M］．上海：同济大学出版社，1994：258.

与企业价值观，企业文化对于提升企业的核心竞争力、提高企业的内聚力与经济绩效发挥着精神内核作用。优秀的企业文化是现代企业的精神支柱，对构筑企业价值观、推动企业积极承担社会责任发挥着不可替代的作用。正如美国历史学家戴维·S. 兰德斯（D. S. Landes）在《国家的穷与富》一书中所断言的：如果经济发展给了我们什么启示，那就是文化乃举足轻重的因素。[①]正是由于企业文化在企业中的精神内核地位，因此，在企业文化中蕴含并弘扬企业社会责任观念，并使之整合到企业的核心价值观之中，使企业社会责任观念成为一种企业理念、企业传统、企业风尚或其不可或缺的组成部分，以营造重视企业社会责任的企业文化氛围，从而发挥对企业员工潜移默化的影响，这对在企业内形成企业社会责任观念共识至关重要。而企业家社会责任观念教育正是通过积极促成企业家对企业社会责任观念的认同，以间接促进负责任型的企业文化的形成，并力求通过这种文化在企业内推动企业社会责任观念共识的形成。

（2）企业思想工作的蕴含弘扬。思想工作是经济工作的生命线，虽然存在着重视程度以及自觉与自发的现实差别，但企业的工作肯定离不开思想工作。从管理的角度理解，企业管理包括硬性管理和软性管理，企业的组织结构、规章制度等构成企业的硬性管理或“硬约束”，企业哲学、企业价值观、企业文化等构成企业的软性管理或“软约束”，企业文化所承载的价值理念与企业思想工作所传播的思想观念是企业软性管理的主要途径。在最一般的意义上讲，管理最终可以归结为对人的管理，即对人的思想意识与行为的管理，由于思想是行为的导因，行为是思想的表现，因此管理在实质上是一种思想管理或控制。管理目标能否达到以及管理能否实现组织和个体行为向预期的方向转变，取决于管理对个体思想影响的有效性、深度与持久性。换言之，管理所形成的行为改变只是表象，其深层次的原因是思想认识与态度的改变与转化。因此，企业管理说到底就是做思想工作，通过这种工作，使管理对象在思想认同的基础上，持续地从事符合企业愿景与目标的行为。在这一点上，企业管理与企业思想工作可以说是“一手硬、一手软”，二者殊途

---

① 定雄武. 企业文化［M］. 北京：北京理工大学出版社，2009：139.

同归、缺一不可。管理结合思想教育，才能真正形成思想触动和价值认同，企业思想工作结合企业管理才能服务于企业的特殊需要。从这层意义上说，企业家管理自己的企业，离开思想工作所奠定的思想基础是难以真正取得成功的。企业思想工作通过对道德观、价值观与思想认识等的教育引导，使人们在思想上能真正认识到彼此之间根本利益的一致性，以减少个体与企业、社会之间的价值冲突，从而协调或改进个体的行为，达到思想管理和行为控制的目的。

那么，由企业家、企业管理者主导的“企业思想工作”何以可能自觉、主动地蕴含和弘扬企业社会责任观念以促成企业社会责任内部共识呢？一般来说，企业思想政治工作主要来自两条路向：其一是由企业外部力量（即社会的权力机构）主导的思想政治工作，在这种情况下，这种教育是传播社会主流价值观的直接方式，因此在这一过程中嵌入和弘扬企业社会责任观念是其自觉的选择；其二是由企业家主导的企业内部思想工作，在这层意义上，企业思想工作对企业社会责任的蕴含与弘扬取决于企业家社会责任观念教育的成效以及企业家对企业社会责任的价值认同程度。由于企业家社会责任观念教育着意于培养企业家企业社会责任意识，教育的积极效果将使企业家在思想深处对企业社会责任的价值（如前所述，主要指精神需要的满足、道德资本的集聚与社会资本的改善等）逐渐产生认同，这种认同有助于促进企业家在其主导的企业的思想工作或文化构建中融合企业社会责任观念，即逐渐使之成为一种意识自觉，从而在企业内推动形成企业社会责任观念共识。

另外，企业社会责任的多重内容维度决定了企业社会责任的履行不全是企业家个人的事情。具体来说：其一，当企业家对企业社会责任产生深刻认同并视之为自己义不容辞的社会使命时，就有将这种理念与思想转化为企业文化并以此建构企业核心价值观的需要，这就需要企业思想工作能结合企业社会责任意识并在其中发挥积极作用。其二，从企业与投资者、消费者、社区公众、政府与环境的关系来看，企业家对这些关系社会责任的承担虽然居于主导和决策地位，但同时又涉及企业全体员工的态度与行为，也即需要企业的二级管理层与员工的共同参与。如积极的工作态度，发挥个人的创造性与活力，为增加社会财富、增进公益事业做出自己的努力；减少资源浪费，提高产品质量，为增加消费者的满意度做出自己的努力；拒绝从事欺诈性、环境高污染性的工作或通过自己的努力对其进行改变等。如果说企业家更多的是着眼于企业社会责任的宏观决策，那么企业员工正是通过细节上的努力使企业社会责任实践成为现实可能，没有企业员工积极主动的、全方位的参与，企业家的企业社会责任意识就难以通过企业转化为现实的行动。其三，如果企业家把企业社会责任视为改善企业道德资本、集聚企业社会资本的途径，以及调动企业员工为企业、为社会积极工作的动员力量，那么在这一层面上，企业家就更离不开企业思想工作来培养企业基层管理层与企业员工的企业社会责任意识。因为，当企业员工认识到企业社会责任对于自己和社会的意义的时候，就会调动自己的主体意识，克服雇佣思想，积极为企业的发展建言献策并做出自己的努力和贡献，而这正是企业家企业管理的目标指向。也就是说，企业员工的企业社会责任意识的形成对企业与企业管理者来说不但不是个威胁和包袱，恰恰相反，企业员工的企业社会责任意识的增强是调动企业员工积极性的重要手段，符合企业与企业家的长远利益发展。概括来说，企业社会责任的全面承担需要企业家与企业员工达成共识并共同参与，这既是二者各自的需要，又是二者共同的利益所在。因此，通过企业思想工作蕴含和弘扬企业社会责任观念，不仅是可能的，而且是必要的，同时也是形成企业内部企业社会责任观念共识的不可或缺的途径。也即是说，企业家社会责任观念教育着意于对企业家企业社会责任思想观念的培养与引导，以促使其在企业思想工作与管理过程中，能有效结合或渗透企业社会责任意识，从而使履行企业社会责任成为企业各级管理层与企业员工的共识与一致的行动，这种企业组织内部的共识是企业社会责任实践行动的重要思想基础。

3. 社会系统外部共识

社会公众尤其是消费者的观念共识，将会形成特定的社会舆论氛围，从而对企业社会责任的履行产生巨大的压力或引导作用，而舆论的声讨与消费者的一致行动对企业来说可谓是生死攸关的压力机制。因此，社会系统的外部共识无疑制约着企业社会责任观念教育的功能发挥及其程度。社会公众的外部共识可以借助多种机制和路径逐渐形成或获得提升。首先，学校思想教育体系的教育引导。学校思想教育作为公众价值观念、思想认识、道德品质等人文素质教育的主流途径，对形成企业社会责任观念的全民共识至关重要。从发展趋势来看，企业社会责任观念教育有全民化与思想政治教育化的趋势；从现实实践来看，学校思想教育课程设置与实施机制为企业社会责任观念教育的内容嵌入和路径嵌入提供了现实的保障。因此，通过各个层次的思想教育课程嵌入将有助于提高公众的企业社会责任观念水平，并逐渐达成对企业社会责任的基本共识甚至是一致行动。其次，社会媒体教育传播体系的传播引导。社会媒体对企业社会责任的价值倾向及其态度，对企业社会责任的关注与信息披露，对形成社会系统企业社会责任的外部共识具有广泛的影响力。如前所述，诸如网络、电视、广播、报刊等现代传媒已构成信息传播与社会教育的重要形式，因此，充分借助社会媒体在企业社会责任观念共识形成过程中的信息传播、价值观念教育、思想舆论引导方面的功能与作用，是营造良好的社会氛围、有效促成观念共识与统一行动的重要途径。

7.4.2 实践性规律：促进企业社会责任观念的落实

一般来说，“落实是主观见之于客观的实践，是人们认识世界、改造世界的过程”①。观念的落实（即理论观念付诸实践行动）以及实践行动的范围、水平与持久性等确证着功能的发挥程度，同时也反映着观念的认同与稳定水平。这样，企业家社会责任观念教育功能发挥的实践性规律可作如下理解：其一，观念形成的实践性规律，即观念的形成源于实践，实践是观念的源泉，这里的实践主要指教育实践与企业社会责任实践；其二，观念作用发挥的实践性规律，即观念的作用与功能发挥取决于观念指导下的实践水平、实践久暂与实践深度；其三，观念外化为实际行动，即观念转化为实践的力量、物质的力量。

费希特曾指出：一切理论性的规律都以实践性的规律为根据。②企业家社会责任观念教育的功能发挥程度和水平最终取决于企业社会责任观念的落实，即取决于企业社会责任的实践行动。任何决策、任何观念的任何效果的取得都有一个落实于实践行动的问题，“抓落实，实际上就

---

① 宋新立．落实论［M］．济南：黄河出版社，2008：8.

② ［德］费希特．全部知识学的基础［M］．王玖兴，译．北京：商务印书馆，1986：220.

是把决策付诸行动，进而取得预期效果的实践过程”①。马克思曾指出的“一步实际行动比一打纲领更重要”，邓小平所说的“少讲空话，多干实事”等，都强调了落实、实践与行动的极端重要性。因此，“强调抓落实，是马克思主义认识论的本质要求。马克思主义不仅强调认识世界和解释世界，而且强调改造世界。正如马克思所言：‘哲学家们只是用不同的方式解释世界，问题在于改造世界。’”②

企业社会责任相关理论是对企业、人、社会、自然发展的规律性认识，属于认识世界和解释世界的范畴，是认识上的第一次飞跃；而落实则是把经由教育实现在特定人群中传播和普及的这些理论观念外化为具体的行动，属于改造世界的范畴，是认识上的第二次飞跃。马克思主义认识论认为，从理性认识回到实践的第二次飞跃，即理论观念的贯彻落实、理论观念指导下实践行动的过程，这是更为重要的一步。从企业社会责任理论的确立、提炼与不断趋近正确的科学，到企业社会责任理论观念的教育普及与提高，再到企业社会责任观念的落实与实践行动，构成了认识的完整过程。因此，落实是一个认识回到实践、观念从个体到群体渐次普及，并由公众广泛参与的过程。

对于企业社会责任来说，观念的培养只是形成实践行动的思想道德前提，推动企业社会责任实践才是评价教育效果和教育功能发挥的最重要依据，企业社会责任观念也只有以实践作为旨归、回到实践才能产生实际的意义。企业社会责任观念教育是实现企业社会责任观念个体内化的过程，实践则是个体企业社会责任观念外化为行动的过程。从前文调查数据可以看出，企业社会责任观念的认知程度要高于认同程度和实践行动，即在观念与实践之间存在着一定的落差。因此，企业家社会责任观念教育的功能发挥程度和水平在很大程度上取决于实践性规律在企业实际经营管理中得到遵循、贯彻的程度，即企业社会责任观念不是纯粹的思想意识要求，而是具有强烈的实践指向，或者说是一种强烈的实践精神。

同时，落实是一个渐进的动态发展过程，从层次性的角度来看，企业社会责任观念落实于实践分为三个基本层次或阶段：其一，强制性阶

① 宋新立．落实论［M］．济南：黄河出版社，2008：2.

② 宋新立．落实论［M］．济南：黄河出版社，2008：5.

段。主要表现为法律的强制与市场竞争的生存强制或重复博弈的强制，同时也包含“竞于道德”的新竞争观的“观念强制”。其二，战略工具阶段（如价值机制层次）。这一阶段把企业社会责任观念的伦理道德要求与企业的长远发展战略相结合，实现社会责任道德要求的战略工具化，即以企业社会责任履行的法律道德成本为战略工具来谋求企业道德资本与社会资本的集聚、改善或提升，从而为企业的发展与持续生存奠定厚实的基础。其三，道德或理性自觉阶段（如价值观机制层次）。这一阶段把企业社会责任的履行视为道德或精神需要的高层次满足，亦即追求自我实现和自我完善与社会至善的统一的过程。这一阶段是“建立在高度自觉与完全自律的基础之上的，并依靠内心信念来满足的一种需要；……是和义务感和责任感相关联的，是通过义务和责任的履行而获得内心的愉悦，达到内心的道德满足感”①。

7.4.3 持续性规律：推动企业社会责任的持续行动

企业社会责任的履行不可能一劳永逸，也不是涸泽而渔，企业家企业社会责任观念教育的功能发挥同时体现为企业履行社会责任的持续行动，持续性规律体现为企业基于可持续发展对企业社会责任的持续履行，而企业家企业社会责任观念的教育建构是推动企业持续履行企业社会责任的思想道德基础。舒尔曼曾别具特色地将意识形态划分为纯粹意识形态和实用意识形态，即理论部分和实用部分，并认为：“缺乏纯粹意识形态，实用意识形态就没有合法地位。如果没有实用意识形态，一个组织也不能将自己的世界观转化为持续的行动。”②从这个角度讲，企业家社会责任观念教育是在现实、动力、内容、路径、功能与理论支持系统协调作用下为企业组织建构“实用意识形态”（如企业道德资本与企业社会资本）促进机制（图 7-13），以引导或促使企业组织将纯粹的理论观念转化为持续的企业社会责任履行的现实行动。

---

① 王仕民．德育功能论［M］．广州：中山大学出版社，2005：167.

② 萧延中．外国学者评毛泽东　第四卷：“传说”的传说［M］．北京：中国工人出版社，1997：591.

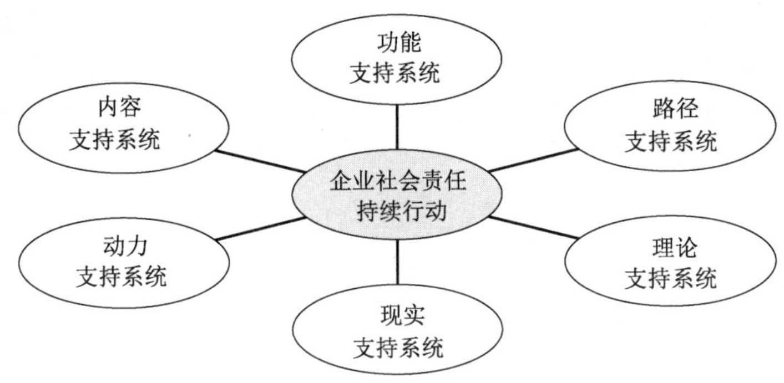

图 7-13　企业社会责任持续行动的系统支持模式

当然，企业社会责任的持续行动作为社会系统中存在的一项具体社会活动，其持续进行还要受到系统中来自个人、组织、社会、自然等多种相关因素的综合影响和制约。

（1）个体影响与支持系统。个体影响与制约因素中，涉及对企业社会责任的认知、情感、信念和意志，其中个体内在观念系统中的认知水平、情感真实性、信念稳定性、意志强度等，对企业社会责任积极态度的形成与转变以及行为意向会产生明显而深刻的影响与制约。尤其是个体的意志强度，作为个体价值倾向性的最后坚守者，“意志是人的价值心理的最高形式，是在需要、欲望、愿望、动机、兴趣、趣味、情绪和情感等价值心理的基础上，把它们的内容综合成为目的，并且使之向一定持续性的行动转化，是人的价值心理达到了自觉、综合程度的形式”①。可见，意志是形成持续行动的极端重要的心理品格，可以说无意志即无行为或无行为的持续性，在价值心理的整合过程中，意志的引领、锻炼与不断强化是推动持续行动的无可替代的个体内在核心支持系统。

（2）企业发展与支持系统。企业对社会责任实践的响应程度与行动力度，受制于企业的发展水平、发展阶段与发展规模。不言而喻，发展为企业社会责任的持续行动提供了物质基础，当企业家社会责任教育建构的企业社会责任观念和推动的企业社会责任行动与企业道德资本、社

---

① 曾钊新，李建华，等．德性的心灵奥秘：道德心理学引论［M］．沈阳：辽宁人民出版社，1992：320.

会资本以及现实绩效呈现出一定程度的正相关时，企业家的企业社会责任观念和积极态度就会由此形成或得到巩固，对待企业社会责任的行动也会因此得以确立或转变。这样，三者之间就构成了循环强化与相互支持的机制。

（3）社会影响与支持系统。社会影响与支持系统涉及社会系统诸多方面，诸如透明有效的政府监督、健全的法律道德体系、健康有序的市场竞争环境、企业社会责任分担的公平性与合理性、媒体舆论氛围的营造、社会公众的普遍认同与广泛参与等，这些方面的协调一致将对企业社会责任的持续履行产生强有力的推动。在社会影响与支持系统中，又以制度支持系统最具基础性、根本性，且制度支持系统又以正式制度支持系统最具有稳定性、持续性，诸如以法律为主要表现形式的法律规章制度、企业社会责任评价与信息披露制度、企业家的进修培训与激励约束制度、科学严整的企业经营管理制度等。健全的制度设计可以有效避免企业社会责任实践因人而异，进而促进企业对社会责任的持续履行。

（4）资源环境制约与支持系统。这主要是自然资源与生态环境系统所构成的制约或支持系统，必要的自然资源和生态环境是企业赖以存续的空间条件和物质资源条件，是企业履行社会责任的客观前提，而企业社会责任的持续履行又蕴含了对自然资源与生态环境的责任，有利于促进自然资源与生态环境的改善，从而形成相互增益、相互支持的循环强化机制。

从总体上看，上述影响与支持系统构成如图 7-14 所示的结构模式，这些影响与支持系统的相互连接与共同作用形成同向合力，有利于推动企业履行社会责任的持续行动，也即实现企业社会责任观念教育功能的持续发挥。

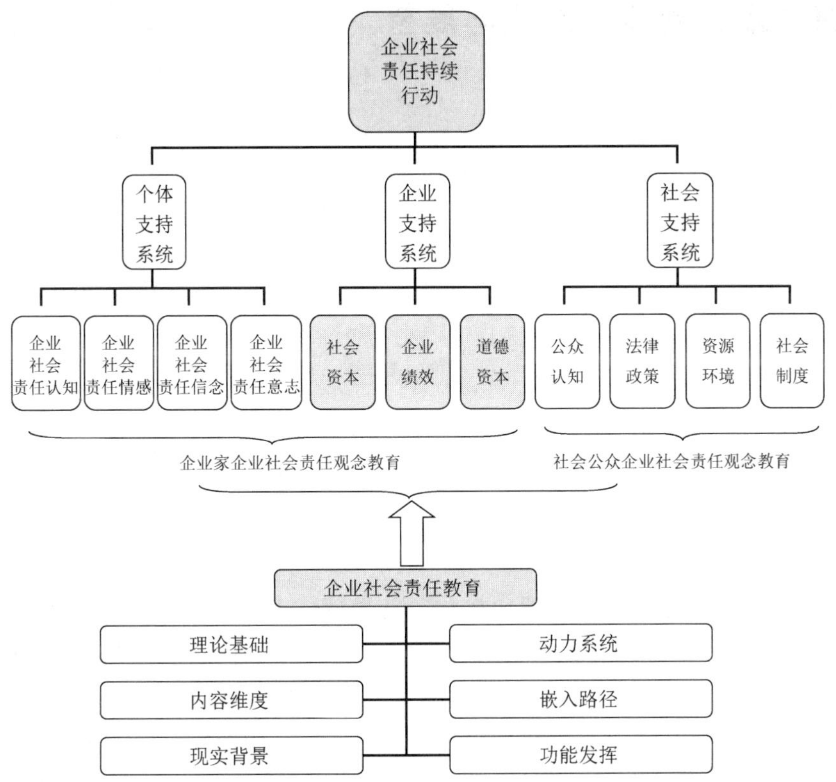

图 7-14　企业社会责任教育与企业社会责任持续行动的系统支持模式

本章小结

企业家社会责任观念教育的功能是该项教育实现社会性存在和获得持续性发展的“合法性”基础，其功能发挥的程度关系到教育的效果与教育价值的回归。企业家社会责任观念教育的具体功能可以从本体论、工具论、系统论等角度作出不同层次的理解，功能发挥的个体内在机制体现为从认知构建到情感唤起、从价值驱动到价值观推动、从态度转变到行动转变的过程，同时功能发挥的程度与实现水平受到企业家个体自身因素、教育系统内部因素、外部社会因素等的影响与制约。个体系统要素与结构的和谐性、教育系统要素与结构的合理性、社会系统要素与结构的协调性，以及对共识性规律、实践性规律、持续性规律的理解与把握，将有助于促进教育功能的发挥。

第8章　创新、结论与展望

8.1　创新点

企业家企业社会责任观念教育作为一项具有开创意义的理论研究，在以下方面进行了创造性的表述或构建，并初步形成创新性的理论体系：

（1）“企业社会责任观念教育”的界定。本研究借助“属加种差”“要素综合”与“特征组合”的教育定义方法对“企业社会责任观念教育”进行了界定，并在此基础上构建了研究的逻辑框架。

（2）企业家企业社会责任观念教育理论基础的构筑与动力系统的理论抽象。本书以马克思主义与中国特色社会主义相关理论作为教育指导性理论，以态度转变理论与嵌入理论作为教育工具性理论，以道德资本理论和社会资本理论作为教育价值性理论，初步构建了企业家社会责任观念教育的理论基础；从制度驱动力、价值驱动力和观念驱动力的角度对企业家社会责任观念教育动力系统进行了抽象概括与理论分析。

（3）企业家企业社会责任观念教育内容维度的建构与教育实施嵌入路径的发掘。本研究从企业发展的三维指向、社会发展的三大领域以及责任履行的三重境界角度对企业家企业社会责任观念教育的主要内容框架进行了勾勒；对企业家企业社会责任观念教育可能借助或嵌入的传统、新型与潜在的立体化的路径网络进行了发掘与概括。

（4）企业家企业社会责任观念教育的功能分析视角、功能发挥机制、制约结构与基本规律的探究。本研究从本体论、工具论与系统论的视角对企业家企业社会责任观念教育的功能进行了分析，同时对功能发挥的机制、功能发挥的制约结构以及对功能发挥的共识性规律、实践性规律、持续性规律进行了创新性的初步揭示。

8.2　结论与展望

企业家社会责任教育是市场经济深入发展的现实需要，企业社会责任观念的演进发展、当前企业社会责任堪忧的现状、企业社会责任观念教育实践存在的问题等构成了企业家社会责任教育的现实必要性与可能性的背景。

作为一项崭新的教育活动，企业家社会责任教育的现实生成与持续展开有其深厚的理论基础。如认知与实践的关系理论、人的全面发展理论与和谐社会理论构成了教育的指导性理论；态度转变理论、嵌入理论构成了教育的工具性理论；道德资本理论、社会资本理论构成了教育的价值性理论。本研究对此项教育理论基础的创新性构建，使这项教育活动立足于坚实而深厚的理论基础之上。同时，企业家社会责任教育实践活动的生成与展开又具备社会系统发展进步所形成的动力系统，这种动力主要来自制度层面、价值层面和观念层面。本研究将企业家社会责任观念教育动力系统主要归结为基于制度安排、基于教育价值以及基于观念进步所形成的系统动力群，这些动力共同对此项教育构成持续的推动力量。在具备了理论支持和动力推动的条件下，企业家社会责任观念教育有其丰富的教育内容和可行性的教育路径。企业家社会责任观念教育的内容涵盖企业承担对人、社会、自然，政治、经济、文化，法律、道德、慈善等诸多具体方面的内容，本研究轮廓性地构建起此项教育的内容体系。对千差万别而又分散的企业家来说，采取切实有效的教育路径至关重要，本研究援引嵌入理论，比较全面地开发了此项教育制度化、生活化、现实化、立体化的路径网络，为教育实施奠定了可靠的路径基础。

教育的最终落脚点是教育功能的发挥，本研究在建构企业家社会责任观念教育理论基础与动力系统以及教育内容与实施路径的基础上，全面地分析了作为此项教育实现社会性存在和获得持续性发展的“合法性基础”、企业家社会责任观念教育的主要功能层面，并创造性地探究了功能发挥的内在机制，即从认知构建到情感唤起、从价值驱动到价值观推动、从态度转变到行动转变，同时洞察和剖析了此项教育功能发挥的制约结构，初步揭示了功能发挥的基本规律，并得出个体系统要素与结构的和谐性、教育系统要素与结构的合理性、社会系统要素与结构的协调性以及对共识性规律、实践性规律、持续性规律的理解与把握将有助于促进教育功能最佳发挥的基本结论。

企业家社会责任观念教育是一个崭新的论域、问题域，虽然本研究致力于并初步构建起企业家社会责任观念教育的理论框架体系，但是由于这一论域目前的研究尚处于起步阶段，本研究初步性的理论构建与基本结论仅仅是抛砖引玉，以此期望能引起学界对企业社会责任观念教育愈来愈多的关注、重视和研究。由于此项研究向纵深推进尚且存在诸多的问题，就本研究目前所及的论域边界、所达到的研究水平和研究结论来看，尚待解决的主要问题罗列如下：

（1）教育主体的具体化、明确化问题。本研究在较宽泛的意义上来理解企业家社会责任观念教育的主体问题，由于把企业家社会责任观念教育归属于思想教育活动，因此，广义上的思想教育决策者与实施者、企业管理类教育培训决策者与实施者以及信息传播决策者与实施者等均在某种层面上构成此项教育可能的教育主体。但从发展的趋势来看，企业社会责任观念教育愈益专门化、学科化，要求形成相对独立、专职和更专业的教育主体。教育主体的明确化、具体化会对提升此项教育的地位和教育效果产生更加积极的影响。同时可以确信，企业社会责任行动优秀的企业家榜样将是鲜明而重要的教育主体。

（2）嵌入路径的操作性问题。企业社会责任的内容因子如何嵌入多重路径载体系统中、宏观的教育规制与微观的教育实施细节如何更好地结合，这是进一步研究需要关注和重视的问题，即如何使内容嵌入与路径嵌入具有可操作性，并发挥显著的作用。从本研究的感悟来说，这需要党和政府职能部门的统一部署，需要教育传播者、教育实施者、课程编制者、媒体信息传播者等的通力合作，并需要有威望的教育者或传播者尽职尽责地实施。从本研究发掘的路径来看，当前可以重点抓住进修培训的课程渗透与教育实施环节、媒体专题节目的内容渗透与有效传播环节等，并逐渐形成多种路径的协同推进。

（3）教育情境与社会情境的冲突与协调问题。企业社会责任观念、企业社会责任态度与企业社会责任行动之间存在着两种情境，即教育情境和社会情境，形成观念与态度的教育情境和完成实践行为的社会情境之间存在着冲突与协调两种可能。当冲突发生时，教育功能的发挥会受到明显削弱；而协调发生时，责任行为则更容易发生。因此，两种情境冲突的处理与协调机制的构建是尚待解决的重要问题。

（4）企业社会责任观念的普及化与大众化问题。一个社会的企业社会责任实践水平与这个社会整体的企业社会责任观念水平密切相关，企业社会责任观念的社会共识（诸如投资者、消费者、社会公众、职能管理部门等的观念共识）与一致行动将对企业社会责任的履行形成生死攸关的压力机制，而企业社会责任观念社会共识的形成需要企业社会责任观念教育的普及化与大众化，这也是教育实践与理论研究的重要生长点。

（5）教育机制与非教育机制的结合问题。不言而喻，推动企业社会责任实践还需要采取教育之外的方式方法，如企业社会责任信息披露机制、政府职能部门的监督管理机制、法律的建构与强化、企业社会责任的税收激励机制、企业社会责任越轨惩罚机制等，但这些“非教育性社会机制力量”显然不是教育所要探讨的话题，教育只能以自己的方式在有限的范围内发挥自己有限的作用，而不可能彻底解决企业社会责任实践的全部问题。企业社会责任实践行动的推动是一项系统的社会工程，若期望仅仅通过教育就能解决所有问题，既不可能，也不现实，同时也不必要。在社会发展过程中，教育是不可或缺的方案，但不是社会问题解决的唯一方案。在发挥教育机制最大效用的情况下，如何与多种非教育机制协调配合，为此项教育提供了诸多的交叉研究领域和大量需要解决的理论问题。

致　谢

春的时光总是在不经意间快速而又悄无声息地从指缝间匆匆溜走，穿窗而入的南风已明显带来了夏的味道。望着窗外自由自在舒卷的白云、无忧无虑翻飞的燕群，心头瞬间掠过一阵热流，似有所得却又怅然若失、似有所悟却又难以名状。

一个过程的结束，往往是另一个过程的开始，站在新征程的起点上蓦然回首，心中涌起无限感慨，在这次漫长而又艰辛的思想和身体双重跋涉的过程中，有那么多人给了我指导、鼓励和帮助，才使我能够走到今天。我要衷心地感谢我在河海大学博士研究阶段的导师郑大俊教授，他的热情、耐心、不厌其烦和细致入微的指导使我不断蓄积攀登学术阶梯的勇气和力量，是他以自身丰富的思想智慧和润物无声的美好品格引导我走上了这条学术之路。我要真诚感谢孙其昂教授、戴锐教授、尉天骄教授，从研究课题的选择到结构的安排，从宏观的构思到具体细节，无不体现出孙其昂教授的睿智指引、戴锐教授的深刻洞见、尉天骄教授的精辟分析。我无法忘却，在我深陷迷茫无法自拔之时，孙教授用自己的远见卓识，戴教授用自己的犀利、深刻，尉教授用自己的深厚、广博使我总能拨开迷雾走上坦途。我要真挚地感谢王小锡教授、金林南教授、双传学教授，当我在理论上一筹莫展、山穷水尽时，王小锡教授的启发、金林南教授的点拨、双传学教授的引导使我茅塞顿开、豁然开朗，似有柳暗花明又一村之感。我要感谢黄明理教授、韩凤鸣教授、陈继红教授，是他们的谆谆教诲使我冥思苦想的学术之旅受益匪浅。我要感谢孙迎光教授和李俊奎教授对该研究的肯定和给予的宝贵建议。我要感谢浙江大学的万斌教授、张继昌教授、王勤教授、段治文教授、马建青教授、王东莉教授，上海师范大学的周中之教授，南京师范大学的杨光飞教授，他们的指导使我在该研究前期、之初及进程中深受启发、鼓舞和教益。我要感谢赵春霞老师、郑黎明老师，他们不厌其烦地充当了中间联络人的角色。我要感谢河海大学的各级领导及研究生院、马克思主义学院等相关行政部门给予我的帮助和支持。我要感谢同门师兄、师妹，以及马克思主义学科、思想政治教育学科、社会学学科的博士生同学，他们曾经和我一起在博士阶段求学的苦旅中，相互鼓励、相互温暖、相互交流、相互学习。蓦然回首，多少往事历历在目，令人倍感温馨与难忘。我要真诚感谢以仇文利教授为带头人的江苏省高校哲学社会科学优秀创新团队和扬州市职业大学，为本书的出版提供了资助。我还要衷心感谢所有直接或间接帮助过我的老师和朋友。我要感谢所有参考文献的作者，他们的研究给了我诸多的启迪。我要感谢我的同事，在我研究期间，他们承担了较多的工作任务，使我有更多的时间和精力去迎接挑战。

我还要特别感谢我的父亲，30 多年来，含辛茹苦，饱受艰辛，在闭塞、落后的乡村培养了第一个大学生、硕士生和博士生，他曾以此为荣。我要特别感谢我的姐姐，由于童年时家庭经济困窘，姐姐毅然选择了弃学，为了承担家庭经济的重担、为了支撑家庭生活，她以自己幼小的身体担当起了家庭的主要劳力，我永远都无法忘却那沉重得令人窒息的扁担压在姐姐稚嫩的肩头让她喘不过气来的情景……在我求学的十多年间，她一直节衣缩食、忍受着生活的艰辛，在看不到希望的乡村艰辛而又坚毅地劳作，但却始终无怨无悔、默默地在精神上、物质上给我无尽的支持。面对姐姐无私、无尽的爱，我却无力回报，每每念此，心头便不是滋味。我要特别感谢我的弟弟，他由于心疼劳作的姐姐、同时也为了分担父亲的重担、为了支持我的学业，后来也选择了退学。十多年来，他奔波于中国最发达地区，多少次饥肠辘辘、露宿街头，辗转数十家企业，在其中寻找希望、谋求发展。他支付了全部体力和青春，却一无所获，生活有时并没有给勤劳者以应有的回报，这使我深感困惑和迷茫，他的遭遇使我有责任、有义务关注飞速发展的中国经济与部分企业劳工艰难生存境况的强烈反差问题，并以对该论题进行研究的方式表达自己的深切关注，同时也向社会传递一种期待、一种呐喊。我要感谢我的妻子，几年来，她默默包揽了全部家务，使我有更多的时间和精力安坐桌前。我还要特别感谢我的女儿，在她一周岁时，我开始了这次艰难之旅，如今她身高已一米有二，正是她的欢声笑语给了我无穷的力量，同时，也使我内心充满了无比的歉疚，我很少有时间能全身心地陪她开开心心地玩耍，甚至没有带她去过离家只有五分钟路程的瘦西湖公园，在她的眼中，爸爸只是经常离家读书的学生、只是回家时书桌上也摆满了永远都读不完的书的书呆子。我还要感谢我的儿子，每次当我困乏的时候，他总是毫不妥协地拉我陪他玩，这使我有点不情愿但又不得不从充满文字的世界走进真实生活。是啊，除了读书、研究以外，生活中还有许多更重要更美好的事情需要我们去关注、去珍爱。故此，谨以此文献给我含辛茹苦的父亲，依然在企业里煎熬的弟弟，坚强善良的姐姐，无怨无悔、默默无闻，一直支持我的妻子，活泼可爱的女儿，机灵淘气的儿子，以及所有关心和帮助过我的人。

金　奇
2021 年 5 月 28 日
于扬州明月湖畔